21世纪高等院校创新课程规划教材

旅游经济学

郝俊卿 编著

中国财经出版传媒集团
经济科学出版社
Economic Science Press

图书在版编目（CIP）数据

旅游经济学／郝俊卿编著．—北京：经济科学出版社，2020.10
21世纪高等院校创新课程规划教材
ISBN 978-7-5141-5465-8

Ⅰ.①旅… Ⅱ.①郝… Ⅲ.①旅游经济学-高等学校-教材 Ⅳ.①F590

中国版本图书馆CIP数据核字（2020）第125225号

责任编辑：周胜婷
责任校对：杨 海
责任印制：邱 天

旅游经济学
郝俊卿 编著
经济科学出版社出版、发行 新华书店经销
社址：北京市海淀区阜成路甲28号 邮编：100142
总编部电话：010-88191217 发行部电话：010-88191522
网址：www.esp.com.cn
电子邮箱：esp@esp.com.cn
天猫网店：经济科学出版社旗舰店
网址：http://jjkxcbs.tmall.com
北京季蜂印刷有限公司印装
787×1092 16开 11.25印张 250000字
2020年10月第1版 2020年10月第1次印刷
ISBN 978-7-5141-5465-8 定价：38.00元
（图书出现印装问题，本社负责调换。电话：010-88191510）

前　言

旅游经济学是研究旅游者在客源地与目的地之间的商品化、社会化的移动而引发的经济现象、经济关系、经济运行和经济影响的专门学科。

本书在充分吸收和借鉴现有成果的基础上，应用经济学和旅游学的理论与方法，遵循一般经济活动的逻辑，结合旅游经济活动、旅游产业的特殊性，构建了旅游经济学的逻辑框架。本教材涉及旅游经济运行的各个方面和环节，内容体系完善，框架结构清晰。

本书重视教学内容和教学方法的创新，对教材内容进行了调整和修改，形成了特色教学体系。本教材围绕理论扎实、强化实践的指导思想，在强化理论性、科学性和系统性的同时，重在培养学生旅游经济思维及解决问题的能力。

全书共分为九章，包括旅游经济学导论、旅游需求、旅游供给、旅游消费、旅游市场、旅游产业、旅游企业、旅游经济效应、旅游经济发展模式与战略。各章包括学习目的、重点难点、案例/专栏、思考题和拓展阅读，首尾呼应、联系紧密，教学重难点突出。为了方便广大师生教学和学习，体现立体化教材的特点，本书附有电子课件，作为对教材的补充和延伸。电子课件可从经济科学出版社网站（www. esp. com. cn）的“在线资源”中下载。

本书由西安财经大学副教授郝俊卿博士编著。书中作者广泛参考了国内外旅游经济领域相关研究成果，在此对文献的原作者表示诚挚的谢意！本书出版得到了西安财经大学2018年教材建设项目资助。同时感谢经济科学出版社编辑的大力支持！

由于编者水平有限，书中难免存在疏漏与不足，恳请广大同仁及读者朋友们批评指正。

目　录

第一章　旅游经济学导论 …… 1

第一节　旅游经济活动 …… 1

第二节　旅游经济学学科 …… 6

思考题 …… 11

拓展阅读 …… 11

第二章　旅游需求 …… 12

第一节　旅游需求基本理论 …… 12

第二节　旅游需求规律 …… 19

第三节　旅游需求弹性 …… 26

第四节　旅游需求的测量与预测 …… 33

思考题 …… 38

拓展阅读 …… 38

第三章　旅游供给 …… 39

第一节　旅游供给的含义和内容 …… 39

第二节　旅游供给规律与供给弹性 …… 48

第三节　旅游供给与旅游需求的均衡 …… 54

第四节　旅游供求矛盾与调节 …… 57

思考题 …… 60

拓展阅读 …… 61

第四章　旅游消费 …… 62

第一节　旅游消费概述 …… 62

第二节　旅游消费结构 …… 67

第三节　旅游消费效果 …… 72

思考题 …… 82

拓展阅读 …… 82

第五章　旅游市场 …… 83

第一节　旅游市场的概念与特征 …… 83

第二节　旅游市场的竞争 …… 88
第三节　旅游市场的细分 …… 93
第四节　旅游市场的开拓 …… 97
思考题 …… 102
拓展阅读 …… 102
第六章　旅游产业 …… 103
第一节　产业与旅游产业 …… 103
第二节　旅游产业组织 …… 106
第三节　旅游产业结构 …… 108
思考题 …… 116
拓展阅读 …… 116
第七章　旅游企业 …… 117
第一节　旅游企业行为 …… 117
第二节　旅游企业一体化 …… 130
第三节　旅游企业跨国经营 …… 136
第四节　旅游产业市场绩效 …… 139
思考题 …… 140
拓展阅读 …… 141
第八章　旅游经济效应 …… 142
第一节　旅游收入效应 …… 142
第二节　旅游乘数效应 …… 147
第三节　旅游漏损效应 …… 149
思考题 …… 152
拓展阅读 …… 152
第九章　旅游经济发展模式与战略 …… 154
第一节　旅游经济发展模式 …… 154
第二节　旅游经济发展战略 …… 160
思考题 …… 167
拓展阅读 …… 168

参考文献 …… 169

案例/专栏索引

案例：旅游定价决策 …… 29
案例：西北地区旅游经济与交通业共生发展 …… 42
案例：住宿设施与旅游目的地的双向影响 …… 43
案例：陕西汉中天坑群地质公园产品设计 …… 101
案例：网络直播时代下的乡村旅游促销策略 …… 130
案例：饭店业的横向联号与兼并 …… 131
案例：旅游企业的纵向一体化现象 …… 135
专栏：旅游结构转型效应 …… 152
案例：浙江丽水文旅融合模式 …… 167

第一章　旅游经济学导论

[学习目的]

通过研究旅游经济活动的产生和发展，认识旅游经济活动与社会经济发展的关系；了解国内外对旅游经济学研究的现状；熟悉和掌握推动旅游经济学的研究对象、研究内容与体系构架；了解旅游经济学的研究方法。

[重点难点]

重点是旅游经济学研究的对象与内容；难点是旅游经济学研究的内容。

第一节　旅游经济活动

旅游经济活动是随着社会经济的发展，在旅游活动发展到一定阶段时产生的。它是旅游活动采用商品交换形式所形成的旅游者同旅游经营者之间的需求和供给关系，以及由这种关系引起的旅游行业同政府和社会经济中其他行业之间的经济联系和经济关系的总和。

一、旅游经济活动的产生与发展

（一）旅游经济活动的产生

旅游活动发展为旅游经济活动，并成为整个社会经济活动中的一个组成部分，是近代商品生产和商品交换长期发展的结果。尤其是产生于 18 世纪 60 年代英国的工业革命，更为旅游经济活动的产生奠定了坚实的基础。工业革命的结果使机器大生产代替了原来的工厂手工生产，从而促进社会生产力获得了巨大发展，给人类社会的经济活动带来了根本性变化。这种变化反映到旅游活动上，就是为旅游经济活动的形成开创了条件。旅游经济活动的形成是旅游活动社会化和商品化的过程，取决于以下三个产生条件：

（1）社会生产力发展形成的物质基础。18 世纪的工业革命机器代替手工劳动促进了社会化大生产，蒸汽机作为动力机被广泛使用，交通更为便利，为人们外出提供了更大空间范围，为大范围旅游活动提供了技术保障。

（2）社会发展造成巨大的市场需求。工业革命之后，人们劳动时间缩短、收入水平提高、工作压力增大，三者导致旅游需求大幅上升。

（3）专门服务机构的成立。1845 年，托马斯·库克成立了第一个吃、住、行一体化的旅行社，旅游活动正式进入商品化时代，产生了旅游经济活动。

所以，旅游活动在社会发展和商品化的过程中逐渐形成了旅游经济，即旅游经济活动。

（二）旅游经济活动的发展

旅游经济活动的发展过程是旅游活动被商品化的过程，旅游活动的商品化过程可分为三个阶段。

（1）不完全的旅游产品交换阶段。中世纪以前，即旅游活动发展的初期，食、住、行是主要的旅游活动形式，但是很少通过交换旅游产品来实现。如帝王、贵族的巡视出游，文人侠客的学习、探险旅行，教徒的朝圣等，基本上不存在交换关系，他们自备车马，自带饮食，有的住在寺院庙宇中，有的住在亲戚朋友家，有的在客栈中临时借宿或住在特殊安排的住处。即便小商人、手工业者的旅游活动存在一些交换关系，也不完全是以货币作为交换手段，而是采用了实物交换的形式。因此，总体来说，这个阶段的旅游活动属于不完全的旅游产品交换阶段。

（2）完全的旅游产品交换阶段。中世纪末期至资本主义初期，随着商品生产的不断发展，交换活动越来越广泛，货币成为商品交换中唯一的支付手段，这就是完全的商品交换。旅游经济活动正是在这种情况下形成的。随着旅游活动的不断发展，旅游活动的范围日益扩大，旅游供给形成了一定的规模，旅游需求不断扩大和多样化。这样，旅游活动便完全建立在以货币为媒介的交换基础上，从而进入完全的旅游产品交换阶段。

（3）发达的旅游产品交换阶段。完全的旅游产品交换阶段进入发达的旅游产品交换阶段的主要标志，是旅行社的产生和发展。在完全的旅游产品交换阶段，买和卖是同时完成的，即旅游者向某一旅游经营者购买某种旅游服务与旅游经营者向旅游者销售某种旅游服务是同一过程的两个方面。旅行社的出现使旅游者和旅游经营者每一项分散的、个别进行的旅游活动进一步商品化了，旅行社作为旅游产品经营者与旅游者的中间人，将旅游产品的交换过程分解为购买与销售两个独立的环节，使原来旅游者同每一个旅游产品经营者之间的多次购买变成一次性的购买，将各个旅游经营者的产品组合起来提供给旅游者。所以，旅行社的出现把旅游需求与旅游供给联结起来，从而使旅游经济活动进入发达的旅游产品交换阶段。

二、旅游经济活动的特征

伴随着世界经济的形成与发展，旅游经济活动形成于 19 世纪中叶，之后一直发展缓慢，20 世纪 50 年代以后进入快速发展时期。回顾 20 世纪下半叶以来世界旅游经济活动的发展过程，呈现出以下几方面显著的发展特点。

（一）大众性

当今社会，旅游活动不再是以少数富有者为主的活动，而是一种面向人民群众的社会经济活动。特别是随着现代社会生产力的迅速提高，世界经济的快速发展，人们可支配收入的不断增加，以及工作时间的缩短，带薪假日的增多和交通条件的日益改善，使人们不仅具备了旅游消费的能力，也具备了外出旅游的时间条件和方便快捷的通达条件，从而推动了旅游经济活动的大众化发展。

旅游经济活动的大众化发展，一方面创造了大量的旅游需求，促进了现代旅游经济的快速增长；另一方面又带动了旅游资源的开发和旅游接待设施的建设，为旅游者提供了更为方便的旅游条件和旅游服务设施，从而推动旅游经济活动进一步向大众化普及和发展。

（二）全球性

随着世界经济的不断发展，旅游经济活动已不再局限于国内旅游或者近郊旅游，而是打破了地域、疆域、洲域的界限，迅速发展成为一种全球性的社会经济活动，特别是科学技术的进步促进了通信技术和手段的现代化，促进了交通运输条件（尤其是民用航空）的极大改善，使人们可以在较短的时间内、以较少的经济支出周游世界各地，获得更多旅游需求的满足，从而促进了现代旅游经济活动的全球化发展。与此同时，旅游经济活动的全球化发展，又进一步推动了现代旅游服务贸易的迅速发展。随着旅游服务贸易的增长和扩展，不仅增进了世界各国政府、企业及人民之间的广泛交流和联系，而且推进了全球国际旅游的进一步发展，为现代旅游服务贸易的持续发展创造了更好的条件。

（三）规范性

旅游经济活动在其发展过程中，还逐渐形成了一种有组织的规范化运行模式。无论是国际旅游还是国内旅游，通常都是由旅行社作为主要的组织者，依托各类旅游接待设施、旅游景区景点、旅游交通、旅游餐饮、旅游娱乐企业等，通过科学合理的设计和组合，按照预定的旅游线路、活动内容和时间，提供综合性的旅游服务，以满足旅游者多方面的需求。而旅游者只需承担一定的费用就可以尽情地享受旅游的愉悦，不用再为旅游活动中的食、住、行等问题操心。

正是由于旅游经济运行的规范性发展，才推动了旅游经济活动的大众化和全球化发展，促使旅游业逐渐成为一个相对独立的经济产业，成为国民经济的重要组成部分。

（四）可持续性

进入21世纪以来，世界旅游经济以高于世界经济增长的速度发展，并始终保持其在世界经济中最大产业的地位。近几年，旅游经济在世界经济中的地位得到进一步稳固。根据中国社科院旅游研究中心发布的《世界旅游经济趋势报告（2019）》显示，2018～2019年世界经济回落，经济增速从预期的3.9%下调至3.7%，而2018年全球旅游总人次达121亿人次，增速为5.0%，全球旅游总收入达5.34万亿美元，增速为5.34%，这两者均超过了全球经济增速。

同时，旅游活动的广泛开展和旅游经济的迅速发展，还促使人们更加重视生态环境的保护，更加重视对环境污染的治理，以谋求旅游与自然、文化和人类生存环境融为一个和谐的整体，推动整个旅游经济和社会经济的可持续发展。

（五）敏感性

旅游经济是一种依存性较强的产业经济，其健康发展不仅依赖社会经济的发展和人们收入水平的不断提高，而且还取决于稳定的国内外政治经济形势、安全的社会治安环境，以及国家或地区之间的友好往来。因为，旅游经济活动的核心是旅游者的流动，由于人们对各种政治经济形势和社会安全状况非常敏感，动荡的局势或不安全的环境必然使旅游者的流向、流量发生迅速变化，只有努力营造良好的旅游目的地形象，才能确保现代旅游经济持续健康发展。

三、旅游经济活动产业化的标志

从旅游经济活动产生与发展的特征看出，旅游经济活动虽然是社会商品化过程中产生的，属于服务业范畴的一种活动，但是发展到今天，它已经逐渐上升为一种产业，其具体标志有以下两点。

（一）具有相对独立的市场结构、经营体系和分工领域

1. 旅游消费需求的集中化

由于现代社会人们需求的多样化，当某种需求快速增长时，就会形成需求的集中化。随着国民收入水平的提高，人民群众的生活水平不断改善，并引起需求结构发生很大的变化。特别是随着人们从注重物质生活的需求向更注重精神方面满足的转变，旅游经济活动越来越成为人们生活中必不可少的内容。根据国内生产总值（GDP）与旅游消费需求的关系规律，当人均国民生产总值达到300美元时，人们即产生近距离的旅游需求；当人均国民生产总值达到1000美元时，人们即产生中远距离的旅游需求；当人均国民生产总值达到3000美元以上时，人们即产生远距离的国际旅游需求。可见，随着经济的发展、人们收入水平的提高和生活条件的改善，人们对于休闲、娱乐、观光、游览、度假等旅游需求会日益增长，这为旅游产业发展提供了广大的消费需求市场。同时，高速发展的旅游需求也是旅游产业发展成熟的标志。

2. 旅游生产供给的专业化

随着旅游消费和需求的不断增长，并呈现稳定增长的趋势，一些生产经营部门为了适应旅游需求的变化，自然会使自己提供的产品迅速集中化，专门从事旅游产品的生产和供给，旅游业便逐渐从商业和服务业中分化出来，形成以旅游经济活动为中心，把多个产业和行业集中起来，向旅游者提供食、住、行、游、购、娱等综合性服务。而这些专门经营旅游产品和服务的企业，尤其是旅行社、旅游饭店和旅游交通供给的专业化，对旅游产业的形成和发展具有十分重要的促进作用。其中，旅行社在旅游业内部各行业部门发挥着“龙头”作用，既是旅游产业的“生产者”，又是旅游产品的“营销者”，它们通过自己的

经营活动把旅游者和旅游经营者联结起来，促使旅游经济活动有效进行。旅游饭店是一个国家和地区发展旅游业必不可少的物质基础，其发展的数量、规模、档次和服务质量，在一定程度上决定着一个国家旅游产业的发展规模和水平。旅游交通是旅游产业的重要组成部分，没有发达的现代交通运输业，就不可能有发达的旅游产业，因此旅游交通和食、住、游、购、娱等各种要素共同构成了综合性旅游产业，提供给旅游者消费，并保证旅游经济活动的正常运行。

（二）具有独立的主体部门和产业结构

旅游经济活动在其发展过程中，已逐渐形成了一种有组织的规范化旅游模式。旅游经济的运行实质上就是旅游者和旅游经营者之间进行的旅游产品交换的过程，无论是国际旅游还是国内旅游，通常都是由旅行社作为主要的组织者，统一组织分散的旅游者、各类旅游企业和旅游风景区，按照预定的旅游路线、活动内容和时间，提供综合性的旅游服务，满足旅游者多方面的需求，而旅游者只须承担一定的费用，就可以尽情地享受旅游的愉悦，不用再为旅游活动中的食、住、行等问题操心。旅游经济活动本身的规范化发展，不仅带动了旅游行业各部门的规范化发展，促使旅游行业的所有部门和企业都必须遵循经济规律而有效地进行经济和管理，还推动了旅游经济活动的大众化和全球化的发展，促使旅游业逐渐成为一个相对独立的经济产业，成为国民经济的重要组成部分。

四、旅游经济活动的运行

（一）运行环节

旅游经济活动是通过旅游产品交易来实现的，这个过程包括了旅游产品的购买与旅游产品的销售。因此，旅游经济活动运行的基本环节为旅游产品购买环节和旅游产品销售环节。

在旅游经济活动运行基本环节的基础上，要保证旅游经济活动运行顺利，还必须有次环节支撑。这些次环节分为两方面。一是旅游产品购买基本环节中的次环节，包括旅游产品购买的发生和购买的方向，前者影响着人们购买旅游产品的形成条件与时间，后者影响着人们选择旅游产品的类型；二是旅游产品销售基本环节中的次环节，包括旅游市场推销和提供旅游服务，推销是销售的前提，销售是推销的基础，二者共同促成了旅游产品价值的实现。

（二）运行主体

旅游经济学研究的运行主体即利益主体，涉及三个方面——旅游需求方的旅游者、旅游供给方的旅游经营者以及政府，他们都各自在自己的目标效用指引下追求着各自利益的最大化。

1. 旅游者利益最大化

旅游者在成本和时间的约束下，在旅游消费过程中，获得的物质和精神上的享受，通常用旅游者满意度表示。旅游者满意度与消费预期和付出成本有关。旅游产品与旅游者的消费预期的拟合度越高，旅游者的满意度越大。自然景观型旅游产品往往受自然环境因素左右，因此旅游者的消费预期容易受影响。旅游产品与旅游者的付出成本成反比，旅游者的成本越低，其满意度越大。因此，这也是我国旅行社低价竞争的原因之一。

2. 旅游供给厂商利益最大化

旅游供给厂商利益最大化表现为生产投入少、满意度高的旅游产品，同时还有企业的社会形象塑造、市场份额的扩大、企业利润提高等。为此，旅游供给厂商一般通过促销行为、价格行为以及一体化战略、集团化战略来达到利益最大化。

3. 政府利益最大化

政府利益最大化是指目的地的政府通过对其管辖范围内的旅游业实施有效的行业管理和制度创新，保证旅游经济活动的正常进行，促进各项资源的优化配置，使旅游吸引物得到有效开发，旅游地环境得到保护，并通过发展旅游经济，获得经济、社会和环境效益的最大化。

如果各政府间的协调与合作较弱，就会产生与之相反的结果。这种现象在经济学上称为“个体理性”与“合成谬误”。“个体理性”是指每个政府都分别从自己的利益角度出发，投资开发，扩张规模。“合成谬误”是指竞争双方或多方合成以后造成资源浪费，住宿等供给设施远远超过市场需求，相关利益者均受损。我国旅游资源丰富、跨行政区域特征明显，特别容易造成“个体理性”与“合成谬误”现象。以壶口国家地质公园为例，该公园跨陕西和山西两省，各省均设有公园管理机构和旅游开发部门。从两省各自个体视角看，对壶口国家地质公园的旅游开发是合理的，但是从两省合成视角看，壶口的旅游开发就存在过度行为。因此，我国旅游经济发展过程中“个体理性”与“合成谬误”现象普遍存在，跨行政区域管理是导致该现象的主要原因。

第二节　旅游经济学学科

任何一门学科的建立，都是人类社会发展到一定历史阶段的产物，是人类社会实践的概括和总结。旅游经济学作为一门相对独立的学科，有其独特的研究对象。旅游经济学作为经济学学科的一个分支学科，其研究的对象就是经济现象。旅游经济学对经济现象的研究是指人们在空间移动中表现出的经济行为。

一、国内外旅游经济学的研究

（一）国外旅游经济学的研究

1. 第二次世界大战以前的旅游经济学研究

早在19世纪后半叶，随着西方国家旅游业的发展，人们开始关注对旅游经济问题的研究，意大利学者为早期旅游经济学的研究做出了突出贡献。1899 年意大利政府统计局的博迪奥（L. Bodio）发表的《外国人在意大利的移动及其花费》是最早的旅游经济研究文献。1927 年，罗马大学讲师马里奥蒂（A. Mariotti）出版了《旅游经济讲义》，首次从经济学角度对旅游现象做出系统剖析和论证。1933 年，英国学者奥格威尔出版了《旅游活动》，用数学统计的方法科学地研究了旅游者的流动规律，并从经济学角度给旅游者下了定义。1935 年，柏林大学教师葛留克斯曼（G. Glücksmann）出版了《旅游总论》，相比前面的研究，该成果不仅论述了旅游的经济影响，还论述了其社会影响以及促进旅游提升的政策手段。1942 年，瑞士学者汉克泽尔等（Hunziker et al.）在《旅游总论概要》中也提出了从经济学和社会学两方面进行旅游经济研究。

总之，第二次世界大战之前的旅游经济学研究，侧重于旅游活动带来的经济效益，研究多为探索性分析，尚未进行旅游经济活动本质、规律和机制的探讨。

2. 第二次世界大战以后的旅游经济学研究

第二次世界大战以后旅游活动扩展到全球，大众旅游时代开启。相关学者对旅游经济学理论、方法开展了更深入、全面的研究。二战至 20 世纪 60 年代，学术界主要强调的是发展旅游对经济不发达国家和地区及发达国家的边远地区所带来的显著的经济效益。

20 世纪 70 年代，旅游活动迅速发展，在相对集中的时间和空间内涌现大量的旅游者，使接待地社会和环境受到了空前的压力，客观推动了旅游社会文化和旅游生态、环境研究快于旅游经济研究的局面形成。

20 世纪 80 年代，学者们开始关注宏观范围中的问题，诸如发展旅游经济的经济效益和代价问题等。

纵观之，国外对旅游经济学的研究起步早，成果丰硕。研究涉及了国际旅游分工理论与差别需求、旅游市场问题、旅游企业经营与管理、区域经济发展与旅游、资源开发与旅游地建设、旅游投资、旅游经济政策、旅游国际合作、发展中国家旅游经济等诸多领域。

（二）国内旅游经济的研究

国内旅游经济学研究起步相对较晚。1978 年改革开放至今，旅游经济学在 40 多年间大体经历了三个阶段。

（1）产生阶段：20 世纪 70 年代末 ~80 年代末，围绕旅游经济学的性质和功能、发展目标和发展道路、投资建设和经营管理、旅游体制改革等，提出了一系列加快我国旅游经济发展的经济思想，对中国特色旅游经济理论的形成具有十分重要的指导意义。

（2）形成阶段：20 世纪 80 年代末 ~90 年代末，这一阶段不仅旅游业被作为新型产业纳入国家经济社会发展的重点，而且对旅游经济学的研究也进入了高潮，开始从以经济学为主体，向管理学、社会学、市场学等方向发展，形成了比较完整的研究体系。

（3）发展阶段：21 世纪至今，旅游经济迈入了建设世界旅游强国的新阶段，促进了中国特色旅游经济理论的进一步完善和发展。

总之，我国旅游经济学的研究起步晚，但是发展速度较快，研究成果较丰富。其中，旅游经济学教材建设对推动我国旅游经济学研究起到了重要作用。1982 年王立刚、刘世杰编著的《中国旅游经济学》，是我国较早研究旅游经济学的著作。之后，1986 年、1994 年、2000 年和 2009 年林南枝、陶汉军先后编著了《旅游经济学》，1991 年张辉编著了《旅游经济学》，1994 年、2004 年罗明义编著了《旅游经济学》，2000 年王大悟、魏小安编著了《新编旅游经济学》等，这些教材较系统地阐述了我国旅游经济问题。2002 年、2016 年田里出版了《旅游经济学》，2004 年、2012 年、2016 年历新建和张辉出版了《旅游经济学原理》，2010 年、2016 年姚允柱和李炳义编著了《旅游经济学》，2015 年、2018 年吕宛青和李聪媛编著了《旅游经济学》，等等，他们站在经济学角度，应用经济学原理、工具，分析旅游经济学中的基本理论和方法，构建旅游经济学的学科体系，对我国旅游经济学理论形成、学科建设实践起到了积极的推动作用。

二、旅游经济学的研究范畴与对象

旅游经济学作为一门独立的学科，首要问题是明确该学科的研究范畴与对象。学科的研究范畴与对象决定着学科的研究范式，对学科研究内容和学科研究方法起着重要的指导作用。

旅游经济活动是一种复杂的社会现象。在现实的旅游活动中，经常会出现旅游者的旅游需求与旅游消费、企业的旅游产品生产和旅游服务提供、旅游产品价格波动等经济现象，这些属于微观经济层面的研究内容。在旅游活动中还会出现旅游人数、旅游收入等经济问题，涉及餐饮、住宿、交通、通信、保险、旅游景区、旅行社等多个行业部门以及它们之间的分工与协作，这些属于旅游产业层面的研究内容。旅游产业是现代产业体系的重要组成部分，它综合性强、关联性大，旅游经济活动对国民经济增长、促进就业、扩大消费以及文化交流、社会管理等方面的影响，属于旅游经济宏观层面的研究内容。综上，旅游者微观层面的研究内容、旅游产业层面的研究内容、旅游影响宏观层面的研究内容构成旅游经济学的研究范畴。

旅游经济活动在旅游活动商品化和社会化基础上产生，并由旅游客源地、旅游目的地和旅游联结体三者构成。旅游客源地存在现实的旅游需求和潜在的旅游需求；旅游目的地提供旅游产品供给和旅游接待服务；旅行社、旅游交通等产业要素组成旅游联结体，为客源地与目的地的联结提供中介服务。旅游客源地的旅游需求、旅游目的地的旅游供给和旅游联结体的中介服务及其相互作用而引发的经济现象、经济关系和经济运行规律，构成了旅游经济学的研究对象。

因此，旅游经济学的研究对象是旅游经济活动的运行及其运行中引发的经济现象、经济关系以及经济影响。在这一理解中，隐含了旅游活动与旅游经济的关系、旅游经济运行的主体、旅游经济运行的特殊性、旅游经济研究的框架体系等内容。

三、旅游经济学的研究内容

国内外现有旅游经济学的研究始于旅游经济发展的实践经验总结，在已有成果梳理和整合基础上，较多地采用了经济学的一般研究范式，侧重于研究旅游产品、旅游需求与供给、旅游价格、旅游消费、旅游投资、旅游收入与分配、旅游经济效益、旅游经济发展战略等内容。但是，旅游是一种特殊的经济现象，也是一个独立的系统，不宜直接套用经济学的理论与方法。外国学者利珀（N. Leiper）提出旅游系统的概念，他认为旅游系统是由旅游主体、旅游客体、旅游媒介体三个要素组成的开放系统。据此概念，旅游经济系统则应是由旅游需求、旅游供给、旅游供给与需求的联结体三个要素构成的开放系统。在旅游经济系统中，旅游需求要素的主体为旅游者，旅游供给的主体为旅游企业或者旅游供给商；旅游需求的客体为旅游客源地，旅游供给的客体为旅游目的地；旅游供给与需求的联结体为旅游产品，旅游产品的价格、数量、质量、分布等产生了旅游供求矛盾，旅游供求矛盾的产生与均衡、再产生与再均衡是推动旅游经济运行的核心机制。

因此，本教材在分析旅游经济活动逻辑的基础上，借助于经济学基本原理和方法，围绕旅游经济学的研究范畴与对象，构建了旅游经济学的逻辑框架，其研究内容依据以下三条主线：

一是以旅游需求要素为主线，集中研究旅游经济活动中需求规律、需求弹性及旅游者消费现象的理论与旅游消费合理化问题。这一主线涉及教材中第二章旅游需求、第四章旅游消费的研究内容。

二是以旅游供给要素为主线，重点研究旅游经济活动中的供给规律、供给弹性、旅游产业及其结构以及旅游企业行为等问题。该主线涉及教材中第三章旅游供给、第七章旅游企业等研究内容。

三是以旅游供给与需求联结体为主线，侧重于从旅游产品引发的旅游供求矛盾与均衡、旅游市场、旅游产业及市场结构问题。该部分涉及教材中第五章旅游市场、第六章旅游产业等研究内容。

上述三条主线构成了旅游经济学的主体研究内容（见图1－1）。除此之外，本教材的第一章从旅游经济活动和旅游经济学学科两个层次系统总结了学科的内容体系，第八章旅游经济效应是从宏观上研究旅游经济的影响问题，第九章总结了国内外旅游经济发展模式与战略。

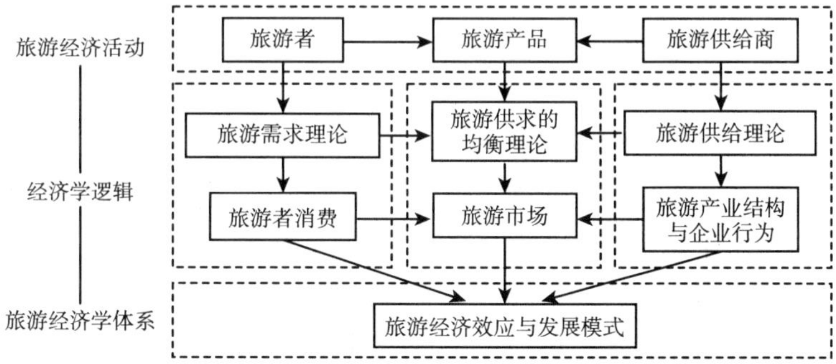

图1－1　旅游经济学的内容体系

四、旅游经济学的研究方法

（一）系统分析方法

系统是由若干要素以一定的结构形式联结而成的具有某种功能的有机整体。整体性、关联性、结构性、平衡性、时序性等是系统的基本特征，这些既是系统论的基本思想观点，也是系统分析方法的基本原则。旅游经济活动是一个开放的、复杂的、综合的系统，旅游经济学的研究方法首先应着眼于系统分析的角度，既要研究组成旅游经济系统的各个要素及其相互之间的关系，也要研究这些要素是以什么样的方式联结成为一个有机整体并实现其功能的。所以，系统分析方法是旅游经济学的基本研究方法之一。首先，该方法强调整体的观点，研究旅游经济要注重以旅游市场和旅游产业整体优化为导向；其次，强调动态平衡的观点，研究旅游经济要注重旅游市场和旅游产业的动态过程，协调旅游活动各要素及旅游产业各部门间的平衡发展，实现旅游经济发展过程中的整体优化；最后，强调环境适应性，旅游经济研究不能局限于旅游本身或一个国家、一个区域，应树立超旅游观念，站在一个国家或一个区域社会经济发展战略的高度，将旅游放在整个国际经济大环境中加以研究。

（二）唯物辩证方法

唯物辩证方法是研究任何事物、任何系统的根本方法论，研究旅游经济学也不例外。唯物辩证法告诉我们，事物是运动的，事物是普遍联系的，事物是发展的。旅游经济活动、旅游产业是运动发展的，旅游经济学要从发展的角度来分析问题。在研究旅游经济活动过程中，既要根据唯物辩证法实事求是的观点尊重旅游经济活动的规律，又要承认在一定时期内不同国家或不同区域的旅游产业及其结构的差异性，要以发展的观点来看待问题，努力探究推进旅游产业发展和优化产业结构的途径，促进本国或本地区经济的增长和发展。旅游产业是一个综合性的产业，涉及旅游活动的“食、住、行、游、购、娱”等各要素，包括餐饮住宿业、交通运输业、商贸流通、文化娱乐等多个行业，各行业部门之间、各产业之间是有普遍联系的。所以，旅游经济学要深入研究各行业部门之间、各产业之间的关联情况，促进各产业间、产业内部各部门间平衡协调发展。

（三）定性分析与定量分析相结合的方法

辩证唯物主义认为，任何事情既有质的规定性，又有量的规定性。一定的质包含着一定的量，量变到一定程度必然引起质变。旅游经济活动中的各种经济现象也都是质和量的统一。一方面旅游经济学中研究内容应有质的规定性，才能区别各种不同的旅游经济现象；另一方面旅游经济中的研究内容同时还应该有量的规定性。旅游产业已成为国民经济发展的战略性支柱产业，在旅游经济学的研究中，必须把定性分析与定量分析结合起来，通过定量分析揭示旅游现象的变动规律，为定性分析提供科学依据；通过定性分析，确定旅游经济研究对象的本质与属性，为定量分析提供指导，从而达到旅游经济活动中质和量的统一，促进旅游经济理论与实践的发展。

思考题

1. 旅游经济活动产生的背景与条件是什么？
2. 什么是旅游经济学？旅游经济学的研究意义是什么？
3. 结合旅游经济发展实践，分析旅游经济学的研究方法有哪些？

拓展阅读

1. 谢彦君．基础旅游学［M］．4 版．北京：商务印书馆，2015.

2. 约翰·特赖布，赖坤，张骁鸣．旅游哲学——从现象到本质［M］．北京：商务印书馆，2016.

3. 保罗·梅森．新经济的逻辑：个人、企业和国家如何应对未来［M］．北京：中信出版社，2017.

第二章　旅游需求

［学习目的］

通过本章的学习，了解旅游需求的概念、产生，掌握旅游需求的特征，熟练掌握旅游需求的规律，正确应用旅游需求弹性公式，理解旅游需求的影响因素。

［重点难点］

重点是旅游需求的概念、旅游需求规律及旅游需求弹性；难点是旅游需求规律及旅游需求弹性。

第一节　旅游需求基本理论

一、旅游需求的内涵

（一）旅游需求的概念

经济学中，需求是消费者在一定时间内，依据一定价格购买某一商品的数量。旅游需求是需求的一种表现形式，是旅游经济产生和发展的重要前提，没有旅游需求就没有旅游经济的发展。为此，将旅游需求的概念界定为，在一定时期内，一定价格条件下，旅游者愿意并且能够购买的旅游产品的数量。

旅游需求和旅游需要是既有联系又相区别的两个概念。需要是指人们在一定条件下对某种事物渴求满足的欲望，是产生一切人类行为的原动力。当人们产生对休闲度假、游览观光等的欲望时，则意味着人们产生了旅游需要，由于人们的旅游欲望是随着生活水平改善而不断变化和增强的，因此人们的旅游需要是无限的。“旅游需求”更多的是研究“需求什么”，是从定性的角度出发；“旅游需求量”指“需求多少”，是对旅游需求的度量。通常情况下在分析旅游需求的产生、特点和影响因素时，用到的是“旅游需求”的概念；但是从经济学角度分析旅游需求问题时，如旅游需求规律、旅游需求弹性以及衡量旅游需求的时候，用到的是“旅游需求量”的概念。前者缺少总需求度量的理论基础，后者有总需求度量基础，并且可以互相验证。

（二）旅游需求的解释

1. 旅游需求表现为旅游者对旅游产品的购买欲望

旅游需求表现为旅游者对旅游活动渴求满足的一种欲望。旅游者对旅游产品的购买欲望是一种主观愿望，它能够激发旅游者的旅游动机，是构成旅游行为的内在动因。因此，旅游者对旅游产品的购买欲望不是对旅游产品的实际购买数量，这种购买欲望是否能够转化为现实购买数量，取决于旅游者的支付能力和闲暇时间等因素。

2. 旅游需求表现为旅游者对旅游产品的购买能力

旅游者的购买能力一般指人们在其收入中用于旅游消费支出的能力，即旅游者的经济条件。旅游者的经济条件通常用个人可支配收入来衡量。在其他条件不变的情况下，个人可支配收入越多，则人们对旅游产品的需求就越大。此外，一定的旅游产品价格也是影响旅游者购买能力的重要因素。因此，旅游者对旅游产品的购买能力，不仅表现为旅游者消费旅游产品的能力及水平，而且是旅游者的购买欲望转化为有效旅游需求的重要前提条件。

3. 旅游需求表现为一种有效的需求

旅游需求表现为两种形式，一种是有效旅游需求，另一种是潜在旅游需求。

有效旅游需求是旅游者具备对旅游产品的购买欲望、自由支付能力和闲暇时间，能够转化为现实购买力的旅游需求。

潜在旅游需求是旅游者不具备转化为现实购买力中的某一项或者几项条件，在当前条件下暂时不能够转化为现实购买力的旅游需求。用以下四种代表性的潜在旅游需求情况来说明：

（1）旅游者具有对旅游产品的购买欲望和闲暇时间，但是无自由支付能力，要转化为有效的旅游需求，需要不断提高旅游者自身的收入水平和客源地国家的经济发展水平。

（2）旅游者具有对旅游产品的购买欲望和自由支付能力，但是无闲暇时间，要转化为有效的旅游需求，需要调整闲暇制度的安排。

（3）旅游者具有对旅游产品的自由支付能力和闲暇时间，但是没有购买欲望，这种情况通常需要通过积极加大旅游宣传，不断提升旅游对大众的吸引力来加以改善。

（4）旅游者具有对旅游产品的购买欲望、自由支付能力和闲暇时间，但是受到目的地或者客源地的自然、社会环境影响，暂时不能实现旅游需求。

二、旅游需求产生的条件

旅游需求的产生，既有客观条件，也有主观因素。从主观因素讲，旅游需求产生于旅游动机。从客观条件讲，旅游需求是科学技术进步、生产力提高和社会经济发展的必然产物。综合主客观条件得出，旅游者的购买欲望、个人可自由支配收入的提高、闲暇时间的增多是产生旅游需求的三个重要条件。

（一）购买欲望——旅游动机（主观条件）

人为满足自身需要而决定去做某事的内在力量称为动机，因此，旅游动机就是驱使人们外出旅游的内在动因，是形成旅游需求的首要主观条件。旅游动机对旅游行为有某种规定性和作用，直接引致旅游预期与满意度。

旅游动机的形成受主观和客观两方面的影响。主观因素包括个人的心理因素、审美背景、知识框架和年龄性别。客观因素包括社会历史条件、政治经济状况、微观生活环境以及旅游信息等。人们的旅游动机决定着旅游的类型，也正是由于人们的旅游行动出于不同的需要或者具有不同的动机，旅游形式或者旅游类型才表现出多种多样的特点。

旅游动机除受主观因素的影响之外，客观因素在旅游动机形成中也起着重要作用，如天气、战争、疫情等都会影响人们的旅游动机。

（二）支付能力——可自由支配的收入（客观条件）

个人可自由支配的收入是指扣除全部税收，社会消费以及生活的必需消费部分（衣、食、住、行等）之后余下的收入。旅游支付能力就是指该部分收入的多少，但基本生活费用的数量标准则因国家不同而异，所以对可自由支配水平也就存在着不同的认识。然而，可以肯定的是可自由支配的水平不仅决定了一个人是否有条件外出旅游，而且也决定了旅游者在旅游活动中的支付水平。

旅游活动是一种经济支出活动，它要建立在经济关系的基础上。旅游活动过程也是旅游者在食、住、行、游、购、娱各环节上发生各种经济关系的过程。在现代市场经济条件下，旅游活动中的各种经济关系都表现为以货币为媒介的交换关系，这在国内旅游和国际旅游中都不例外。所以旅游者个人可自由支配的收入是旅游者产生旅游需求和旅游需求得以实现的客观条件，也是一种家庭预算的约束机制。个人可自由支配的收入取决于人均收入水平，人均收入水平又取决于国家经济发展情况及收入分配政策。不同的人均收入水平使人们在消费水平、消费结构、消费方式上有一定的差别。人均收入水平增加，需求数量和需求结构就必然发生变化。恩格斯曾把人们的需求分为三个层次，即按从低到高的顺序分为生存需要、享受需要和发展需要。西方著名心理学家马斯洛提出的“需要层次论”则把它分为生理需要、安全需要、社会需要、尊重需要和自我实现的需要五个层次。旅游需求显然是一定时期中高层次的需求，它是在基本生理需要之上的一种对精神享受的追求。

旅游者的可自由支配的收入可以通过恩格尔系数进行相对衡量。恩格尔系数是一个家庭或个人收入中用于食物支出的比例。该系数越低，表明可自由支配收入水平越高，旅游需求产生的可能性越大；反之则旅游需求产生的可能性越小。改革开放 40 多年以来，我国经济发展水平迅速提高，人们生活水平明显改善，国内居民旅游意识不断增强，使得我国居民的可自由支配的收入不断提升。

（三）闲暇时间——充足的闲暇时间（客观条件）

人们的闲暇时间多指除工作、学习、日常生活必需等之外的可自由支配的时间。旅游是为了从常住地以外的地方获得新的感受、新的体验，旅游空间距离的转移也伴随着旅游时间的付出。没有充足的闲暇时间，就不能保证旅游需求实现。所以，充足的闲暇时间是人们产生旅游需求的又一客观条件。

根据时间长短，闲暇时间可以划分为不同的类型，其在旅游需求产生过程中发挥的作用也有所差异。按照时间长短划分，闲暇时间可以分为每日工作之后的闲暇时间、周末闲暇时间和节假日闲暇时间三种类型。每日工作之后的闲暇时间，人们一般用于看电视、谈话交流等活动，由于时间太短不能够对旅游需求产生影响。周末闲暇时间是我国当前近距离旅游的主要推动力之一，促进了我国城市周边旅游、乡村旅游等快速兴起。节假日闲暇时间已经成为我国和全球中长途旅游的主要推动力，为大众旅游发展提供了必要条件。因此，周末闲暇时间和节假日闲暇时间是产生旅游需求的客观条件。

三、旅游需求的特征

（一）指向性

旅游需求指向性是指旅游需求在不同的时间范围、空间范围内表现出的旅游差异性，分为时间指向性和地域指向性。

（1）时间指向性特征。旅游需求的时间指向性特征也被称为季节差异性。从客源地来看，不同国家的社会风俗和带薪假期的时间分布不同，闲暇时间的空间分布会有较大的区别，如北美国家的圣诞节、穆斯林的开斋节；从目的地来看，旅游需求常受到目的地的自然环境和风俗习惯的限制，目的地的人文及自然吸引物往往表现出截然不同的吸引力，甚至有些吸引物自身的存在也有一定的季节性，如漠河极光、吉林雾凇、黄河壶口瀑布的冰挂彩虹等。

（2）地域指向性特征。旅游需求的地域指向性特征也被称为空间差异性。从客源地角度看，各个国家和地区的经济发展水平不同，造成各自出游的旅游者人数和频次也不同，在一定区域范围内就形成了客源强的区域和客源弱的区域。在我国，珠三角、长三角和京津冀地区是出游能力最强的三大区域。从目的地角度看，由于旅游景区等供给在空间上具有不可移动性，旅游资源知名度、丰富程度、规模大小等造成了对旅游者吸引力的差异，这些因素综合作用下，在一定区域范围内产生了热门旅游景区和冷门旅游景区。北京、西安、洛阳等因其悠久的历史文化，一直是城市旅游中的热门区域，上海、深圳、杭州等因其突出的现代文化也一直是大众旅游中的热门区域。

（二）敏感性

旅游需求敏感性主要表现在对政治环境的敏感性和对经济环境的敏感性两方面，其中，对政治环境的敏感性主要指向目的地。根据马斯洛的“需要层次论”，安全需要是仅次于生理需要的基本需求，当旅游目的地发生社会动荡或与客源国关系紧张时，旅游者出于安全的考虑会放弃旅游计划。所以旅游目的地拥有一个稳定的政治社会环境对旅游需求的正常增长是十分重要的。而对于经济环境的敏感性则主要是指客源地的经济发展状况和客源国与目的地国之间的汇率变动、贸易关系等状况。

（三）多样性

旅游活动是指人们为了满足需求，而暂时外出以改变生活方式和生活场所的一种形式。旅游需求是个体需求的市场总和。由于人们的需求是多样的，因而旅游需求也表现为一种多样性的需求。人们可能为了好奇、学习而旅游；可能为了身体健康、治疗疾病而旅游；可能为了公务、经商、洽谈业务而旅游；可能为了躲避压力而旅游；也可能为了满足冒险、刺激、浪漫生活而旅游，等等。总之，由于个体旅游者在职业、社会地位、消费习惯、年龄、性别、文化背景、旅游经历与旅游偏好等方面的差异，即便是出于同一种旅游动机，个体旅游需求在旅游地选择、旅游方式、旅游等级、旅游时间、旅游类型等方面也都必然存在差异，导致旅游需求构成的多样性。

四、旅游需求的影响因素

旅游需求除了受到旅游者自身的旅游动机、收入水平、闲暇时间及交通运输条件的直接作用外，还受到政治、经济、文化、法律、自然、社会等各种因素的综合影响。因此，全面掌握和了解旅游需求，还必须对影响旅游需求的各种因素进行分析。通常，影响旅游需求的主要因素有人口因素、经济因素、社会文化因素、政治法律因素、旅游供给因素等，这些因素可归结为三个方面，即客源地方面、目的地方面和联结体方面。

（一）客源地因素

旅游是人的一种行为活动，人口状况是影响旅游需求的重要因素之一。从人口的统计特征来看，人口的数量、结构、分布状况等对旅游需求的产生有明显的影响作用。

1. 总人口数

总人口数是指客源国或地区的总人口数。目前，虽然没有数据表明总人口数大的国家旅游者需求就一定多，但是一个国家或地区产生旅游者的绝对数量必然要受到该国或地区人口总数的限制。一般来说，人口基数大的国家在出游率不高的情况下，出游的人数依然可能较多。而且，从长远的角度来看，总人口数大的国家或地区，其潜在的旅游需求也大，在客观条件具备的情况下，转化为现实旅游需求的数量也会比较大。因此，总人口数对一个国家或地区的旅游需求规模有很大影响。

2. 人口结构

人口结构是指人口的年龄、性别和职业等的构成情况。

（1）年龄结构。从人口年龄构成上看，不同年龄段的人其经济收入、兴趣爱好、身体健康状况、消费需求等各不相同。一般的年轻人，精力充沛，好奇心强，渴望外出旅游，但往往受到经济收入的限制；中年人年富力强，收入稳定，带薪节假日多，出游的比率较高；老年人虽有经济积累，旅游时间也比较充裕，但容易受到健康条件的约束，旅游活动也常常受到限制。

（2）性别结构。在一些国家或地区，由于受传统观念、社会分工、家庭角色等因素的影响，往往表现为男性比女性具有更多的旅行或旅游机会。但随着社会的发展，性别差异在劳动分工和职业地位中越来越弱化，女性旅游市场有了较大的发展。与大众旅游市场相比，女性旅游市场在旅游方式、旅游项目和旅游价格等方面存在明显差异。

（3）职业构成。不同职业、不同工作性质意味着不同的收入、不同的受教育程度、不同的闲暇时间和消费需求。一般来说，企业白领、医生、律师等收入水平较高，产生旅游需求的可能性较高，参加远距离旅游或国际旅游的可能性较大，对食宿和旅游设施的要求也较高；商务人员、公务人员、管理人员出差的机会比较多，旅游消费比较高；科技工作者、教师、研究人员进行学术交流的机会较多，多采用会议旅游的方式。

3. 人口分布

人口分布主要是指人口的城乡分布状况。就目前的旅游市场情况而言，城市居民要求外出旅游的数量远远比农村居民高。这是因为城市居民的收入普遍比农村居民高，具有产生旅游需求的经济基础；同时，城市里人口稠密、工作紧张、生活节奏快，迫使人们外出旅游调节生活、缓解压力。此外，城市发达的交通条件、丰富的信息及服务、文化教育等条件，也造成了城市居民的出游比例远远高于农村居民。

4. 国内生产总值

国内生产总值是指一个国家在一定时期内所生产的最终产品和提供的劳务总量的货币表现。它反映了一个国家在一定时期内整个物质财富的增长状况，是衡量经济发展水平的重要指标。国内生产总值的高低决定着居民收入水平的多少。在旅游客源国，国内生产总值越高，居民可自由支配的收入就越高，产生的旅游需求也就越多，旅游的规模和结构就会相应提高。在旅游接待国，国内生产总值越高，居民收入水平越高，用于改善生活水平、提高生活质量的投入越多，旅游设施及接待条件就相应越好。从而可以吸引更多的旅游者。因此，国内生产总值的规模对旅游需求的总量和结构具有决定作用。

5. 消费习惯与消费政策

旅游者分布在不同的国家和地区，社会文化及民族差异形成了不同的消费习惯和需求心理。旅游目的地应尽可能按照旅游客源地的消费习惯，适应不同旅游者的消费需求，提供有针对性的旅游产品和服务。此外，旅游接待国家和地区有关法律、法规及执行情况也对旅游需求产生直接或者间接影响，尤其是旅游接待国家和地区对入境旅游的鼓励、限制政策，会对入境旅游需求产生重要影响。

（二）目的地因素

1. 旅游供给能力

旅游资源是吸引旅游者的旅游对象物，是一个国家或地区的自然风貌和社会发展的象征，体现着该国家或地区自然、社会、历史、文化及民族的特色，从而构成旅游供给能力的核心因素，根据现代人类多样化需求而发掘形成的旅游资源，正成为影响世界经济社会发展的新的战略性资源。首先，随着人们对资源的认识和利用向深度与广度发展，各种各样的旅游资源逐步被认识和发掘，极大地刺激了人们旅游需求的产生；其次，各种自然旅游资源及人文旅游资源直接或间接地转化为经济优势，并带来经济收入，则是在旅游进入现代生活之后才出现的，并随着旅游业的发展而释放出巨大的经济能量。可见，旅游资源与旅游需求相辅相成，旅游资源刺激旅游需求产生，而旅游需求则促使旅游资源转化为经济资源并形成经济优势，没有旅游需求，旅游资源的经济优势就不能发挥。所以旅游需求和旅游资源相辅相成，互相促进。

虽然在商品生产的一般情况下，人们总是认为需求决定供给，但就国际旅游实际情况而言，在很大的程度上是供给影响甚至决定着需求。旅游供给的好坏决定着旅游目的地对旅游需求市场的吸引力，它是旅游者选择目的地的决定因素。其他供给因素，如旅游设施、交通条件、当地居民的友好态度等，也都可以增强或削弱该地区的旅游吸引力。

2. 城市化水平

城市化水平是指城市的地域规模不断扩大，城市人口的比重不断上升的过程。城市化水平的主要衡量指标是城市人口的比重，即城市化水平越高，则城市人口的比重越大。城市化水平对旅游需求的影响主要表现为城市居民外出旅游的比例远远高于乡村居民。这是由城市居民的工作性质和生活环境的差异所决定的。在城市中，绝大多数劳动者所从事的都是日复一日、年复一年的重复性劳动，难免使人感到单调乏味。另外，现代城市工作和生活的节奏日益加快，在“时间就是生命”“时间就是金钱”的环境中，人们的工作和生活都必须讲求效率，到处都充满着紧张的气氛。所有这一切再加之日渐突出的“城市病”，必然会给人们的身体和精神带来沉重的压力，所以，适时改换一下生活环境，以便恢复体力、舒缓精神就成了人们在闲暇时间的普遍要求。外出旅游度假是实现这一愿望的最佳选择。旅游需求的迅速扩大就与此有密切的关系。当然，城市居民对旅游需求高还有其他方面的原因，例如，城市居民的经济条件一般较好，其可自由支配收入较高。此外，城市发达的交通、便利的服务、易获得的各种信息，也是城市居民顺利开展旅游活动的重要保证。由于城市是旅游客源比较集中的地方，所以城市旅游者也就成了各国旅游竞争的主要对象。

（三）联结体因素

1. 距离

人们对特定目的地旅游产品需求的大小主要取决于两方面的因素。一方面是个人的旅游倾向，另一方面是客源地和目的地之间的相关阻力。人们的旅游倾向受制于其所处的社会经济地位、个人的价值取向以及对某种吸引物的偏好等，而实现去某地旅游的阻力程度主要来自客源地和目的地之间的经济距离、文化距离、目的地旅游价格、目的地的服务质量以及季节性等方面因素的影响。

经济距离是指往返于客源地和目的地之间所需要的时间和费用。旅游目的地与客源地之间的经济距离越大，则前往该地旅游的阻力越大，从而对该地旅游产品的需求也就越低。反之，两者之间的阻力越小，则对该地旅游产品的需求也就越多。例如20世纪50年代末，随着喷气式客机投入民航运营，从美国洛杉矶前往夏威夷的旅行时间一下子从12个小时缩短到5个小时，从而使人们对夏威夷的旅游需求迅速增加。此后，随着大型宽体喷气式客机的问世，欧美之间的旅行费用几乎下降了50%。这大大推动了欧美两地的旅游业发展。

文化距离是指旅游客源地与旅游目的地之间的文化差异程度。文化距离对旅游需求的影响比较复杂。一般来讲，特别是就大众旅游而言，旅游目的地同客源地间的文化距离越大，则去该地旅游的阻力也就大。当然也有例外，对于心理类型为多中心型的旅游者来说，文化距离越大，则该地对其吸引力越大，从而对该地旅游产品的需求也就越强烈。

2. 货币汇率

货币汇率又称汇价或外汇行市，货币汇率表示的是两个不同国家或地区货币之间的比价，或者说一国或地区货币用另一国或地区货币表示的价格。在国际旅游市场上，旅游客源地与旅游接待地之间的货币汇率发生变动时，其实质是旅游价格的变动。如果旅游接待地相对旅游客源地之间的汇率下跌，旅游接待地的货币贬值，旅游产品的实际价格就会下降，前往该国家或地区的旅游需求就会增加。反之，就会反方向变化。因此，在其他条件不变的情况下，汇率的变化不一定会引起国际旅游需求总量的变化，但是会引起国际旅游需求总量在不同汇率国家或地区之间的重新分配。

3. 政治因素和社会文化因素

政治因素对旅游市场的影响表现在：政府对发展旅游业的政策和措施；政府及领导人对国际旅游业的影响；国家内部政局的稳定程度；两国之间的外交关系对客源互流的影响；国家间的政治冲突、战争、恐怖主义活动及任何形式的不稳定因素等。

世界上不同国家和地区具有不同的文化背景，从而在其价值观念、风俗习惯、语言文学、宗教信仰、美学和艺术等方面存在差异。它们对旅游需求的影响较为复杂。从旅游者的心理来看，旅游者大多渴望到特色鲜明、社会文化差异大的国家或地区旅游，以便更好地满足自己的好奇心和求知欲。但是，从旅游者的行为来看，多数旅游者的旅游行为首先还是发生在相邻的国家和地区，以近距离流动为主。究其原因，既与价格收入等经济因素有关，社会文化的差异也起到了至关重要的作用。文化的差异对旅游者虽然是一种吸引，但陌生的环境、陌生的语言和陌生的事物，也容易使旅游者产生不安全感，制约着他们将旅游愿望付诸行动。因此，在旅游接待中，必须注意分析不同旅游者的文化背景和文化特征，研究旅游者的消费习惯和需求心理，尽量消除他们由陌生环境所引起的不信任感和抵触情绪，投其所好，避其所忌，促使旅游需求持续、稳定增长。

第二节 旅游需求规律

一、旅游需求函数

将一种商品的需求作为因变量，把影响需求的各种因素视为不同的自变量，综合以上几种因素，则可以列出一个多元函数：

$$D=f(P,P_r,I,T,E,\cdots)$$

这就是需求函数。式中，D 为需求，P 为商品的价格，P_r 为相关商品价格，I 为旅游者收入，T 为旅游者偏好，E 为旅游者的预期。

在经济分析中，常常需要借助需求函数。有时把已经确定的具体的需求函数称为需求估计，把预计商品未来的需求趋势称为需求预测。对于某种具体的商品，要视其具体情况对需求函数的自变量进行确定与取舍。一般情况是，假定其他条件不变，着重研究某一变量对需求 D 的影响。比如：

需求价格函数为：

$$D=f(P)$$

需求收入函数为：

$$D=h(I)$$

在各种需求函数中，最重要的是需求价格函数，即在影响需求的各种因素中最重要的是商品的价格。如果没有特别说明，所说的需求函数，一般都是指需求价格函数。

考虑到价格与收入对于旅游需求的综合影响，旅游需求函数的一般表达公式为：

$$D=f(P)+h(I)$$

如果某旅游产品与其价格之间是线性关系，需求曲线是一条直线，那么，该旅游需求函数就是线性旅游需求函数，其直线方程为：

$$D=a-b\cdot P$$

如果某旅游产品与其价格之间是非线性关系，则旅游需求曲线是曲线，该旅游需求函数就是非线性需求函数，其曲线方程为：

$$D=a\cdot P^{-\alpha}$$

以上公式中，a、b、α 均为常数。

二、旅游需求曲线

在日常生活中，我们谈论“用货币得到价值”，当我们使用这种表述时，我们区分了价值与价格。价值是我们所得到的，而价格是我们所支付的。多得的一单位某种产品或服务的价值是其边际利益。边际利益可以表示为人们为再购买一单位某种产品或服务所愿意支付的最高价格。对一种产品或服务的支付意愿决定了对它的需求，需求曲线是边际利益曲线。

需求函数 $D=f(P)$ 表明需求数量与价格之间的一种函数关系，这个关系反映了需求定理。我们确立一个价格 P 和需求量 Q 的平面直角坐标系，把“需求定理”表现在几何图形中，所得到的就是需求曲线。同理，把某一个旅游产品的需求量 Q 和价格 P 关系反映在直角坐标系中，就得到旅游需求曲线 D（见图2－1），该曲线表示了旅游产品需求量随价格呈反方向变动。从图2－1中可以看出，需求曲线从左上方向右下方斜，曲线的斜率为负，曲线上各点的斜率不同。需要说明的是，由于在经济分析中与数学上的习惯相反，旅游需求曲线中横轴为因变量，纵轴为自变量。

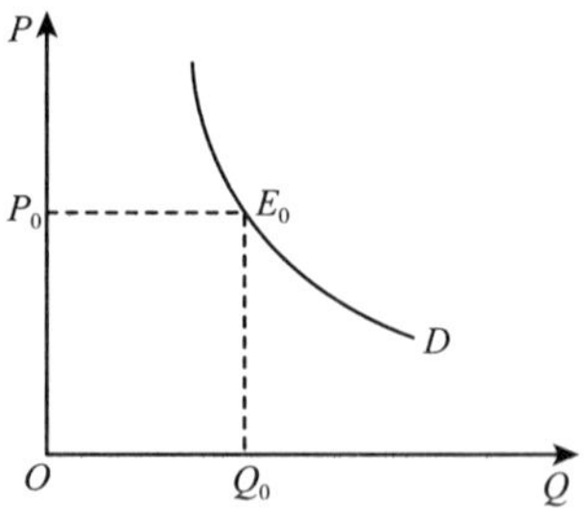

图2－1　旅游需求曲线

【例2－1】 如图2－2所示，城市中有两家星级酒店：锦江与锦华。在图2－2（a）中，在200元的价格水平下，锦江酒店的标准间的需求量为30间，旅客A是第30个决定入住的旅游者（高于这个价格，A将不会入住而选择其他酒店），他从住宿消费中获得的边际利益是200元，即他愿意并且能够支付的最高价格就是200元。在图2－2（b）中，第10个愿意选择锦华的旅游者愿意支付200元，因此他得到的边际利益是200元。那么整个市场经济愿意支付200元的住宿客房数量是多少呢？答案就在市场需求曲线中，如图2－2（c）所示。

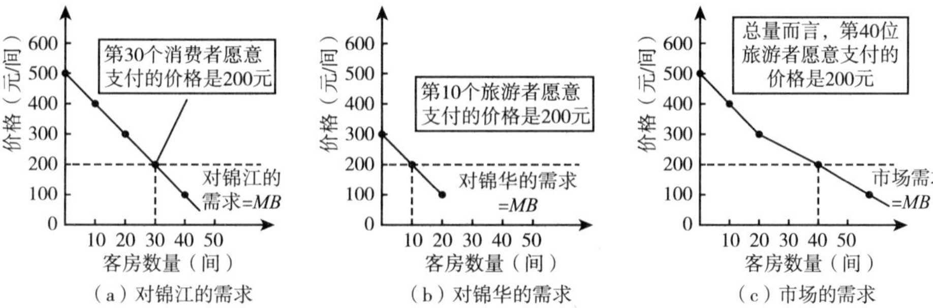

图2－2　单个需求、市场需求和边际社会效益

资料来源：魏鹏，杜婷．旅游经济学［M］．北京：北京大学出版社，2016.

综上，旅游需求曲线有以下几个重要特征：

（1）一般的需求曲线是一条光滑的曲线，它建立在“旅游产品价格和需求量的变化都是连续的”这一假设上。

（2）需求曲线向右下方倾斜，斜率为负。这说明旅游产品的价格和需求量之间是负相关关系。

（3）旅游需求曲线可以分为个人旅游需求曲线和市场旅游需求曲线，市场旅游需求是个人旅游需求之和，把个人旅游需求曲线水平叠加就可以得到市场旅游需求曲线。

图 2 -3 反映了市场旅游需求曲线 D 和个人旅游需求曲线 D_1、D_2、D_3的关系。

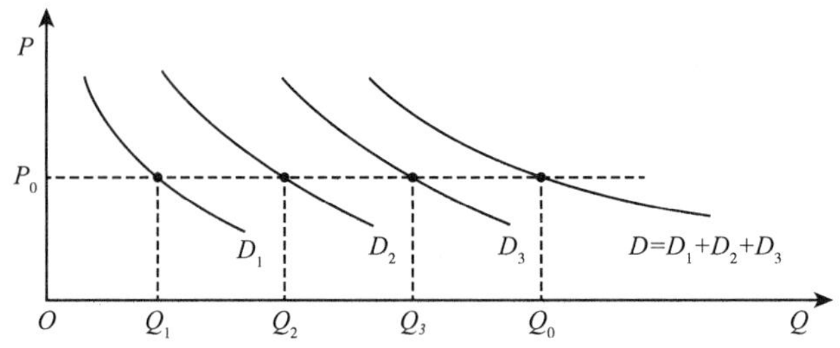

图 2 -3　市场旅游需求是个人旅游需求之和

资料来源：魏鹏，杜婷．旅游经济学［M］．北京：北京大学出版社，2016.

三、旅游需求量的变动与旅游需求的变动

旅游需求量和旅游需求是两个不同的概念。

旅游需求量是指在某个特定价格条件下，旅游者愿意且有能力购买的旅游产品数量，它在旅游需求曲线上是指某一点的横坐标。因此，旅游需求量的变动表现为旅游需求曲线上的点沿着同一条曲线上下移动，而旅游需求曲线本身并未发生变化。如图 2 -4 所示，当某旅游产品的价格从 P 下降到 P'时，导致旅游者购买该旅游产品数量增加，即旅游需求量由 Q 增加到 Q'；反之，旅游需求量减少。显然，在其他影响需求的因素不变的情况下，旅游需求量的变动是由旅游产品本身价格引起的变动。

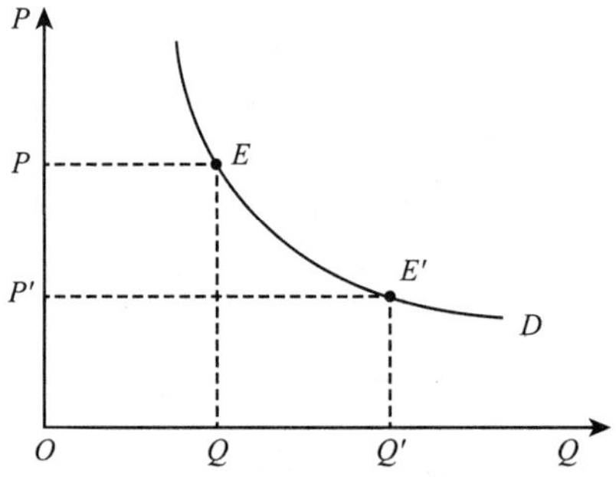

图 2 -4　旅游需求量的变动

旅游需求是指除价格以外的其他任何一种因素变动而引起的旅游产品需求量的变动，在旅游需求曲线上，表现为整个曲线的移动。如图 2 -5 所示，在旅游产品价格 P_0不变的情况下，旅游需求曲线 D_0向右上方移动到 D_2，该旅游产品的需求量从 Q_0增加到 Q_2，即旅游需求量增加。反之，旅游需求曲线 D_0向左下移动到 D_1，旅游需求量从 Q_0减少到 Q_1。显然，旅游需求的变动是旅游曲线的水平移动，而旅游产品价格并没有发生变化。这种变动是由

旅游产品价格以外的因素引起的，如旅游者收入、旅游购买偏好等。

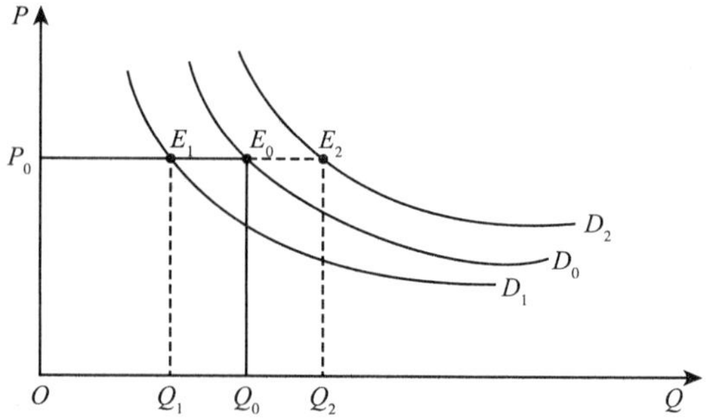

图2－5　旅游需求的变动

在理解旅游需求量和旅游需求这两个概念时，应注意以下几点：

（1）旅游需求量由旅游产品价格决定，旅游需求由旅游产品价格以外的其他因素决定。

（2）在旅游需求曲线上，旅游需求量是该曲线横坐标上的一个点，旅游需求则指整条曲线。

（3）旅游需求量的变动和旅游需求的变动都是指旅游产品需求数量的变动，它们的区别在于引起这两种变动的因素是不同的，而且在坐标图中的表示方式也不相同。

四、旅游需求的变动规律

虽然旅游需求的产生和变化受多种因素的制约和影响，但对旅游需求最活跃的、最常见的、具有决定性影响的因素主要还是旅游产品的价格、人们的收入状况和闲暇时间。旅游需求规律指的是旅游需求与这三个因素之间的关系。

（一）规律1：旅游需求量与旅游产品价格呈反方向变化

旅游产品价格是影响旅游需求量的基本因素，在其他因素不变的情况下，旅游需求量会随着旅游产品价格的变化发生相应的变化。当旅游产品价格上升时，人们对旅游产品的需求数量就会减少；当旅游产品价格下跌时，人们对该产品的需求数量就会上升。旅游需求数量与旅游产品价格之间的关系，反映在坐标图上就形成了旅游需求价格曲线（见图2－6）。

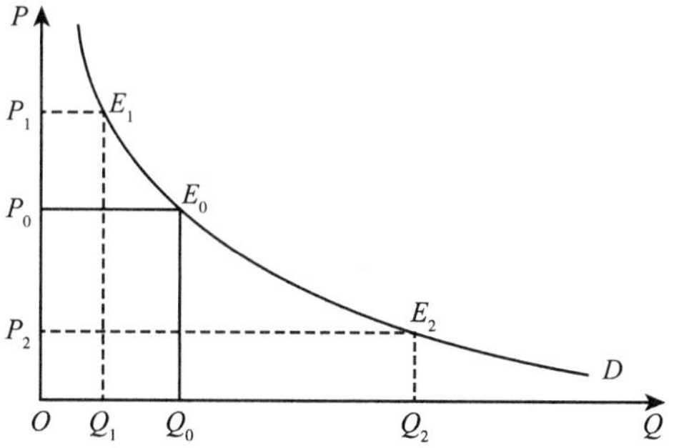

图2－6　旅游需求价格曲线

在图 2 -6 中，横坐标表示旅游产品需求数量，纵坐标表示旅游产品价格，当某一旅游产品的价格为 P_0时，人们对该产品的需求数量为 Q_0；当旅游产品的价格上升到 P_1时，人们对该产品的需求数量就会减少到 Q_1；当旅游产品的价格下降到 P_2时，人们对该产品的需求数量则会增加到 Q_2。因而旅游需求价格曲线是一条自左上向右下倾斜的曲线，表示旅游产品需求量与旅游产品价格呈反方向变化的关系。此关系用函数式可以表示为：

$$D=f(P)$$

其中，D 表示一定时期内的旅游需求，P 表示该时期内旅游产品价格，f 表示两者之间的函数关系。

（二）规律 2：旅游需求量与可支配收入呈同方向变化

人们的可支配收入与旅游需求量也有着密切的关系。因为旅游需求是一种有效需求，是具有支付能力的需求。人们可支配收入越多，对旅游产品需求数量就越大；相反，人们可支配收入越少，对旅游产品需求数量就越小。根据可支配收入与旅游需求量的关系，可在坐标图上形成旅游需求收入曲线（见图 2 -7）。

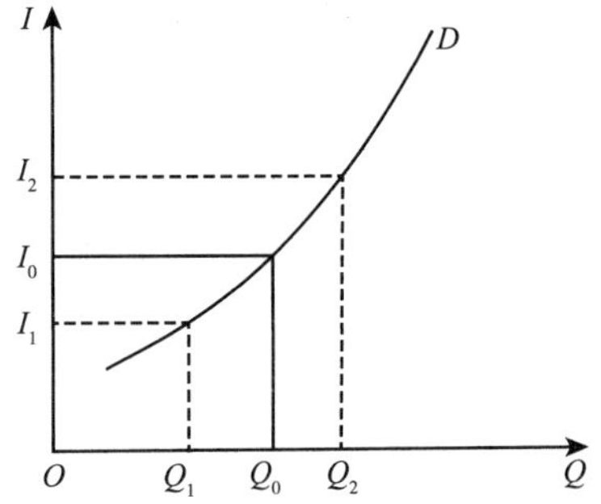

图 2 -7　旅游需求收入曲线

在图 2 -7 中，横坐标表示旅游产品需求量，纵坐标表示可支配收入。当人们的可支配收入为 I_0时，人们对旅游产品的需求数量为 Q_0；当可支配收入上升到 I_1时，旅游需求数量就会上升到 Q_1；当可支配收入下降到 I_2时，旅游需求数量则会下降到 Q_2。因而，旅游需求收入曲线是一条自左下方向右上方倾斜的曲线，表示旅游需求量与人们的可支配收入呈同方向变化的关系。此关系用函数式可以表示为：

$$D=f(I)$$

其中，I 表示可支配收入，D 表示一定时期内的旅游需求量，f 表示两者之间的函数关系。

（三）规律 3：旅游需求量与闲暇时间呈同方向变化

闲暇时间是旅游需求产生的必要条件，是旅游消费活动的重要组成部分。尽管闲暇时间不属于经济学的范畴，但它同旅游需求量也有着密切的联系，会直接影响到旅游需求量的变化。当人们的闲暇时间增多时，人们对旅游产品的需求数量会相应增加；当人们的闲暇时间减少时，对旅游产品的需求数量则相应减少；当人们完全没有闲暇时间时，对旅游产品的实际需求数量则等于零。旅游需求量与人们的闲暇时间呈同方向变化的关系（见图2-8）。

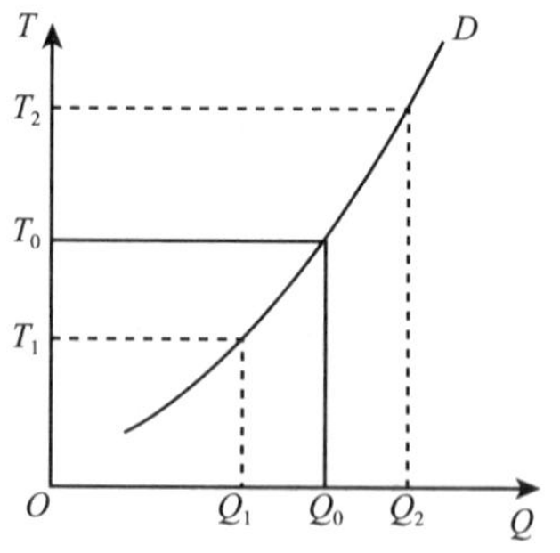

图2-8　旅游需求时间曲线

在图2-8中，横坐标表示旅游产品需求量，纵坐标表示闲暇时间。当人们的闲暇时间为T_0时，人们对旅游产品的需求数量为Q_0；当闲暇时间减少到T_1时，旅游需求数量就降低到Q_1；当闲暇时间增加到T_2时，旅游需求数量也会上升到Q_2。因而，旅游需求时间曲线是一条自左下方向右上方倾斜的曲线，表示旅游需求量与人们的闲暇时间呈同方向变化的关系。此关系用函数式可以表示为：

$$D=f(T)$$

其中，T表示闲暇时间，D表示一定时期内的旅游需求量，f表示两者之间的函数关系。

（四）规律4：旅游需求水平变化

上述讨论是在假定其他相关因素不变的情况下，分析旅游需求量与某一影响因素之间的变动关系。如果这些相关因素都发生改变，旅游需求曲线在坐标图上的位置就会发生移动，但旅游需求曲线本身不会发生变化，也就是说，当其他相关因素发生变化时，旅游需求量与旅游产品价格、可支配收入、闲暇时间之间的关系依然成立。以旅游需求量与旅游产品价格关系为例，这种移动变化如图2-9所示。

在图2-9中，当其他相关因素有利于刺激人们的旅游需求增加时，会引起旅游需求曲线D_0向右上方移动到D_1；当其他相关因素对人们的旅游需求有抑制性影响时，会引起旅游需求曲线D_0向左下方移动到D_2。

以上介绍了对旅游需求量具有决定性影响的几个因素与旅游需求量的相关性和变动关系。应该指出，旅游需求除了与旅游产品价格、个人可自由支配收入与闲暇时间有着直接关系外，还受其他各种因素的影响。在价格、收入和闲暇时间既定的条件下，其他因素的变动也会引起旅游需求的变化。例如，当某个旅游产品更新换代而使其吸引力大大增强时，即使在旅游产品价格等因素不变的情况下，也会增加旅游需求；反之，当旅游产品老化或

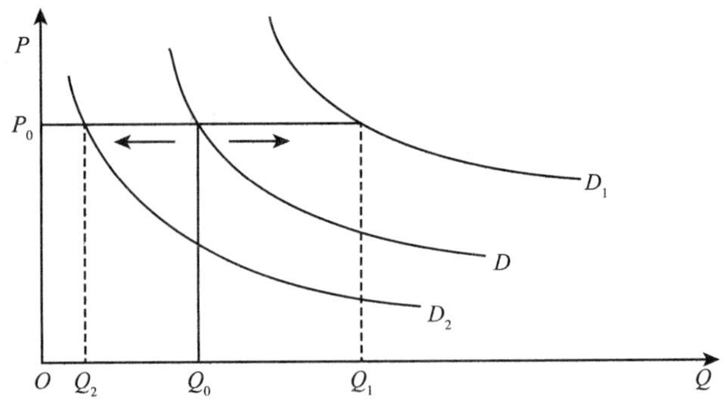

图 2-9　旅游需求的水平变化

注：旅游产品价格 P_0 不变的情况下，可支配收入增加，曲线 D 右移至 D_1，需求量从 Q_0 增加到 Q_1；可支配收入减少，曲线 D 左移至 D_2，需求量从 Q_0 下降到 Q_2。

资料来源：历新建，张辉．旅游经济学原理［M］．北京：旅游教育出版社，2016.

旅游环境受到污染时，即使在旅游产品价格等因素不变的情况下，也会减少旅游需求。这就是说，在研究旅游需求变化的规律性时，要全面考虑各种因素的影响，旅游经营者想要不断地增加旅游目的地的旅游需求量，不能只打价格牌。降价以求，不如增强旅游产品吸引力，改善旅游设施，提高服务质量，加强宣传促销。

第三节　旅游需求弹性

一、旅游需求弹性的概念

“弹性”原是物理学中的概念，意指某一物体对外界力量的反应力。在经济学中，弹性是指一个变量相对于另一个变量发生一定比例的改变的属性。弹性的概念可以应用在具有因果关系的变量之间。作为原因的变量通常称作自变量，受其作用发生改变的量称作因变量。

根据经济学的弹性概念，旅游需求弹性是指旅游需求量对各种影响因素变化的敏感性，即旅游需求量随其影响因素的变化而相应变化的状况。由于旅游产品的价格、人们可支配收入和相关旅游产品价格是影响旅游需求的最基本因素，因此旅游需求弹性一般可划分为旅游需求价格弹性、旅游需求收入弹性和旅游需求交叉弹性。旅游需求价格弹性反映旅游需求量对旅游产品价格变动的敏感程度；旅游需求收入弹性反映旅游需求量对人们可支配收入变动的敏感程度；旅游需求交叉弹性则反映某一旅游产品需求量对另一旅游产品价格的敏感程度。

旅游需求弹性一般可分为点弹性和弧弹性。

1. 旅游需求点弹性

旅游需求点弹性是指当自变量变化幅度很小时（即在某一点上）引起的因变量的相对变化。

设：E 为弹性；Y 为因变量；X 为自变量；ΔY 为因变量增量；ΔX 为自变量增量。则点弹性计算公式为：

$$E = \frac{\frac{\Delta Y}{Y}}{\frac{\Delta X}{X}}$$

2. 旅游需求弧弹性

旅游需求弧弹性是指自变量变化幅度较大时，为了掌握自变量在某一段范围内变动对因变量变动的相应影响，取自变量在一段范围内的平均数对因变量平均数的相对变化量。

设：E_a为弧弹性；X_0，X_1为变化前后的自变量；Y_0，Y_1为变化前后的因变量。则旅游需求弧弹性计算公式为：

$$E_a = \frac{\frac{Y_1 - Y_0}{(Y_1 + Y_0) \div 2}}{\frac{X_1 - X_0}{(X_1 + X_0) \div 2}}$$

旅游需求点弹性和弧弹性的根本区别在于：点弹性是指因变量相对于自变量某一点上的变化程度；而弧弹性则是指因变量相对于自变量某一区间上的变化程度。

二、旅游需求价格弹性

（一）旅游需求价格弹性系数

旅游需求价格弹性是指旅游需求量相对于旅游产品价格变动的反应程度。为了对这种变动反应程度进行测量，需要计算出旅游需求价格弹性系数。旅游需求价格弹性系数是指旅游需求量变化程度与旅游价格变化程度的比值，分为旅游需求点弹性系数和弧弹性系数。

旅游需求点弹性系数计算公式为：

$$E_{dp} = \left| \frac{(Q_1 - Q_0)/Q_0}{(P_1 - P_0)/P_0} \right|$$

旅游需求弧弹性系数计算公式为：

$$E_{dp} = \left| \frac{Q_1 - Q_0}{(Q_1 + Q_0)/2} \Big/ \frac{P_1 - P_0}{(P_1 + P_0)/2} \right|$$

式中，E_{dp}表示旅游需求价格弹性系数，P_0、P_1表示变化前后的旅游产品价格，Q_0、Q_1表示变化前后的旅游需求量。

由于旅游需求量与旅游产品价格呈反方向变化，所以旅游需求价格弹性系数通常用绝对值表示（见表2－1）。

（1）当 $E_{dp}>1$ 时，表明旅游需求弹性大，旅游需求曲线较平缓，旅游价格的微小变动，便会引起旅游需求量的大幅增减。此种情况下，提高旅游产品的价格，会引起旅游需求量的锐减，导致旅游总收益减少；相反，降低旅游产品价格，则会引起旅游需求量的剧增，增加旅游总收益。

（2）当 $E_{dp}<1$ 时，表明旅游需求弹性小，旅游需求曲线较陡峭，当旅游产品价格发生较大变化时，只会引起旅游需求量较小幅度的增减。因此，提高旅游产品价格，有助于旅游总收益增加：降低旅游产品价格，则不利于旅游总收益增加。

（3）当 $E_{dp}=1$ 时，表明旅游需求量与旅游产品价格的变化程度相一致。此时旅游产品价格的变化对旅游总收益没有影响。

表2－1　旅游需求价格弹性大小及其应用

项目	系数值	
	$E_{dp}<1$	$E_{dp}>1$
弹性大小	弹性小	弹性大
坐标图像	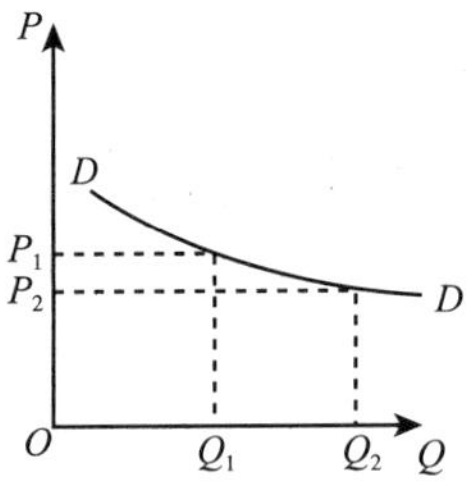	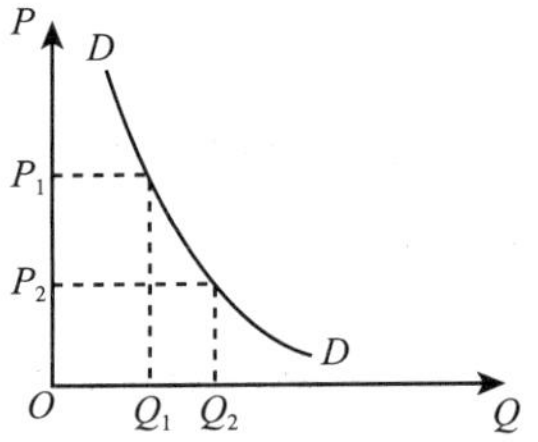
应用一：旅游企业定价决策	宜采取旅游产品价格提升策略，利于总收益增加	宜采取旅游产品降价策略，利于总收益增加
应用二：旅游者消费特征分析及市场开拓	多为商务型人群，旅游为生活必需品，市场开拓侧重于旅游产品质量	多为经济型人群，旅游属于高层次消费品，市场开拓侧重于旅游产品的性价比体验
应用三：旅游资源开发与市场定位	通常为高级别、全球性旅游资源，客源市场范围定位为国际、国内和近郊	通常为普通级别、地区型旅游资源，客源市场定位以近郊市场为主

（二）旅游需求价格弹性的应用

一般而言，生活必需品需求价格弹性小，而奢侈品及高档商品的需求价格弹性较大。对大众而言，旅游总体上属于高层次消费，旅游需求价格弹性系数值往往大于1，因此，旅游产品价格的变动会引起旅游需求量较大幅度的变动。但是，不同的旅游目的地、不同的旅游产品或旅游产品的不同功能，其需求价格弹性系数值也不尽相同。

（1）通常，住宿、交通、游览的需求价格弹性小，餐饮、娱乐、购物的需求价格弹性大。

（2）高档、豪华产品需求价格弹性大，需求不稳定；中低档、经济档次的旅游产品弹性小，需求稳定。

（3）会议、商务、奖励、探亲等旅游需求价格弹性小；观光、度假旅游弹性大。

（4）高阶层、收入高的旅游者对需求价格弹性反应小；中低层、收入中低的旅游者对需求价格弹性反应大。

（5）可替代性产品，也即一般旅游服务项目，弹性大；垄断产品，也即特色服务项目，弹性小。

（6）淡季旅游需求价格弹性通常较大，旺季旅游需求价格弹性通常较小。

（7）“冷门”旅游地的旅游需求价格弹性通常较大，“热门”旅游地的旅游需求价格弹性通常较小。

在实际生活中，旅游需求价格弹性系数通常表现为弹性大和弹性小两种情况（见表2－1），在旅游企业定价决策、旅游者消费特征及市场开拓、旅游资源开发与定位方面具有较好的应用价值。在制定不同旅游产品价格策略时，应注意不同策略对不同旅游产品需求的不同影响。

【案例】

旅游定价决策

一、旅游景区门票定价决策分析

A景区的门票价格定为100元，每天有200人前来参观旅游；但是如果将门票价格下调为80元时，则旅游者人可达到每日260人。试计算当旅游者人数为260人时的门票需求价格弹性系数以及旅游者人数在200～260人之间时的门票需求价格弹性系数，并分析景区应该提价还是降价来增加经济收益。

分析：根据旅游需求价格弹性系数的定义，在旅游者人数为260人时所求解的是旅游需求价格的点弹性系数，而旅游者人数在200～260人之间时所求解的是旅游需求价格的弧弹性系数，因此根据公式可得：

$$\text{弧弹性系数 } E_{dp} = |\{(260-200) \div [(260+200) \div 2]\} \div \{(80-100) \div [(80+100) \div 2]\}| \approx 1.17$$

由于一般弹性系数取的是绝对值，所以弧弹性系数约为1.17。弹性系数大于1，说明该景区的旅游需求价格弹性大，故采取门票降价措施能增加景区的旅游收益。

二、李·佩里高德餐馆的午餐定价决策分析①

某年美国民主党全国会议在纽约召开时，著名的餐馆指南出版商蒂姆·扎格特做东，招待所有的会议代表和其他人，大约100家纽约知名的餐馆提供了价格为每人19.92美元

① 林南枝，陶汉军．旅游经济学［M］．天津：南开大学出版社，2009.

包含三道菜的午餐。虽然这几乎不是一顿便宜的饭，但这个价格却比这些餐馆平时的价格低很多。在会议结束后，大部分餐馆保持了19.92美元这个价格，结果他们的业务都有了相当多的增加，正如扎格特先生所说，“餐馆的反应让我们所有人吃惊”。李·佩里高德餐馆是家位于纽约市东52街的法国餐馆，它在采取19.92美元价格以前，每顿午餐的预定价格是每人29美元，通常每天就餐人数大约是40人。采取每人19.92美元后，它每天大约要接待150人来就餐。

问：李·佩里高德餐馆是否要继续保持会议期间的午餐价格？为什么？

分析：

第一步，利用弧弹性公式计算旅游需求价格弹性。

$$E_{dp}=\left|\frac{Q_2-Q_1}{(Q_2+Q_1)\div 2}\div\frac{P_2-P_1}{(P_2+P_1)\div 2}\right|=\left|\frac{150-40}{(150+40)\div 2}\div\frac{19.92-29}{(19.92+29)\div 2}\right|=3.1$$

$E_{dp}>1$，所以弹性较大。

第二步，进行价格决策分析。

对于弹性较大的李·佩里高德餐馆，降价可以使需求量明显上升，总收益增加，应继续维持会议期间的低价格策略。

第三步，进行成本控制和收益分析。

$$S_1=P_1Q_1=40\times 29=1160(\text{美元})$$
$$S_2=P_2Q_2=150\times 19.92=2988(\text{美元})$$
$$\Delta S=S_2-S_1=2988-1160=1828(\text{美元})$$

综上分析，该餐馆可以继续维持会议期间的低价格，每天可增加1828美元收益。

三、旅游需求收入弹性

旅游需求收入弹性是指旅游需求量与人们可支配收入之间的反应及变化关系，而旅游需求收入弹性系数，则是指人们可支配收入变化的百分比与旅游需求量变化百分比的比值。

其计算公式表示如下：

$$E_{di}=\frac{\dfrac{Q_1-Q_0}{Q_0}}{\dfrac{I_1-I_0}{I_0}}$$

其中，E_{di}为旅游需求收入弹性系数，Q_0为变化前的旅游需求量，Q_1为变化后的旅游需求量，I_0为变化前的可支配收入量，I_1为变化后的可支配收入量。

从理论上看，E_{di}有五种情况，其含义如下：

（1）$E_{di}=0$，称旅游需求完全缺乏弹性。

（2）$E_{di}=\infty$，称旅游需求完全富有弹性。

（3）当 $|E_{di}|>1$ 时，表示旅游需求量变动的百分比大于可支配收入变动的百分比，说明旅游需求对可支配收入变化的敏感性大。因而，人们可支配收入发生一定的增减变化，会引起旅游需求量发生较大程度的增减变比。

（4）当 $|E_{di}|<1$ 时，表示旅游需求量变动的百分比小于人们可支配收入变动的百分比，说明旅游需求对可支配收入变化的敏感性小。因而，人们可支配收入发生一定的增减变化，只能引起旅游需求量发生较小程度的增减变化。

（5）当 $|E_{di}|=1$ 时，表示旅游需求量变动的百分比与人们可支配收入变动的百分比相等，因此，旅游需求收入弹性为单位弹性，即旅游需求量与可支配收入按相同比例变化。

从经济学的角度看，通常高级消费品的需求收入弹性都较大。因为，随着社会生产力的发展及人们收入水平的提高，人们用于低级生活必需品的支出比重将逐渐下降，而用于高级生活消费品的支出比重将逐渐上升。旅游活动正是满足人们高层次生活的需求，并逐渐成为人们必不可少的生活消费品，所以旅游需求收入弹性一般都比较大。发达国家与发展中国家相比，其旅游需求收入弹性不一。发达国家的旅游消费是生活消费必不可少的部分，可自由支配收入降低一点，其需求量可能会发生变化，但其变化的百分比小于可自由支配收入变化的百分比，故其旅游需求收入弹性系数小于1。而在发展中国家，由于生活水平较低，旅游消费对于大部分人来说是奢侈消费，故收入的微小变化会引起需求量更大幅度的变化，其旅游的需求收入弹性系数大于1。在发达国家中，对于经济档与豪华档的旅游产品，其旅游需求收入弹性也不一样，前者需求收入弹性系数小于1，而后者需求收入弹性系数大于1。一般而言，旅游产品属正常商品范畴，故其需求收入弹性系数皆大于0。

【例2-2】某旅行社通过对旅游团队的旅游消费与旅游者收入的调查，得到以下基本数据：当旅游者收入为3000元时，旅游者出游2次；当旅游者收入为5000元时，旅游者出游4次。试计算旅游需求收入的点弹性。

解：根据题意，按旅游需求收入弹性系数公式计算如下：

$$E_{di}=\frac{\dfrac{Q_1-Q_0}{Q_0}}{\dfrac{I_1-I_0}{I_0}}=\frac{\dfrac{4-2}{2}}{\dfrac{5000-3000}{3000}}=1.5$$

计算结果表明，旅游需求量随人们可支配收入的增减而相应增减，旅游需求收入弹性系数始终为正值，这一正值表示当收入上升1%时引起旅游需求量所增加的百分比，或者，当收入下降1%时引起需求量下降的百分比。

四、旅游需求的交叉价格弹性

旅游产品是一种由食、住、行、游、购、娱等要素所组成的综合性产品，它既表现为一个整体的产品，又表现为由若干产品组成的系列，即每一种要素都能构成独立的单项旅游产品。因此，从旅游需求的角度看，旅游产品既有替代性，又有互补性。

旅游产品的替代性是指相同性质而不同类型的旅游产品在满足旅游消费需求之间具有相互替代的关系。例如宾馆、度假村、招待所、公寓、临时帐篷等都可向旅游者提供住宿需求的满足，而各种不同类型的住宿设施随着价格变化也可以互相替代。

旅游产品的互补性是指旅游产品各部分的构成互相补充和促进，即某一部分的存在和发展必须以其他部分的存在和发展为前提，或者某一部分旅游产品作用的有效发挥，必须以其他部分的存在及配合为条件。例如，航运公司的旅客增加，必然使旅游住宿和旅游餐饮的人数相应增加；但如果旅游饭店仅有住宿而没有餐饮，则其服务功能就不能有效发挥。

正是由于旅游产品具有替代性和互补性的特点，某种旅游产品的需求量不仅对其自身的价格变化有反应，而且对其他旅游产品的价格变化也有反应。所以，旅游需求的交叉弹性就是指某一种旅游产品的需求量对其他旅游产品价格变化反应的敏感性。

设：E_{dc}为旅游需求交叉弹性系数；Qx_0、Qx_1为变化前后 x 旅游产品需求量；Py_0、Py_1为变化前后 y 旅游产品的价格。则旅游需求交叉弹性系数计算公式表示为：

$$E_{dc}=\frac{\dfrac{Qx_1-Qx_0}{Qx_0}}{\dfrac{Py_1-Py_0}{Py_0}}$$

根据旅游产品的替代性和互补性特点，计算出来的旅游需求交叉弹性系数一般有以下两种基本情况。

（1）如果旅游产品 y 对旅游产品 x 具有替代性，那么旅游产品 y 价格下降必将引起对旅游产品 x 的需求量减少；反之，旅游产品 y 价格上涨则引起对旅游产品 x 的需求量增加。因此，对于具有替代性的旅游产品而言，其旅游需求的交叉弹性系数 E_{dc}必然是正值。

（2）如果旅游产品 y 对旅游产品 x 具有互补性，那么旅游产品 y 价格下降必然引起对旅游产品 x 的需求量增加；反之，旅游产品 y 价格上涨则引起对旅游产品 x 的需求量减少。因此，对于具有互补性的旅游产品而言，其旅游需求的交叉弹性系数 E_{dc}必然是负值。

【例 2－3】某饭店上月将标准客房价格从每间 400 元提高到 450 元，使本月饭店餐饮部就餐客人从每天 160 人减少到 120 人。试计算餐饮的交叉弹性系数。

解：由于旅游饭店的餐饮与入住旅游者有联系，因而通过计算餐饮的旅游需求交叉弹性系数，即可知道旅游饭店餐饮与住宿是替代还是互补，计算如下：

$$E_{dc}=[(120-160)\div 160]\div[(450-400)\div 400]=-2.0$$

从计算结果看，由于餐饮的旅游需求交叉弹性系数是负数，因此旅游饭店餐饮与住宿具有互补性。

但是，从旅游经济运行的实际看，旅游产品的替代性与互补性并不是绝对的。在一定条件下，两者之间可能出现互相转化，即原来是相互替代的旅游产品转化为互补，或原来是相互补充的旅游产品转化为替代。例如，航空、铁路、公路运输本是相互替代的，但是，为了开拓国内外旅游市场把它们组合起来，它们就从替代关系转化为互补关系；同理，旅游汽车公司与宾馆原来提供的服务是互补的，但如果宾馆建立相应的附属车队，以扩大服务内容，则旅游汽车公司与宾馆就由互补关系转化为替代关系。因此，旅游产品的替代性与互补性，不仅对旅游需求产生一定的影响，同时也是旅游经营者拓宽经营范围、实行资源优化配置、提高经济效益的重要途径。

第四节 旅游需求的测量与预测

旅游需求的变化状况及水平，可通过旅游需求指标来反映和衡量。现代旅游需求指标是旅游经济指标体系中的有机组成部分，其主要通过一套经济指标来综合反映旅游需求的状况，并预测旅游需求的发展趋势。具体包括旅游者人数、旅游消费支出、旅游出游率等指标。

一、旅游者人数指标

旅游者人数指标是反映旅游需求总量的主要指标，通过该指标可以了解和掌握旅游需求的规模与水平等状况，还可以进一步分析旅游者的需求构成、需求内容、需求时间及需求趋势等。旅游者人数指标通常有两个，即旅游者出游人数指标和旅游者接待人数指标。

（一）旅游者出游人数指标

旅游者出游人数是指旅游客源国或地区在一定时期内外出旅游的总人数，它直接反映了旅游客源市场旅游需求的规模和水平。通常，用不同国家或地区的出游人数反映其市场需求规模和水平，用所有旅游客源国或地区出游人数的汇总数来反映整个旅游市场需求的总规模和水平。

设：D_I为旅游客源市场总需求；T_i为 i 国家或地区旅游者出游人数；n 为国家或地区数。则旅游客源市场总需求计算公式为：

$$D_I = \sum_{i=1}^{n} T_i$$

（二）旅游者接待人数指标

旅游者接待人数是指旅游目的地国家或地区在一定时期内接待国内外旅游者的总人数，它反映了旅游目的地国家或地区的旅游者流量，在旅游接待市场方面反映出旅游需求的规模和水平。通常，用于反映旅游者接待人数的指标是接待旅游者人次数和接待旅游者天数，前者反映了接待旅游者的总规模，后者反映了接待旅游者的总水平（反映停留天数）。

设：D_J为旅游接待市场总需求；T_j为 j 国家或地区接待旅游者人数；n 为国家或地区数。则旅游接待市场总需求计算公式为：

$$D_J = \sum_{j=1}^{n} T_j$$

二、旅游出游率和旅游重游率指标

旅游出游率和旅游重游率指标，是从相对数角度来反映旅游客源国在一定时期内出游的旅游者人数的规模和水平，但两者在计算上又有不同的侧重点。

（一）旅游出游率指标

旅游出游率是指一定时期内某一国家或地区外出旅游人数与其总人口数的比率，它反映了该国家或地区一定时期内产生旅游需求的能力。

设：R_T为旅游出游率；P_T为外出旅游人数；TP 为总人口数。则旅游出游率计算公式为：

$$R_T = \frac{P_T}{TP} \times 100\%$$

（二）旅游重游率指标

旅游重游率是指一定时期内某一国家或地区外出旅游的人次数与外出旅游人数的比率，它反映了一个国家或地区人们外出旅游的频率及旅游需求的规模和能力。

设：R_{TC}为旅游重游率；P_t为外出旅游人次数；P_T为外出旅游人数。则旅游重游率计算公式为：

$$R_{TC} = \frac{P_t}{P_T} \times 100\%$$

三、旅游消费支出指标

旅游消费支出是指旅游者在旅游活动过程中所支出的全部费用，是从价值形态反映旅游需求的综合性指标。通常，旅游者在旅游目的地的旅游消费支出越多，则旅游目的地国家或地区的旅游收入就越多。反映旅游消费支出的指标主要有三个，即旅游者支出总额、人均旅游支出额和旅游支出率。

（一）旅游消费总支出指标

旅游消费总支出是指一定时期内旅游者在旅游目的地旅游活动过程中所支出的货币总额。在计算时，一般不包括往返于旅游客源国或地区和旅游接待国或地区之间的交通费支出。

设：TE 为旅游消费总支出；TE_i为旅游地 i 企业接待旅游者的收入；T 为旅游地接待旅

游者总人数；$\overline{E}$为旅游者人均消费支出。则旅游消费总支出计算公式为：

$$TE = \sum_{i=1}^{n} TE_i \text{ 或 } TE = T\overline{E}$$

（二）人均旅游支出指标

人均旅游支出是指一定时期内在旅游目的地的旅游活动中，平均每位旅游者所支出的旅游消费额，它也是旅游者支出总额与旅游者人数之比。

设：$\overline{E}$为旅游者人均消费支出；TE 为旅游消费总支出；T 为旅游地接待旅游者总人数。则旅游者人均消费支出计算公式为：

$$\overline{E} = \frac{TE}{T}$$

（三）旅游支出率指标

旅游支出率是指一定时期内一个国家或地区旅游支出总额同该国家或地区国民收入或国内生产总值的比率，它反映了一定时期内某一国家或地区对旅游需求的强度和消费水平。

设：R_{TZ}为旅游支出率；TE_O为旅游客源地旅游支出总额；GDP_O为旅游客源地国内生产总值。则旅游支出率计算公式为：

$$R_{TZ} = \frac{TE_O}{GDP_O} \times 100\%$$

四、旅游需求预测

旅游需求预测是在旅游调查的基础上，运用科学的分析方法和手段对旅游需求的变化特点及趋势做出判断和推测。对旅游需求的预测，不仅对旅游企业的旅游产品营销策划提供指导，而且也为当地政府评估旅游对当地经济发展的总体贡献度从而制定旅游业发展政策、引导旅游市场资源的合理利用与配置提供技术支持。

国内外对于旅游需求预测的研究文献有很多，也形成了一整套的预测系统，主要有定性预测和定量预测两大类。定性预测主要有专家预测法、主观概率评估法、旅游者意向调查法。在定量预测方法上，国内外经常使用的模型有最小二乘法、时间序列预测模型、回归预测模型、引力预测模型以及较新的人工神经网络模型和干预模型等。下面我们就对这些预测模型作一个大概的了解。

（一）定性预测——德尔菲法

专家预测法是以专家意见作为信息来源，通过系统的调查、征询专家的意见，分析和整理出预测结果。专家预测法主要有专家个人判断法、专家会议法、头脑风暴法及德尔菲法等。德尔菲法吸收了前几种专家预测法的长处，避免了其缺点，在现有的以定量分析为主的预测方法体系下，德尔菲法是一个有益的补充。德尔菲法是建设性地、系统地利用专家在信息较充分条件下所作的直观判断。它至少具有三个优点：

（1）该法能将更广范围的不可量化的因素考虑进来。新加坡政府曾运用德尔菲法预测新加坡旅游业的发展前景，问卷中待确定的未来影响因素包括闲暇和旅游活动的未来趋势、技术进步、未来的国际旅游环境、未来的地区间合作、旅游业培训、政治前景与旅游障碍等。这些因素几乎是不可以量化的，采用回归模型分析法，可能只有将其省略，然而事实上，这些因素会对旅游业产生深刻影响。

（2）该方法为预测结果的使用者充分参与预测提供了可能。定量分析法往往有许多复杂的技术性问题，使用者不关心预测过程，只关心预测人员提交的数据分析报告，这往往会造成预测过程中变量的不合理设置。德尔菲法可充分接受旅游专业人士的咨询，使预测结果更加科学合理。

（3）该方法提供了综合使用多种预测方法的机会。选用德尔菲法时最重要的一点是专家组的选择。专家组的规模并没有明确多少人，但有学者认为 20 人是确保预测精确性的最小规模。专家关于预测问题的知识与阅历是该方法的关键因素。

（二）定量预测

国内外学者和专家已经广泛采用定量方法预测旅游需求量。下面将介绍时间序列预测模型、多元回归预测模型、引力预测模型、人工神经网络模型、灰色数列预测模型和干预模型等定量预测方法。

1. 时间序列预测模型

时间序列预测模型是基于统计学中的时间序列理论对旅游需求进行预测的模型。旅游需求的变动具有季节性，时间序列预测的模型主要特点是剔除了旅游需求中的季节变动、周期变动和一些不规则变动，并对数据作了一定的修正。

简言之，按照时间序列排列的观测值（如每年的入境旅游人数）是一个时间序列，预测的任务是直接用已经观测到的时间序列 X_1，X_2，X_3，…，X_n 去推断未来的 X_{n+1}，X_{n+2}，…，X_{n+a}的值。因为旅游需求是不断变化的，通常需要把旅游需求的变动分解开来，以便更加清晰地了解影响旅游需求变动的因素，一般影响时间序列的因素包括长期趋势变动因素（T）、周期变动因素（C）、季节变动因素（S）和不规则变动因素（I）。那么，假设旅游人数（D）就是这些因素的函数，时间序列预测模型可以表示为：

$$D = f(T, C, S, I)$$

这四种变动因素是相互影响的，具体函数形式为：

$$D = f(T \times C \times S \times I)$$

其中，旅游人数 D 和长期变动趋势 T 值用绝对数表示，其他值用百分数表示。这个方法的优点是数据条件简洁，只需要旅游数据资料即可。因此，时间序列预测模型应用范围相当广泛，可用于旅游需求的短期、中期和长期预测。

2. 多元回归预测模型

回归模型在旅游需求预测模型中运用最为广泛，它运用最小二乘法（ordinary least squares，OLS）根据相关关系变量已知的样本值建立回归方程，再通过假设检验得出总体模型的设定是否显著，最后依据回归方程对总体进行经济分析和预测。在旅游需求预测中，由于影响因素（自变量）较多，所以在使用回归预测模型时，更多的是采用多元回归预测模型（multiple regressive，MR）。

利用此模型，一方面，可以从所有可能的影响因子（自变量 x）中找出与因变量（y）相关度较高的因子，建立它们之间的定量表达式，作为预测方程；另一方面，可以从共同影响因变量（y）的因子（自变量 x）中找出主要的影响因子和次要的影响因子。运用逐步回归方法从多个自变量（x）中逐步筛选出对因变量（y）有重要贡献的因子，建立它们之间的回归方程，然后再通过假设检验得出总体模型的设定是否准确，最后根据回归方程推测总体的发展趋势。多元回归分析的优点是可以从多个影响因素中排出主次。

3. 引力预测模型

引力模型采用因素分析的形式，即靠识别旅游需求量和其他一系列因素之间的关系来预测可能的需求规模。1996 年，克朗蓬（L. J. Crampon）首次说明了该模型在旅游研究中的实用性。引力模型源于牛顿定律，即两物体的吸引力与物体的质量成正比，与两物体的距离平方成反比。克朗蓬认为旅游产品对旅游者的吸引力存在这样的规律，引力模型可以用来预测旅游客源地到目的地的旅游者数量。

引力模型应用的基本条件是已知某一时间内从客源地到目的地的旅游者数量。而在我国的旅游统计中缺少相关资料，因此在我国常用动向外推的方法进行定量预测。动向外推是将旅游需求在一段时间的规律加以归纳，形成一个相对稳定的模型，然后进行外推预测。

4. 人工神经网络预测模型

人工神经网络系统（artificial neural network，ANN）作为一种非线性模型，拓展了“计算”非线性系统的可能性概念和途径，其模拟人脑的基本原理及其高维性、神经元之间广泛的互联性、自适应性等特点，使得神经网络具有大规模并行、分布式存储和处理、自组织、自适应、自学习能力，特别适用于复杂的现代社会经济系统中的经济信息处理。旅游业作为一个特殊的行业，影响旅游需求的变量是多样而复杂的。相比于其他的预测模型，人工神经网络预测模型具有并行处理、自适应、自组织以及逼近任意非线性的特征，它可以处理模糊的、非线性的、含噪声的数据和结构优化问题，分析中的权重主观成分小，在处理滞后变量和季节差变量上具有优势。

5. 灰色数列预测模型

灰色系统理论（GST 或 GS）是 1982 年由我国著名学者邓聚龙教授创立的，是“以部分信息已知，部分信息未知”的“小样本”“贫信息”不确定性系统为研究对象的一门新兴的系统科学，是为解决“少信息”“不确定性”问题而产生的新的理论体系。灰色预测模型（grey dynamic model，GM）是基于灰色系统理论构建的预测方法。灰色预测方法较多，其中灰色数列预测模型是对时间序列变量的预测。灰色数列预测模型具有较高的建模精度，在旅游需求预测中具有较高的应用价值。灰色数列预测建模的思路是直接将时间序列转化为微分方程，建立抽象系统的发展变化动态模型。此模型主要通过研究时间数据序列中所蕴含的内在规律，预测旅游需求的发展趋势。

6. 干预模型

时间序列经常会受到特殊事件及态势的影响，这类特殊事件被称为干预。干预模型主要从定量分析的角度来评估政策干预或突发事件对经济环境和经济过程的具体影响。干预模型具有如下功能：

（1）能分析干预事件对被研究问题是否有显著性影响。

（2）能分析干预事件对被研究问题的影响是正向还是负向。

（3）能分析干预事件对被研究问题的影响幅度是多大。

（4）可以剔除干预事件对未来预测的影响。

而就具有敏感性的旅游需求而言，必定会受到旅游目的地国家或地区的政治动乱、流行性传染病、恐怖活动、自然灾害等干预事件的影响。那么，影响有多大？这就需要用到干预模型。此外，预测旅游需求的长期趋势时，需要剔除不规则因素的影响，干预事件属于这类因素，也需要运用干预模型。

思考题

1. 旅游需求的概念是什么？其影响因素有哪些？
2. 旅游需求的特点是什么？
3. 旅游需求的变动规律有哪些？如何区分旅游需求量和旅游需求的变动？
4. 旅游需求价格弹性的含义是什么？在实际中有哪些方面的应用？

拓展阅读

1. 保继刚．为什么西部景区门票价格居高不降？——门票地域性差异问题［J］．旅游学刊，2019，34（7）：12－16.

2. 张琼，张攀．旅游价格对我国公民出境旅游需求的影响研究——基于2003－2016年中国公民赴日旅游数据［J］．四川师范大学学报（社会科学版），2019，46（3）：72－80.

3. 汪德根，Alan A. Lew. 国家公园“门票经济”的公益性回归与管理体制改革［J］．旅游学刊，2015，30（5）：11－13.

第三章　旅游供给

［学习目的］

了解旅游供给的概念，熟悉旅游供给的内容，掌握旅游供给的特点，掌握旅游供给规律，理解旅游供给弹性，掌握旅游供求矛盾及其均衡。

［重点难点］

重点是旅游供给的内容、旅游供给规律；难点是旅游供求矛盾与调节。

第一节　旅游供给的含义和内容

一、旅游供给的概念

供给和需求是相互作用、彼此联系的一组经济学概念。需求是针对消费者而言的，指消费者在一定条件下愿意并且能够购买某种产品的数量。供给是针对经营者而言的，指一个特定时期内经营者在一定价格条件下愿意并能够向市场提供某种产品的数量。从经营者角度看，旅游产品是指其提供的各种物质产品和服务的总和。因此，旅游供给是指在一定时期内旅游经营者以一定价格愿意并且能够向旅游市场提供的旅游产品数量。

二、旅游供给的内涵

（一）旅游供给以旅游需求为前提条件

旅游需求是旅游供给的前提条件。旅游生产经营企业，必须以旅游者的需求层次和需求内容为基本前提，建立起一整套适应旅游活动需求的旅游供给体系，提供旅游活动需求的全部内容。一方面，人类的需求总是以一定的物质作为基础，旅游供给的资源和设施就是旅游需求的物质基础；另一方面，旅游又是一种社会生产活动，旅游供给要以旅游需求作为立足点和依据。所以，在旅游产品供给过程中，要对旅游需求的动向、内容和层次进行调查和预测，制订合理供给计划，有序组织旅游产品生产，实现良好的旅游供给。

（二）旅游供给必须是愿意并有可供出售的旅游产品

旅游需求决定了旅游供给的方向、数量和质量。在这一前提条件下，要实现旅游供给，还需要旅游经营者愿意出售并能够出售旅游产品。旅游供给同旅游需求一样，是相对于旅游产品的价格而言，即在特定的价格条件下，总有特定的旅游产品供给量与之相对应，并随着价格的变动而相应变动。同时，旅游产品的供给不仅仅是单个旅游产品数量的累加，而且是综合地反映旅游产品的数量多少、质量高低。因此，要提高旅游供给，不能只抓旅游产品的数量，更重要的是提高旅游产品的质量，要在独特的自然与人文旅游资源的基础上，注重提高服务质量和旅游设施水平，才能增加有效供给，更好地满足市场的需求。

（三）旅游供给包括基本旅游供给与辅助旅游供给两大类

基本旅游供给是指直接与旅游者发生联系，使旅游者在旅游过程中亲身接触和感受的旅游产品，它包括旅游资源、旅游设施、旅游服务和旅游购物等，是旅游供给的主要内容，也是旅游业的基本内容。

辅助旅游供给是指为基本旅游供给体系服务的其他设施，也称旅游基础设施，包括供水、供电、供气、污水处理、供热、电信和医疗系统，以及旅游区地上和地下建筑，如机场、码头、道路、桥梁、铁路、航线等各种配套工程。其特点是，它除了为旅游者提供服务外，还为非旅游者提供服务。

基本旅游供给与辅助旅游供给的划分具有约定俗成的相对性。例如，旅游区内的交通设施常常划入基本旅游供给范围，而旅游区以外，且到达旅游区必须使用的交通设施则划归于辅助旅游供给。

三、旅游供给的特点

旅游产品是一种特殊的综合性产品，因而旅游供给也是一种特殊的供给，旅游供给除了具有一般产品的供给特征外，还具有其特殊性，主要表现在以下几方面。

（一）旅游供给的固定性

地域固定性，也可称为产地消费性，是旅游供给的主要特点。旅游供给在地域上不可移动，旅游产品存在于固定空间区域内，而旅游者要消费这些旅游产品，只能通过空间移动，到旅游产品的供给空间区域进行产地消费。因此，这种特性被称为旅游供给的地域固定性。这是旅游产品的生产、供给规划区别于一般产品的特点。一般产品的供给，可以通过运输物流环节，实现非产地消费，而旅游产品的供给没有物流环节，只能是旅游者空间移动条件下的产地消费。鉴于此，对于景点、景区的环境容量和承载力就是旅游规划首先要明确的问题，它决定着旅游供给的数量。

时间固定性，是指旅游供给的不可贮存性。它是由旅游产品生产与消费的同一性所决定的。一方面，旅游供给能力的发挥附着在严格的时间维度上，不存在生产能力的储存可能，旅游产品生产、交换与消费的同一性，使旅游产品既不能先于消费而生产，也不可能通过旅游产品贮存来调节旅游供需矛盾，只能通过增加旅游者数量或相应提高旅游供给能力，努力实现旅游产品的供求平衡。另一方面，旅游供给的时间固定性还指供给数量变动的不可能性，供给一旦形成，不能在短期对旅游需求的变化做出及时反应，当需求扩张时，供给在短期内不能使数量有较大程度的扩张，需求缩小时，供给能力也不可能缩小。

（二）旅游供给的不可累加性

旅游产品的综合性特点表明，旅游供给是由多种资源、设施与服务要素构成的，并且这些构成要素具有异质性的特点，因而旅游供给不能用旅游产品数量的累加来测度，只能用旅游者数量来反映旅游供给的数量及生产能力。

（三）旅游供给的持续性

一般物质产品的供给通常可通过再生产持续不断地供给，若再生产停止，则物质产品的生产与供给也随即停止。但旅游产品的供给则不同，无论是景点景区，还是宾馆饭店，一旦建成就能在较长一段时间内持续供给，有的甚至可以永续利用；但是旅游产品一旦遭受破坏，则较一般物质产品要严重得多。因为，一般物质产品生产工厂的破坏可通过另建新厂来恢复供给，而旅游产品的破坏则可能使该旅游产品供给能力永久丧失。

（四）旅游供给的多样性

旅游供给的多样性是由旅游需求的多样性决定的。旅游供给的存在是以需求为前提的，旅游者市场需求的千差万别决定了旅游供给必然具有多样性的特点。旅游供给不仅要满足旅游者旅游过程中的食、住、行、游、购、娱，而且涉及许多相关的供给系统；不仅有有形产品的供给，而且还有各种无形服务的提供；不仅包含各种文化要素，而且还包括多样的自然要素。旅游产品的使用价值在于满足旅游者的心理和精神需要，而这种需要是千差万别的，因此旅游供给产品也要满足团队中个别旅游者的特殊需求。因此，旅游供给较之物质产品的供给具有多样性的特征，这要求旅游供给者在旅游产品的生产和供给过程中，要充分考虑旅游者在物质和精神方面的需求，把所有相应的物品和服务都纳入经营的范围，在大力发展传统大众旅游产品的同时，还要针对特殊旅游者的特殊需求，积极开发个性化的旅游产品。

（五）旅游供给的关联性

旅游供给不是单一、孤立的行为，其各个组成部分是具有内在制约的关联特征的，是一个完整的体系。旅游供给涉及国民经济中众多的部门和行业；既有直接相关的部门和行业，又有间接相关的部门和行业；既涉及经济部门，又涉及非经济部门。可以说，旅游供给不是单一、孤立的行为，其各个组成部分具有内在制约的关联性特征，作为一个完整的供给系统，只有在整个供给系统中形成系统配套的生产能力才能真正发挥旅游供给满足旅游需求的作用。因此，系统供给能力的形成是各个部分供给能力耦合的结果，是市场协同的结果。

四、旅游供给的内容

旅游供给是旅游产品的供给。依照旅游目的地总体旅游产品的构成情况，旅游供给又可以分为实物供给和服务供给两大部分。就具体形态而言，可分为旅游资源供给、旅游设施供给和旅游服务供给。

（一）旅游资源

旅游资源是指那些能够对旅游者构成吸引力的自然因素、社会因素及其他因素，是旅游目的地旅游供给的首要内容，是旅游业发展的基础。旅游资源在旅游供给中具有三方面意义：

1. 旅游资源是旅游供给的基础

一个国家或地区拥有的旅游资源丰富而且独具特色，那么，它对旅游者就会产生强烈的吸引力。如果没有旅游资源，旅游业就失去了其存在和发展的基础。所以，一个国家或地区的旅游供给能力，首先取决于它所拥有的旅游资源的丰富程度和等级。

2. 旅游资源的依托环境是旅游供给的重要组成

在旅游资源中，一部分是大自然的恩赐，另一部分是长期社会历史发展的产物，这些旅游资源因其形成于特定的自然和社会环境中，极具审美价值和科学价值。因此，旅游资源的依托环境也是旅游供给的重要构成部分。

3. 旅游资源的供给相对稳定

旅游资源包括自然资源、历史遗产和民族文化等。在全部旅游供给中，这些旅游资源的数量在相当长的时间内是相对稳定的，也就是说，这些旅游资源的供给通常不会随着旅游市场需求的扩大而任意扩大。

（二）旅游设施

1. 交通设施

便捷的交通将是推动旅游目的地成长和发展的最重要决定因素之一。一方面，两地交通的存在与否决定了旅游者能否成行，是实现旅游的前提条件之一；另一方面，交通的发展将改善旅行的舒适程度，降低旅行费用，刺激旅游需求。

【案例】

西北地区旅游经济与交通业共生发展

西部大开发战略实施以来，我国西北地区旅游经济和交通业实现了快速发展，截至2015年底，旅游总收入达到5411.03亿元，占地区生产总值比例达到13.71%，旅游经济已成为西北地区重要的战略性支柱产业，是实现产业升级、绿色发展的重要依托。旅游经济与交通业的发展密不可分，交通业是旅游经济发展的重要基础条件，而旅游经济发展又促进了交通业的发展。

西北地区在行政区划上主要包括陕西省、甘肃省、青海省、宁夏回族自治区和新疆维吾尔自治区5个省、自治区。它们在地理区位上和经济布局上都紧密相连，古朴淳厚的西域民族风情、璀璨夺目的“丝路”文化、绚丽多姿的宗教艺术和独特迷人的自然景观，形成了自然与人文旅游资源的有效互补。截至2015年底，西北地区拥有4处世界文化遗产、17座国家历史文化名城、26个5A级景区，还有大量的国家级重点风景名胜区及各类旅游景点。随着西部大开发战略和“一带一路”倡议的实施，西北地区旅游经济和交通业发展迅速。2001~2015年，国内旅游人次和旅游收入从5733万人次和258.76亿元人民币增长至64006万人次和5268.96亿元人民币，年均分别增长了10.16%和19.36%；入境旅游人次和旅游收入从130万人次和4.64亿美元增长至477万人次和22.81亿美元，年均分别增长了2.67%和3.92%。民航航空航线里程、公路客运里程、铁路营运里程分别达到9379.57万千米、59.73万千米、1.78万千米，分别是2001年42.19万千米、20.02万千米、1.05万千米的222.32倍、2.98倍、1.70倍。

由此可见，西北地区旅游经济和交通业综合发展水平呈稳步上升趋势。其中，民用航空对旅游经济和交通业起重要支撑作用；陕西、甘肃、青海、宁夏旅游经济发展驱动交通业的发展，而新疆交通业发展先于旅游经济，对旅游经济发展支撑作用明显。

资料来源：马国强，汪慧玲，许倩．西北地区旅游经济与交通业共生发展［J］．经济地理，2019，39（10）：223-230.

2. 住宿和餐饮设施

住宿和餐饮设施是指向旅游者提供商业性或者准商业性过夜设施的所有机构，通常为饭店和酒店。从更广泛的角度来看，饭店不单是一个因为旅游发展而以被动服务供应商的角色存在，饭店与目的地之间的影响是双向的，可以在一定程度上成为当地旅游经济发展的“推进者”。

【案例】

住宿设施与旅游目的地的双向影响

澳大利亚大堡礁，新开发的海岛旅游目的地的吸引力事实上与建造在这些岛上的住宿设施有密切关系。奥地利滑雪胜地的形象和吸引力，极大程度上依赖于当地传统的农家木屋风格的饭店建筑。庐山作为世界文化景观遗产，其中离不开万国别墅群的功劳。上海外滩也正在申请世界遗产，原因就是外滩保留了20世纪20年代以来各种风格的国外建筑，1996年已被国务院批准成为国家重点文物保护单位。

但是我们也不可忽视旅游饭店对目的地的负面影响。黄山光明顶在欣赏云海景观的同时，能看到新建的饭店建筑，外观也很一般。武陵源曾经因为乱搭乱建，而遭到世界教科文组织的黄牌警告。

资料来源：历新建，张辉．旅游经济学原理［M］．北京：旅游教育出版社，2016.

3. 旅游娱乐设施

旅游娱乐设施是指供旅游者参观、游览或开展娱乐活动的场所，这些设施基本上可以划分为两大类。其中所占比重较大的一类多属于集中反映和表现当地民族历史、民族文化、民族艺术和民间风俗的设施，例如各种博物馆、美术馆、藏书馆、民俗展览和表演馆、反映民族特色的园林以及名人或历史事件纪念馆等。这些设施往往是当地旅游吸引物的重要组成部分。另外一类则是为丰富旅游者旅游生活而提供的娱乐设施，例如歌舞厅、夜总会、游乐场以及其他各种参与性的娱乐设施。旅游者借助这些设施开展的活动原则上是其旅游生活的点缀，但在有些情况下，这类娱乐设施也可起到吸引物的作用，具体情况取决于有关设施的规模和知名度。全球著名的主题公园——迪士尼乐园、纽约的百老汇、拉斯维加斯和澳门的博彩娱乐设施等，不仅是旅游娱乐设施而且是很强的旅游吸引物。

4. 旅游购物设施

旅游购物设施是指一些旅游商品的批发、零售点或商店等。旅游购物虽然不属于旅游者必需性的基本旅游消费，但实际上却是必然性的旅游行为。正因为如此，旅游者购物消费在任何旅游接待国或地区的旅游收入中都占有相当重要的比重。由于旅游者购物范围很广，所以旅游购物设施与一般购物设施并无原则上的不同。尽管有些旅游目的地也设有一些专供旅游者购物的设施，如在旅游参观点及机场等出入境口岸设有一些专供旅游者购物的商店，但主要也是出于方便旅游者的目的。因此，旅游者购物设施应指可供旅游者购物的设施，而非狭义的专供旅游者购物的设施。这些购物设施的方便程度，特别是其中所供商品的品种、特色、质量和价格，对旅游者的购买兴趣和购买数量有着重要的影响。与之不同的是，随着购物旅游的兴起，香港、巴黎、纽约等世界知名城市往往因购物消费而成为吸引旅游者来访的主要因素。

5. 旅游基础设施

旅游基础设施属于辅助性旅游供给部分，它不是直接针对旅游者而提供的，但旅游者在目的地停留期间也不可避免地需要使用这类设施。这类设施的数量和质量反映着一个国家或地区社会经济发展的状况。旅游基础设施是在社会经济发展中逐渐发展和完善起来的，并为整个社会经济发展服务。这类设施分为两大类：一类是公用事业设施，如水、电、气、热的供给系统、排污系统、道路系统等；另一类是满足现代社会生活所需要的基本服务设施或条件，如金融机构、医疗服务机构、治安管理机构等。旅游基础设施一般是由国家或旅游系统之外的部门投资建设，旅游企业加以利用，或者由其他部门和旅游企业共同投资兴建。旅游基础设施的完善程度对旅游活动起着重要的促进或制约作用，直接影响着旅游经济活动的效果。

（三）旅游服务

旅游服务是一个完整的旅游产品供给不可缺少的部分。从目的地旅游供给的角度讲，旅游服务既包括商业性的旅游服务，也包括非商业性的旅游服务。商业性的旅游服务常指当地旅行社的导游讲解服务、翻译服务，交通部门的客运服务、饭店业的食宿服务，商业零售部门的销售服务；非商业性的旅游服务包括当地为旅游者提供的旅游咨询服务、出入境服务以及当地居民为旅游者提供的义务服务等。旅游服务是面对旅游者直接进行的，它在很大程度上反映着当地居民对外来旅游者的友善态度和愿意为其服务的好客精神，热情、礼貌和效率是当地旅游服务质量的直接体现。虽然提供这些服务所凭借的设施设备条件对服务质量会有一定的影响，但提供服务者的热情态度始终是旅游服务质量的基础和核心。

五、旅游供给的影响因素

在旅游经济中，一个国家或地区的旅游资源状况、旅游产品价格水平以及生产要素成本、旅游环境容量、旅游经济发展水平、科技水平、政府对旅游发展的政策及举措等，都是影响旅游供给增加或减少的因素。

（一）旅游资源因素

旅游资源不仅决定着旅游产品的开发方向和特色，而且影响着旅游供给的数量和质量。旅游供给的基本要素是旅游资源，而旅游资源是在特定的自然和社会条件下形成的，是旅游经营者不能任意改变的。所以，旅游经营者只能把旅游资源优势作为旅游供给和旅游经济增长的依托点，以市场为导向，通过对旅游资源的合理开发，向旅游市场提供具有特色的旅游产品，实现旅游资源优势向经济优势转换。

旅游资源的开发和利用必须以旅游环境容量为基础。由于旅游资源是在一定的自然和社会条件下形成的，具有一定的空间，即一定的环境容量，因此，旅游资源的开发和利用并不是无限的。对旅游资源进行合理利用，就必须把旅游者的活动控制在旅游资源和环境能够承载的范围内。从这一点上看，旅游资源的环境容量决定了旅游供给的规模和数量。旅游需求过量和旅游环境超载不仅会损坏资源和设施，还会引起当地居民的不满，影响旅游供给的质量，甚至给旅游地带来众多的社会问题，削弱旅游产品的吸引力。

（二）旅游环境容量

旅游环境容量一般是指旅游地的极限负荷能力，即：在一定的时期内，旅游目的地的自然、社会、文化、经济以及旅游者感受质量等方面接受不利影响的最高限度，一般被量化为旅游地接待旅游人数的最大值。旅游容量有自然生态环境容量、旅游者心理和生理容量、社会环境容量和经济环境容量，它们共同决定或影响一个旅游目的地旅游供给的环境容量。

自然生态环境容量是指旅游目的地的土地、水域、森林、草原、植被、湿地等的面积，大气质量、温度、湿度、负离子等空气因素，以及珍稀动植物等生物因素，在某单位时间内（年、月、天、时）最多能容纳多少旅游者，才不会被破坏。旅游者心理和生理容量是指旅游者和当地居民所能接受与满意的旅游者人数。只有旅游目的地居民与旅游者双方共同接受和满意的人流量，才是旅游地合理的环境容量。在这个容量范围内，旅游目的地的自然生态环境质量不会降低，自然、人文和社会资源不被破坏，本地居民生活质量不会降低，外来旅游者的旅游质量得到保证，从而主客双方都感到满意。

社会环境容量是指旅游目的地的基础设施规模、生活资料供给能力，以及当地居民对外来文化的接受或容忍程度，在某单位时间内（年、月、日）能接受多少旅游者，才不会引起当地居民的反感和当地社会环境的破坏。

经济环境容量是指在旅游目的地范围内，其经济随旅游业发展所产生的冲击和为了最快发展地区经济而允许的旅游业发展的最高限度。一般经济方面的因素可从以下方面影响目的地的旅游供给。首先，旅游业与有关产业之间存在着依赖性和替代性的二元关系，旅游业过度发展会导致其他产业从对旅游业的协助作用最终转化为制约作用，并且旅游业就业的季节性、较低的潜在生产率和由旅游业高薪拉力所致的对其他产业的替代性会加剧这种转化速度，这就对旅游业的发展设定了一定的限制。其次，由于旅游消费及旅游经济活动的特点，旅游活动的开展会造成目的地的地区经济波动、通货膨胀等负面影响，从而导致对旅游目的地旅游业进一步发展的制约，这是经济因素对旅游供给制约的一面。当然，经济因素对旅游供给还有促进的一面，具体如下：第一，经济发达本身就是旅游的推进因素；第二，旅游目的地地区经济的发展可以促进旅游资源开发和保护，以及设施设备的购建；第三，落后的经济发展状况或不平衡的地区经济常常导致政府对地区旅游业的发展采取某种推进的政策，促使当地居民对发展旅游业持更加积极的支持态度。

（三）旅游产品和生产要素的价格

旅游产品和生产要素的价格影响着旅游产品的供给量。旅游产品的供给量除了受自身价格变化的影响外，还会间接地受其他相关产品价格变化的影响。如果去往某一旅游目的地的飞机票涨价，而旅游目的地的旅游价格不变，则意味着旅游产品的相对价格降低了，从而相对利润也随之减少，于是会引起该地的相关生产要素重新配置，进而影响到旅游产品供给量的变化。

生产要素价格的高低直接关系到旅游产品的成本高低。旅游产品是一个包含食、住、行、游、购、娱等多种要素在内的综合性产品，各种生产要素价格的变化都必然影响到旅游产品成本的变化。在旅游产品价格不变的情况下，若各种要素价格提高了，则必然使旅游产品的成本增加、利润减少，于是引起旅游产品供给量也随之减少。反之，若各种要素价格降低，则使旅游产品成本降低、利润增加，于是刺激旅游产品供给量随之增加。因此，旅游生产要素价格也直接对旅游供给量产生着重要的影响作用。

（四）社会经济发展水平

一个国家或地区能否根据市场需求及时扩大其旅游供给的规模，关键因素之一在于它是否有足够的经济实力。随着旅游经济的快速发展，很多发展中国家都力图迅速开发和扩充自己的旅游业，这一方面要开发其旅游资源和增建旅游服务设施，另一方面还需要更新和扩建其原有的公共基础服务设施。事实上，无论哪一方面都需要大量的资金，但是这些国家或地区由于社会经济发展水平的限制，在及时扩大旅游供给规模方面都不能如愿。因此，总体上发展中国家的旅游供给在规模上和质量上一直处于劣势。对于经济发达国家或地区，其旅游供给的规模扩大相对及时，因为不仅原有的基础服务设施良好，而且发达的经济水平也为旅游供给规模扩大提供了物质保证。这些国家或地区可以根据市场需求，及时调整旅游供给量和旅游项目开发方向。因此，社会经济发展水平对于旅游供给的规模有着重要的影响。

（五）科学技术发展水平

科学技术进步为旅游资源的有效开发提供了科学的手段，为形成具有特色的旅游产品提供了科学方法，为保护旅游资源、实现旅游资源的永续利用提供了科学依据，并为旅游者提供了具有现代化水平的完善的接待服务设施，为旅游经济发展提供了科学的管理工具和手段。在自然景观为主的旅游景点中，运用高科技作为辅助手段可以使这些自然景观的供给内容更加丰富，如索道技术在旅游景点中的成功运用，使得不少难以到达的旅游景点、景观成为旅游供给的重要内容。运用高科技手段开发的各种主题公园，更是增加了一个城市或者地区的旅游供给量。另外，现代科学技术发展，使电子技术在服务领域得以广泛使用，互联网时代的技术使智慧景区成为现实，极大地提高了服务效率和服务水平，也增加了旅游供给的有效性。

（六）旅游经济发展的方针和政策

旅游目的地国家或地区有关旅游经济发展的方针和政策，也是影响旅游供给的重要因素之一。特别是有关旅游经济发展的战略与规划，扶持和鼓励旅游经济发展的各种税收政策、投资政策、信贷政策、价格政策、社会文化政策等，不仅对旅游经济发展具有重要的影响作用，而且直接影响到旅游供给的规模、数量、品种和质量。

在政府对发展旅游业持积极态度的情况下，政府可以在本国旅游业发展的一定阶段采取低税率或减免税等优惠政策。这一方面会促进旅游企业利润大增，再生产能力增强；另一方面使旅游企业的比较利润提高，引起社会资源的重新分配，从而刺激旅游供给的增长。相反的情况是，如果政府控制旅游业的发展而对旅游企业调高税率，旅游供给量就会因此而受到限制。政府对旅游业进行宏观调控，规划旅游业的发展，引导旅游经营者的投资等，以确保其结构层次的合理性，从而扩大旅游企业总体接待能力。20 世纪 80 年代初，我国政府为了加速旅游业的发展，提出国家、集体、地方、企业和个人的“五个一起上”政策，在很大程度上促进了我国旅游供给量增长。

因此，旅游方针、政策是决定旅游供给的重要因素，是不断提高旅游综合接待能力的生命线，也是促进旅游经济发展的重要力量。

第二节　旅游供给规律与供给弹性

一、旅游供给规律

（一）旅游供给规律的含义

在市场经济条件下，决定旅游供给变化的主要因素有旅游产品价格、生产要素价格、旅游供给能力等，它们与旅游供给量之间的变化关系形成了旅游供给规律。如果旅游市场上旅游产品价格出现下跌趋势，旅游供给量便会随之减少；如果旅游市场上旅游产品价格上涨，旅游供给量则随之增加。因此，旅游供给规律是在其他因素不变的情况下，一个国家或地区在一定的时期内愿意并且有能力向旅游市场提供的旅游产品数量将随着旅游产品价格的涨落而增减，也称为旅游供给价格规律。

旅游供给量是指一个国家或地区向旅游市场提供的旅游产品数量。但由于旅游产品的总体构成中，涉及旅游资源和基础服务设施等众多要素，难以用某个适合的测量单位进行量化，所以旅游供给量的测定是一个十分复杂的问题。通常，用一个国家或地区旅游接待能力的大小直接反映该地的旅游供给量。虽然从严格的意义上讲，一个国家或地区旅游接待能力的大小，需要综合考虑其旅游基础服务设施接待能力、旅游环境容量和社会心理承受能力等几方面的因素，但人们通常将旅游服务设施接待能力看做一个国家或地区旅游接待能力的代表和最直观的表现。这一方面是因为旅游服务设施接待能力是其中唯一可以直接量化的因素，另一方面也是因为一个国家或地区，在设计其旅游服务接待能力时，已将该地的基础设施接待能力、旅游环境容量和当地居民对旅游影响的心理承受能力考虑进去了。因此，旅游服务设施接待能力是一个国家或地区有效旅游供给量的典型标志。

（二）旅游供给规律的表达方式

1. 旅游供给价格表

旅游供给量与旅游产品价格之间的关系，可以用旅游供给价格表进行表达。如表 3－1 所示，当旅游产品单位价格为 2000 元时，愿意向旅游市场提供旅游产品的供给量为 0，但是随着旅游产品单位价格上涨，旅游产品供给量随之增加，当旅游产品单位价格为 6000 元时，旅游产品供给量将达到 8 个单位，据此反映了旅游供给规律。

表 3-1　　旅游供给价格

价格—数量组合	单价（元）	供给量（单位数）
A	2000	0
B	3000	2
C	4000	4
D	5000	6
E	6000	8

2. 旅游供给价格曲线

旅游供给价格曲线是将旅游供给价格规律反映在坐标图形中的表达方式。当旅游产品的价格上升时，该产品的供给量将增加，当该产品的价格下降时，该产品的供给量也随之下降。这一点对于诸如住宿产品、旅游交通、旅游景点等单项供给是这样，对于整体旅游产品也是如此。如果将旅游产品供给数量与旅游产品价格变化的相关关系描绘在坐标图上，连接这些数据点，就形成旅游供给曲线 S，如图 3-1 所示。

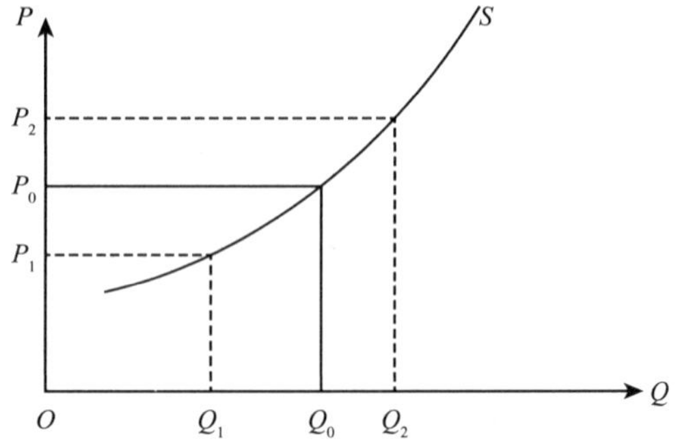

图 3-1　旅游供给价格曲线

从图 3-1 中可以看出，旅游产品价格为 P_0 时，旅游供给量为 Q_0 时，当旅游产品价格下降到 P_1 时，旅游供给量也将下降到 Q_1，当旅游产品价格上升到 P_2 时，旅游供给量也将上升到 Q_2。也就是说，如果其他因素不变，旅游产品价格变化将会导致旅游供给量沿旅游供给价格曲线移动。

3. 旅游供给价格函数

旅游供给函数是用模型法（代数表达法）来表述旅游供给规律的。

当考虑多因素时，旅游供给函数的模型为：

$$Q^s = g(X_1, X_2, \cdots, X_n)$$

式中，Q^s 为旅游供给，X_1，X_2，…，X_n 为影响旅游供给的 $1 \sim n$ 个因素。

如果只考虑旅游价格因素，则函数模型为：

$$Q^s = g(X_1) = g(p)$$

式中，p 为旅游产品价格。

（三）旅游供给的水平变动

旅游供给量的变化不仅受旅游产品价格变动影响，还受其他因素的影响。在旅游产品价格既定条件下，由于其他因素的变动而引起旅游供给的变动，称为旅游供给的水平变动。

在图 3－2 中，若旅游生产要素价格下降，必然引起旅游产品成本下降而利润增加，从而在既定生产条件下会增加旅游供给，并引起旅游供给曲线由 S 右移到 S_2；反之，若生产要素价格上升，必然引起旅游产品成本提高而利润减少，从而导致旅游供给量下降，使供给曲线由 S 左移到 S_1。这时，尽管旅游产品价格保持不变为 P_0，但旅游供给量已发生变化，分别由 Q_0上升到 Q_2或下降到 Q_1。

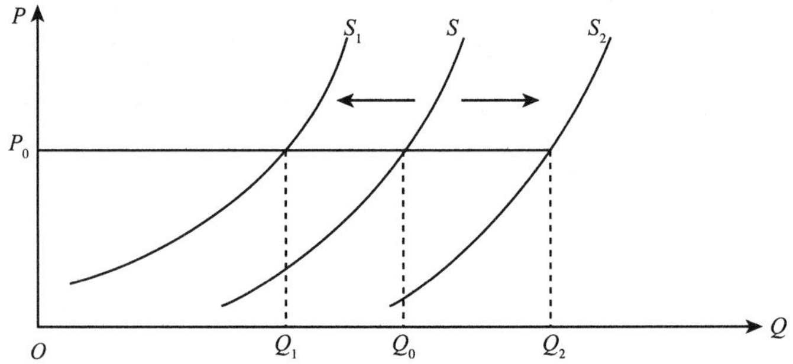

图 3－2　旅游供给的水平变动规律

在实践中，除了价格以外，影响旅游供给量的其他的因素多种多样，比如，生产旅游产品所需要的投入品价格变化、旅游产品生产技术变化、自然环境的变化、社会环境的变化、预期的变化，甚至获得信贷的难易程度的变化等，都会影响旅游供给曲线的移动。

如果旅游住宿设施的建筑技术发生了重大的突破，将会降低产品的生产成本，此时可能会导致旅游供给曲线向右移动；如果厂商相信，随着人们收入的增加，会有更多的人选择旅游的方式来丰富知识、怡情养性，那么他们会增加旅游供给能力，从而使旅游供给曲线向右移动；如果政府认为旅游业是一个高赢利的产业，决定增加针对旅游企业的税收，那么旅游供给曲线将会向左移动。

（四）旅游供给规律的特殊解释

1. 旅游供给量在一定条件下的相对稳定性

旅游供给量与旅游产品价格的同方向变化并不是无限的，也就是说，旅游供给能力在一定条件下是既定的。在旅游供给能力的制约下，旅游供给量不能随着旅游价格的变动无限变动。如图 3－3 所示，某一旅游景区旅游供给曲线先是一段向右倾斜的曲线，而后变成直线，这是由于景区的空间容量是一定的，一旦达到旅游供给能力的极限，即便旅游门票的价格 P 再高，旅游供给量也不可能再增加。再者，旅游供给量的改变需要一定的时间，旅游价格短时间的变化，也不会引起旅游供给量的无限变动。

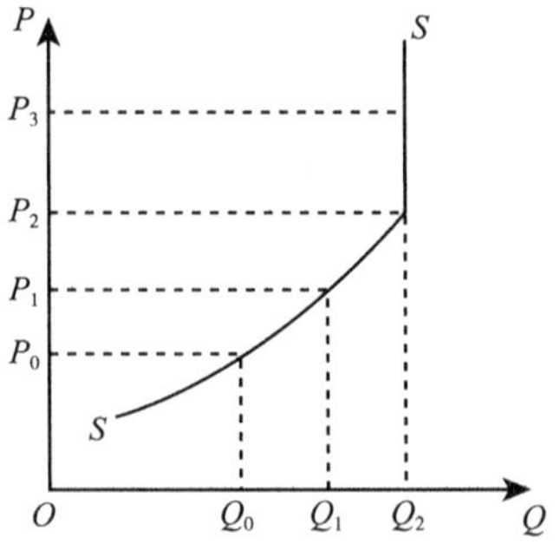

图 3－3　旅游供给量的相对稳定性

2. 旅游供给的长期曲线和短期曲线

从长期来看，旅游供给量会随着旅游产品价格变化而相应变化，旅游供给价格弹性大；但是，短期范围内，受到资源开发、人员补充、设施建设等影响，旅游供给量不能够随着旅游产品价格涨落而及时调整，旅游供给价格弹性小。如图 3－4 所示，旅游供给长期曲线表现平缓，而旅游供给短期曲线则表现陡峭。

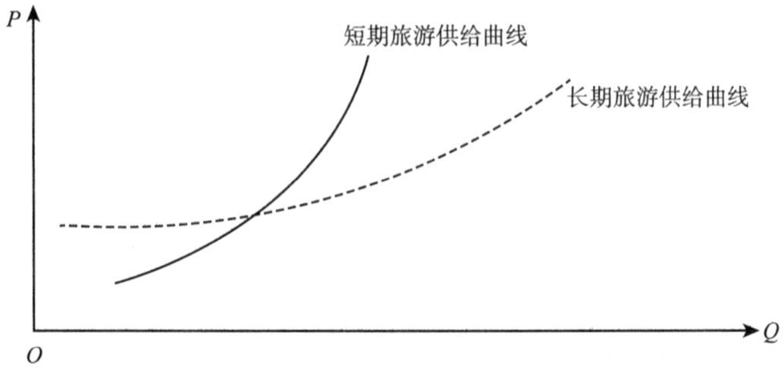

图 3－4　旅游供给长期曲线和短期曲线

3. 旅游供给的跳跃性

旅游产品价格与旅游供给量之间的关系表现出跳跃性。如图 3－5 所示，当旅游产品价格上升到一定程度以后，供给无法继续扩大；当旅游产品价格上升或减少的时候，旅游供

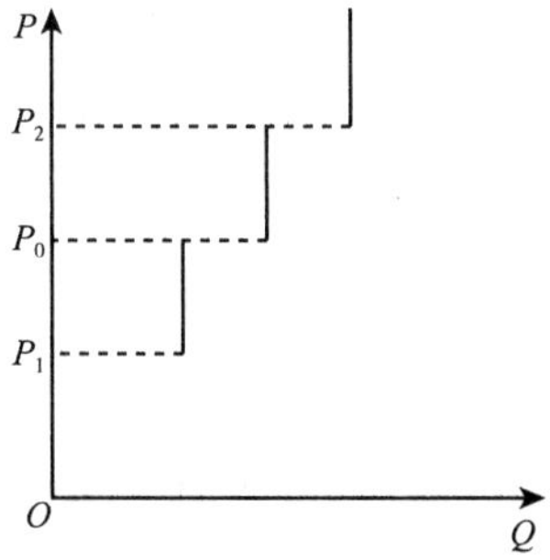

图 3－5　旅游供给曲线的跳跃性

给量表现为跳跃性地增加或减少。比如，在一个价格区间 $P_0 \sim P_1$ 时，价格的下降不会导致住宿供给的数量变化，但是当价格突破 P_1 时，就会出现饭店业的亏损，则某些饭店将会倒闭，住宿供给数量呈现跳跃性地减少。同样，在一个价格区间 $P_0 \sim P_2$ 时，价格的下降不会导致住宿供给的数量变化，但是当价格突破 P_2 时，就会出现住宿供给数量呈现跳跃性地增加。

二、旅游供给弹性

旅游供给弹性是指旅游供给对各种影响因素变化做出的反应。由于旅游供给不仅受旅游产品价格的直接影响，还受到生产规模、生产成本和旅游环境容量等多种因素的影响，因而旅游供给弹性又包括旅游供给价格弹性、旅游供给价格预期弹性等。

（一）旅游供给价格弹性

旅游供给价格弹性是指旅游供给量对旅游价格的反应及变化程度。根据旅游供给规律，在其他影响旅游供给的因素不变的情况下，旅游供给量随旅游产品价格呈同方向变化。为了测定两者之间的变化程度，即旅游供给量对旅游产品价格的敏感程度，需要计算旅游供给价格弹性系数。

旅游供给价格弹性系数是指旅游供给量变化的百分比与旅游产品价格变化的百分比的比值。其公式表达如下：

$$E_{sp}=\frac{(P_1-P_0)/[(P_1+P_2)/2]}{(Q_1-Q_0)/[(Q_1+Q_0)/2]}$$

其中，E_{sp} 为旅游供给价格弹性系数，P_0、P_1 分别为旅游产品变化前后的价格，Q_0、Q_1 分别为变化前后的旅游供给量。

由于旅游供给量与旅游产品价格同方向变化，因而其弹性系数为正值。根据旅游供给价格弹性系数 E_{sp} 值的大小，可以区分为以下几种情况（见图 3-6）。

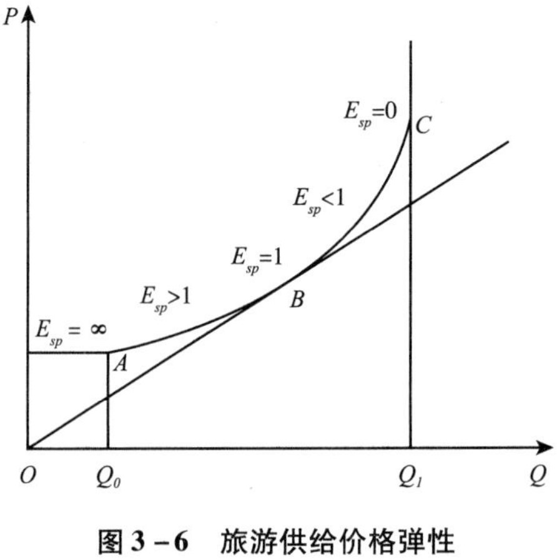

图 3-6　旅游供给价格弹性

资料来源：吕宛青，李聪媛．旅游经济学［M］．大连：东北财经大学出版社，2018.

（1）当 $E_{sp}>1$ 时，表明旅游供给量变动百分比大于旅游产品价格变动百分比，即旅游供给是富有价格弹性的，如图 3-6 中的 AB 弧表明了这一特点。若旅游供给是富于弹性的，则说明旅游产品价格的微小变化将引起旅游供给量的大幅度变化。

（2）当 $E_{sp}=1$ 时，表明旅游供给量变动百分比同旅游产品价格变动百分比是相等的，即旅游供给具有单位弹性，图 3-6 中 B 点的供给价格弹性系数就是单位弹性。

（3）当 $E_{sp}<1$ 时，表明旅游供给量变动百分比小于旅游产品价格变动的百分比，因而旅游供给弹性不足，图 3-6 中 BC 弧的旅游供给弹性就表现为不足，其实质上说明旅游产品价格的大幅度上涨或下跌，对旅游供给量变化的作用不强。

（4）当 $E_{sp}=0$ 时，旅游供给完全缺乏价格弹性，因而在图 3-6 中的旅游供给曲线是一条垂直于横轴的直线，表明无论旅游产品价格怎样变动，旅游供给量基本保持不变。

（5）当 $E_{sp}=\infty$ 时，旅游供给是完全富有价格弹性的，或旅游供给具有无限价格弹性，因而在图 3-6 中的旅游供给曲线是一条平行于横轴的直线，表明在既定的旅游产品条件下旅游供给量可任意变化。

【例 3-1】 2020 年，新冠疫情对某地区餐饮业造成了重大影响，在该地区餐饮行业复工复产过程中，不少酒店开始考虑家庭配菜服务。当每份收费 20 元时，每天家庭配菜供给量为 50 份；当每份收费 25 元时，每天供给量为 80 份。计算该家庭配菜的旅游供给价格弹性，并进行决策分析。

分析：根据旅游供给价格弹性系数计算公式，计算结果如下：

$$E_{sp}=\frac{80-50}{(80+50)\div 2}\div\frac{25-20}{(25+20)\div 2}=2.1$$

由此可见，该家庭配菜旅游供给价格系数大于 1，属于价格弹性大的旅游产品，保持高价格水平，酒店会增加供给量，有助于该地区疫情期间复工复产。

（二）旅游供给价格预期弹性

旅游价格预期弹性是指未来旅游价格的相对变动与当前旅游价格相对变动之比。当前旅游价格相对变动是指目前旅游市场上实际旅游价格相对于旅行社报价的变化；而未来旅游价格的相对变动则是指未来旅游市场上旅游者预期价格相对于旅行社报价的变化。把未来旅游价格相对变化与现期旅游价格相对变化进行比较，即可计算出旅游价格预期弹性系数，其计算公式为：

$$E_f=\frac{\frac{\Delta F}{F}}{\frac{\Delta P}{P}}$$

其中，E_f 为旅游价格预期弹性系数，F 为未来价格，P 为现期价格。

不论对于旅游者还是旅游经营者来讲，旅游价格预期弹性系数都是一个重要的影响因素。

1. 旅游供给价格预期弹性对旅游者的作用

当 $E_f > 1$ 时，表明旅游者预期未来旅游价格的相对变动大于现期旅游价格的相对变动。当现期旅游价格上升，旅游者预期未来旅游价格上升的幅度可能更大，于是就会增加现期旅游产品的购买；当现期旅游价格下降，旅游者预期未来旅游价格下降的幅度可能更大，从而就会减少现期旅游产品的购买。

当 $E_f < 1$ 时，表明旅游者预期未来价格的相对变动将小于现期价格的相对变动，于是现期旅游价格提高，就会使旅游者持币待购，从而导致现期旅游需求减少。但由于旅游需求同时还受闲暇时间因素的影响，因而价格预期对于旅游需求的影响相对较小，即旅游价格预期弹性系数一般都较小。

2. 旅游价格预期弹性对旅游经营者的作用

当 $E_f > 1$ 时，表明旅游经营者预期未来价格的相对变动将大于现行价格的相对变动。于是当现期旅游价格上升，旅游经营者为了将来获得更大的收益，就会减少现期的旅游供给，并加大投入以期增加未来的旅游供给量；当现期旅游价格下降，为了保持经营的稳定性，旅游经营者也会适当减少现期的旅游供给。

当 $E_f < 1$ 时，表明旅游经营者预期未来价格的相对变动将小于现期价格的相对变动，即旅游市场价格稳定，于是旅游经营者就会加大旅游宣传促销，以增加现期的旅游供给。

【例 3－2】 某旅行社推出一款特色旅游产品，对外报价为 250 元/人，但由于旅游者剧增而使实际价格上升到 300 元/人；根据预测，来年该旅游产品的需求将持续上升，故旅行社对外报价提高到 320 元，且预订价格将随着旅游市场供求变化有 25% 的浮动，试计算该旅游产品的旅游价格预期弹性系数，并做出分析。

分析： 根据题意可知，$P = 250$，$\Delta P = 300 - 250$；$F = 320$，$\Delta F = 320 \times (1 + 25\%) - 320$，则旅游价格预期弹性系数为：$E_f = \dfrac{[320 \times (1 + 25\%) - 320] \div 320}{(300 - 250) \div 250} = \dfrac{0.25}{0.2} = 1.25$

由于旅游价格预期弹性系数 E_f 为 1.25，大于 1，因而旅游者现期对旅游产品的购买会继续增加；而旅游经营者则会适当控制现期旅游产品的供给，并加大投入以增加未来旅游产品的供给，以期获得更多的收益。因此，把握好旅游价格的预期弹性变化，对于旅游经营者来讲是至关重要的。

第三节　旅游供给与旅游需求的均衡

由于现代旅游供给和旅游需求具有的矛盾冲突，因而要实现现代旅游供给与需求的均衡，就必须把两者结合起来考察，以探寻现代旅游供给与需求均衡的客观规律性，以及它们在市场上的短期动态均衡和长期动态均衡。

一、旅游供给与旅游需求的静态均衡

在市场经济条件下，旅游产品价格是决定旅游供给与需求的关键因素。根据旅游供给规律和旅游需求规律，旅游产品价格越高，则旅游需求量越少，旅游供给量越多；反之，旅游产品价格越低，则旅游需求量越多，旅游供给量越少。旅游产品价格决定着旅游供给和旅游需求的均衡量。因此旅游供给与旅游需求的静态均衡是指在一定旅游产品价格条件下旅游供给量与旅游需求量相等时的均衡状态。这种静态均衡是旅游供给和旅游需求两种矛盾力量共同作用的结果，此时的价格称为均衡价格，旅游供给量和旅游需求量称为均衡量。

如图 3－7 所示，以横坐标 Q 表示旅游供求量，以纵坐标 P 表示旅游产品价格，旅游需求价格曲线 D 与旅游供给价格曲线 S 相交于 E_0点。此时，旅游供给量与旅游需求量相等，称为旅游供求的静态均衡，E_0点为均衡点，对应的价格 P_0称为均衡价格，对应的旅游产品数量 Q_0为均衡量。

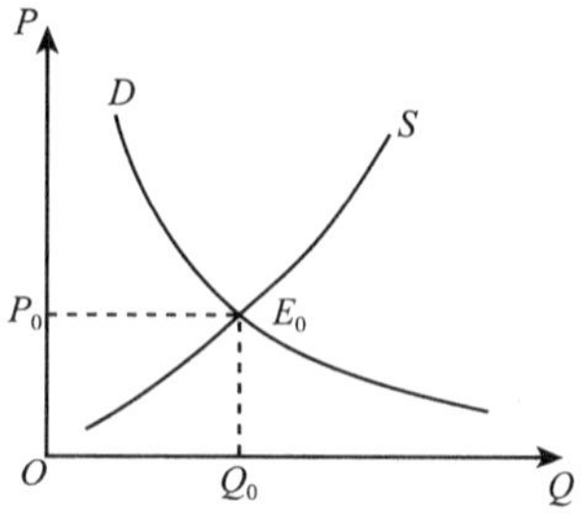

图 3－7　旅游供给与旅游需求的静态均衡

二、旅游供给与旅游需求的动态均衡

虽然旅游供给一旦形成之后，就具有相对稳定性，但在一定的旅游供给能力内仍然会随旅游产品价格的变化而变化。因此旅游供给和旅游需求之间在短期内会达到动态均衡，并可采用旅游供给曲线与旅游需求曲线的变动来分析。为简单起见，我们假定旅游供给曲线与旅游需求曲线在移动时形态不变，旅游供给和旅游需求的动态均衡有以下几种情况。

1. 旅游需求变动引起的动态均衡

社会经济的发展和消费水平的变化引起人们的生活结构调整，工作日减少而休假日增加，导致旅游需求曲线右移，如图 3－8 所示。在旅游供给水平不变情况下，旅游供求均衡点从 E_0 移到 E_1，并带动旅游供给量从 Q_0 增加到 Q_1，此时，旅游供给和旅游需求的均衡价格也相应由 P_0 上升到 P_1。

2. 旅游供给变动引起的动态均衡

随着社会生产力水平的提高，必然引起经济结构的调整，如第一、第二产业因生产率的提高，冗余人员转入第三产业，而第三产业的迅速发展，促使社会能提供更多的旅游供

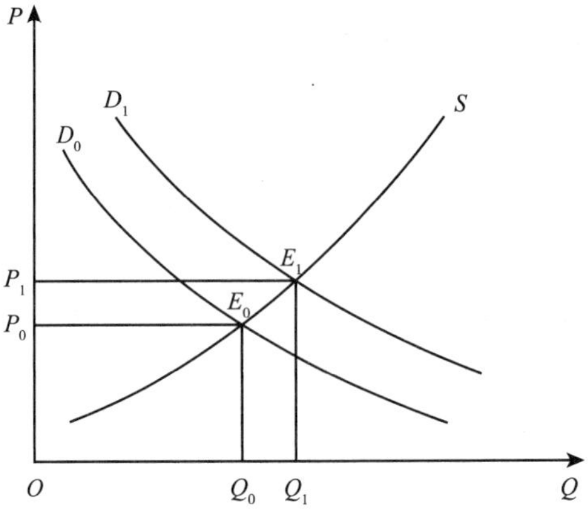

图 3-8　旅游需求变动引起的动态均衡

给，或者地区性的旅游业迅速发展，这些都使旅游供给曲线向右移，如图 3-9 所示。在旅游需求水平不变情况下，旅游供求均衡点从 E_0 移到 E_2，并带动旅游供给量由 Q_0 增加到 Q_2，而旅游供给和旅游需求的均衡价格由 P_0 下降到 P_2。

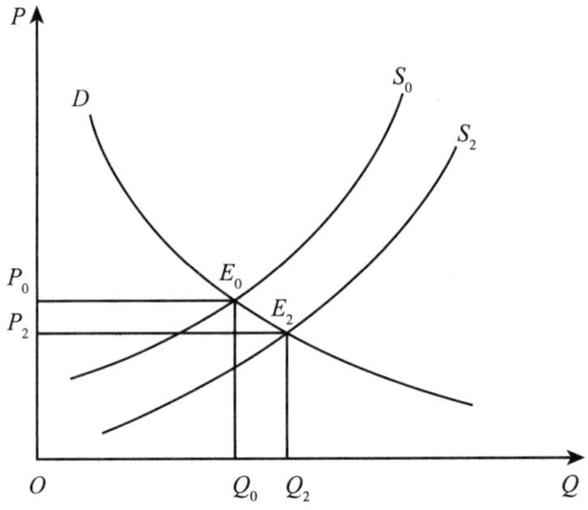

图 3-9　旅游供给变动引起的动态均衡

资料来源：吕宛青，李聪媛．旅游经济学［M］．大连：东北财经大学出版社，2018.

3. 旅游供给与旅游需求同时变动引起的动态均衡

旅游供给和旅游需求同时变动的情况较复杂，因为它们既可按同方向变动，也可按不同方向变动；既可按同比例变动，也可按不同比例变动。若旅游供给和需求同时增加，会引起供给曲线与需求曲线同时向上移动，使旅游供求均衡点由 E_0 上升到 E_3，并在旅游均衡量 Q_0 不变的条件下，导致均衡价格由 P_0 上升到 P_3，如图 3-10 所示。

三、旅游供给与旅游需求的均衡规律

根据以上分析，可以把市场经济条件下旅游供给与旅游需求的均衡规律概括如下：

（1）旅游需求和旅游供给共同决定旅游产品价格。旅游均衡价格就是旅游需求量等于

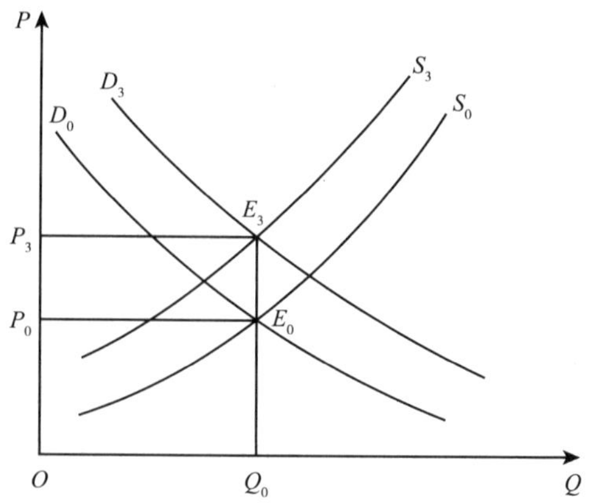

图 3－10　旅游供求同时变动引起的动态均衡

旅游供给量时的价格；与旅游均衡价格相对应的旅游供求数量称为旅游均衡产量。

（2）旅游产品价格影响和决定着旅游需求和旅游供给的数量。当旅游产品价格上涨时，旅游供给增加而旅游需求减少，于是旅游市场上出现供过于求；当旅游产品价格下跌时，旅游供给减少而旅游需求增加，于是旅游市场上出现供不应求。

（3）旅游均衡价格和均衡产量与旅游需求呈同方向变动。旅游需求增加，则旅游均衡价格提高，旅游均衡产量增加；旅游需求少，则旅游均衡价格降低，旅游均衡产量减少。

（4）旅游均衡价格与旅游供给呈反方向变动，而旅游均衡产量与旅游供给呈同方向变动。旅游供给增加，则旅游均衡价格降低而旅游均衡产量增加；旅游供给减少，则旅游均衡价格提高而旅游均衡产量减少。

（5）旅游需求和旅游供给同时增加或同时减少，会引起旅游均衡产量同方向变动，而这时旅游均衡价格则有提高、降低或不变三种可能性。

第四节　旅游供求矛盾与调节

一、旅游供求矛盾的主要表现

旅游市场上供求矛盾的表现是错综复杂的，矛盾无时不有，无处不在。从总体上看，其主要表现为供求总量、供求时间、供求空间和供求结构等方面的矛盾。

（1）旅游供求总量上的矛盾。旅游市场上的旅游供给总量与旅游需求总量都是综合的概念。由于旅游供给和旅游需求的复杂性，在实践中难以将所有旅游产品的供给和需求在总量上进行加总，但是我们可以从总量的各种具体表现形式上来加以分析。旅游供求总量的矛盾，主要表现为旅游接待能力与旅游总人次之间的矛盾。如果某一旅游地一定时期内的旅游接待能力与旅游总人次所表示的旅游需求量相适应，就可以认为旅游市场上供求关系基本协调，供求是平衡的。当然，供求平衡只能是相对的、暂时的，在实践中更多地表现为接待能力不足，或者接待能力过剩。接待能力可用不同的指标来衡量，比如，以旅游住宿的接待能力衡量，以交通运输的接待能力衡量，或以旅游景点的承载能力衡量等。一般情况下，应以其中的最低接待能力为衡量标准。

（2）旅游供求结构上的矛盾。由于旅游需求具有灵活多样、复杂多变的特点，而旅游供给具有相对的稳定性、固定性，使得旅游供求之间存在着明显的矛盾。有时尽管从旅游总量上看大体是平衡的，但就旅游供求之间的具体品种、数量、质量来看，矛盾还是十分突出的。比如，有时旅游者对景观产品很满意，但对住宿产品却不满意；在一定时期内，可能经济型旅游饭店供不应求，而高档的旅游饭店供给过剩，但过了一段时间后，有可能出现相反的情况。

（3）旅游供求时间上的矛盾。旅游供求在时间上的矛盾是旅游业务经营者在经营过程中经常遇到的棘手问题之一。旅游需求在时间上的差异性和某些旅游地本身的自然条件方面的限制，使旅游需求的季节性特征表现得很明显。旅游供给一般是根据旅游者的一系列需求特征，形成一定的供给能力，实行配套性的供给，具有常年的同一性，即供给的均衡性特征。因此，旅游需求的季节性与旅游供给的均衡性之间的矛盾，造成了旅游供求在时间上的矛盾。

（4）旅游供求在空间上的矛盾。从旅游供给角度看，旅游景点、旅游目的地是固定于空间地域上的，但是由于资源级别、知名度、可进入性等差异，这些旅游景点和旅游目的地在旅游需求市场形成了冷、热点差异。那些热门旅游景点和目的地，旅游需求远远大于旅游供给，而其他旅游景点和目的地则可能会旅游供给大于旅游需求，从形成旅游供给和需求在空间上的差异，即空间矛盾。

二、旅游供求矛盾的形成原因

旅游市场上的供给，通常表现为单个企业的供给行为。旅游市场上的需求表现为每一旅游者的具体需求。然而从社会的总体上看，在市场上总是存在一个供给者的集合与一个需求者的集合。由于供给与需求各自形成的要素不同，影响的因素也不同，因此旅游供给与旅游需求作为两个不同的集合，它们既相互依存，又相互对立，既要相互适应，又必然相互矛盾。旅游供求矛盾由以下因素决定：

（1）由供求双方的利益所决定。旅游价格的高低与供求双方各自的切身利益密切相关，旅游供给者总是力图使自己提供的旅游产品能够以较高的价格销售出去，而旅游需求者也总是希望自己能够以更便宜的价格购买到所需的旅游产品，二者在讨价还价的过程中必然产生矛盾。

（2）由供给与需求各自特点决定。在旅游市场竞争中，旅游市场是以需求为导向的，旅游供给要以旅游的需求为基础，要用最大的努力去满足旅游者多样多变的旅游需求，但是，由于旅游需求的特点和旅游供给的特点各不相同，通过努力只能使矛盾得以缓解或部分解决，不可能从根本上消除供给与需求的矛盾。比如，旅游需求的高弹性与旅游供给的低弹性的矛盾；旅游需求的综合性与旅游供给的分散性的矛盾；旅游需求的季节性要求与旅游供给的均衡性要求的矛盾等。在旅游工作的实践中，人们每天都在分析矛盾、解决矛盾，在矛盾的运动中不断地推动旅游业发展。

旅游市场上的供求矛盾实质上是供给与需求是否相适应的矛盾。一般来说，供给与需求大体相适应，矛盾不突出，我们称为供求平衡；反之，供给与需求矛盾突出，我们便称为供求不平衡，或谓之供求失衡。旅游市场上的供求平衡是有条件的、暂时的，而供求不平衡是绝对的、无条件的。因此，旅游市场上的供求总是由不平衡转化为平衡，在供求双方的矛盾运动中，旧的平衡被打破，转化为新的不平衡。旅游市场上的这种供求矛盾总是表现为螺旋上升式的不断运动过程。为此，我们把旅游供求之间这种“不平衡—平衡—不平衡”的循环往复变化过程称为旅游供求矛盾的运动形式，或旅游供求矛盾的运动规律。

三、旅游供求矛盾的调控

旅游市场上的供求矛盾，需要我们通过一定的手段和方法对其进行调节，以促进供求矛盾的不断转化，推动旅游市场的供给与需求不断趋于平衡。在市场经济条件下，调节旅游市场上的供求矛盾，主要依靠经济手段，即依靠价值规律和旅游需求规律的自身作用进行调节。同时，还必须辅以一定的法律手段和必要的行政手段，只有各种调节手段综合运用，才能保证旅游市场稳定、健康地发展。

1. 技术手段的调控

对旅游供求进行调控的技术手段主要包括两种：一是制定科学的旅游规划，二是进行有针对性的旅游促销。

旅游规划是一种通过调节旅游供给来实现供求均衡的调控方式，是一种前馈控制。其内容包括：旅游市场调查、旅游需求预测、旅游资源开发、旅游设施布局、供给规模确定、旅游区建设、相关旅游基础设施发展计划、人员培训与行业规范管理等方面。旅游规划是一种长期性的调节手段，对旅游供给的发展规模和发展速度具有较强的控制作用。

旅游促销是一种通过影响旅游需求来实现供求均衡的调控手段。由于旅游供给弹性一般较小，因而即使发生供给过剩的情况，旅游目的地也难以迅速减小其旅游供给量。面对需求不足和旅游设施的闲置，旅游目的地往往采取加强旅游促销的措施去影响旅游需求，争取更多的旅游者。作为解决供大于求这一矛盾的手段，旅游促销的特点在于其生效较快。只要促销措施得力，短期内便会得到需求市场的反应。正因为如此，它广为各旅游目的地所重视，因而也是运用最多而且最为直观、最为有效的调节手段。

2. 经济手段的调控

经济手段是国家用于调节旅游经济活动的各种与价值形式有关的经济杠杆，主要有财政、税收、价格、信贷、利率等，其中较为重要的是税收政策和价格政策。

调节旅游供求的税收政策涉及三个方面。第一，直接面向旅游企业的税收政策。如果旅游供给不足，旅游地政府可以通过对旅游企业减免征税的办法，刺激对旅游业的投资，扩大旅游供给，反之，则提高课税，控制旅游供给继续增长。第二，面向旅游者的税收政策。如果旅游地需求过剩，人满为患，那么直接向来访旅游者征税可以有效减少旅游需求。第三，面向具体旅游地区的税收政策。它是指政府对旅游热门和冷门地区实行不同的税收政策，缓解这些地区因先天或后天因素所形成的“级差”问题。

旅游价格政策主要是指旅游目的地政府对价值规律和旅游供求规律的自觉运用，突出表现在其旅游价格政策上。通过不同的价格政策，达到对旅游供求均衡进行调控的目的。政府可以通过各种价格策略，或者迫使旅游产品价格下降，减少旅游供给；或者促使旅游产品价格上涨，扩大旅游供给，以便提高旅游供给随旅游需求而动态均衡的主动性。常见的价格策略主要有地区差价、季节差价、质量差价、优惠价、上下限价等。

另外，在经济手段中，国家通过财政拨款、建立旅游发展基金、信贷、利率等经济杠杆，也可以调节旅游供给的规模和结构，促进旅游业在各地区间的均衡发展。

3. 法律手段的调控

国家的法律手段对旅游业的发展、旅游供求的平衡有宏观的影响作用。法律手段是通过国家立法从法律上规范旅游市场，保护旅游者和旅游经营者的合法权益，保障旅游市场的正常运行和旅游活动的顺利开展，为旅游供给与需求解决自身的矛盾问题提供良好的市场环境。

法律手段是其他各种手段和措施得以发挥其供求均衡调控作用的基础。旅游目的地的旅游发展规划和发展战略要落到实处，各种旅游经济政策、经济措施、经济合同要能够贯彻执行，都离不开法律手段的支持，它对旅游供给与旅游需求的彼此适应具有间接的影响。

法律手段中一些相关的法规和条例对稳定旅游供给有积极的促进作用，如《中华人民共和国文物保护法》《中华人民共和国风景名胜区管理暂行条例》《中华人民共和国森林法》《中华人民共和国食品卫生法》《中华人民共和国旅游法》等。这些法律法规的出台有利于保护旅游资源，逐步扩大旅游供给，有利于旅游业的可持续发展。

法律手段中一些相关的法律法规对稳定和刺激旅游需求增长，也有明显的促进作用，如《中华人民共和国公民出境入境管理法》《中华人民共和国消费者权益保护法》《中华人民共和国旅游法》等。它们通过立法的形式，规定了旅游需求行为主体所享有的各项权利，并对旅游供给过程中的各种侵权行为予以制裁，使旅游需求主体能够放心消费，一定程度上也有助于调节旅游市场上的供求关系。

思考题

1. 什么是旅游供给？其特征表现是什么？
2. 旅游供给的变动规律是什么？
3. 旅游供给和旅游需求的矛盾表现是什么？如何实现旅游供求均衡？

拓展阅读

1. 梁留科．新时代背景下旅游供给侧改革研究［M］．北京：科学出版社，2018.

2. 董亚娟．国外近30年旅游交通研究述评与展望［J］．社会科学家，2016（8）：89－93.

3. 周春波，林璧属．景区游憩价值的多方案条件价值评估［J］．社会科学家，2013（7）：98－102.

4. 保继刚．主题公园研究［M］．北京：科学出版社，2020.

第四章　旅游消费

[学习目的]

了解旅游消费的概念、性质及特点，熟悉旅游消费结构的类型，理解旅游消费结构合理化，掌握旅游消费效果及旅游者消费效用的最大满足。

[重点难点]

重点是旅游消费结构与旅游消费效果；难点是旅游者消费效用最大化满足理论。

第一节　旅游消费概述

一、旅游消费的概念及性质

（一）概念

消费作为人类社会客观存在的经济现象，是指人们把生产出来的东西消耗掉或使用掉。因此，与生产一样，消费也是社会经济发展不可缺少的行为过程。

旅游消费是社会总消费的组成部分，是旅游经济活动中重要的经济范畴，也是旅游业发展的原动力。没有旅游消费的不断扩大，便没有蓬勃发展的旅游业。因此，旅游消费是指旅游者在旅游过程中，为了满足旅游活动的需要，而耗费的各种物质产品和劳务的总和。

旅游消费的内涵，包括以下方面：

（1）旅游消费是指旅游者的消费。单个旅游者的消费行为，从总体上构成了旅游消费活动，形成了旅游市场的需求。没有具体旅游者的消费行为，便没有旅游消费活动的存在。因此，旅游者的消费行为，是社会旅游消费的基础。

（2）旅游消费是指旅游者在外出旅游过程中为满足自己的需要而进行消费活动的行为，如对旅游产品的选择、比较、购买等。没有这些行为的发生，便不可能完成旅游活动。

同时，旅游花费与旅游消费有所不同。

（1）消费范畴不同，旅游花费包含了旅游消费的范畴。旅游消费是普遍意义上的消费者在旅游角色转换为旅游者过程中发生的各项消费，即包括旅游者在整个旅游过程中的食、住、行、游、购、娱等各项消费。旅游花费是为了旅游活动的发生、发展而引致的消费，是由旅游单位（旅游者）使用或为他们而生产的商品和服务的价值。

（2）强调对象不同。旅游消费强调对旅游目的地一端经济的影响，旅游花费强调对客源地和目的地双向的经济影响。

（二）性质

旅游消费，从动态意义上讲，是指人们支付货币购买旅游产品以满足自身旅游需求的行为过程：从静态意义上讲，是指旅游者消费产品和服务的使用价值。因此，要正确理解旅游消费还必须把握以下几点。

1. 旅游消费是一种消费方式

旅游消费作为一种消费方式，主要由旅游消费意识、旅游消费习惯、旅游消费能力、旅游消费水平、旅游消费结构等要素构成。旅游消费意识及由此而形成的旅游消费习惯是旅游消费的基本动因；旅游消费能力和旅游消费水平是旅游消费的客观条件；旅游消费结构是旅游消费发展到一定时期的结果，反映了旅游者消费旅游产品的数量、质量及其比例关系。

2. 旅游消费是一种个体性消费

旅游消费就其消费主体而言，属于个人消费范围。旅游者是否选择旅游消费活动、什么时候消费、消费什么旅游产品、消费层次与消费量如何，都取决于旅游者个人的旅游消费意识和倾向、旅游消费习惯、旅游消费能力、旅游消费水平等，而且最终的旅游消费效果也是因人而异。

3. 旅游消费是一种高层次消费

人们的消费需要包括基本生存消费、发展消费、享受消费三个层次。基本生存消费是维持个人和家庭最低生活保障的生活资料和服务的消费，是劳动力再生产所必需的最低限度的消费标准。发展消费和享受消费则是人们为了提高自身的文化素质、陶冶情操、发展智力和体力，从而达到劳动力内涵扩大再生产的要求的消费。因此，旅游消费是人们在基本生活需要得到保障之后产生的高层次的消费需求。

4. 旅游消费是一种精神性消费

旅游消费作为一种个人消费，从内容上来看，包括精神和物质两方面，除了有形的以商品形式存在的物质产品和无形的以文化形式存在的精神消费品以外，还包括以二者为依托的消费性服务在内。所以，旅游消费包括了人们在旅游中所获得的满足其享受和发展需要的物质产品、精神产品和以这两者为依托的旅游服务三个方面。其中，物质形态旅游产品的消费只是一种外在的形式或其中极少的一部分，旅游者真正所消费的是以物质形态旅游产品为依托的精神产品和服务产品。

二、旅游消费的特征

消费与社会生产力发展水平之间存在着密切的关系。旅游活动涉及政治、经济、文化等广泛的社会领域，因而旅游消费的内容包括食、住、行、游、购、娱等诸多方面。如果说一般传统产品的消费方式是把消费过程与再生产过程相对区分开来的话，那么作为消费方式的旅游则把消费过程与再生产的过程有机结合为一体。因此，旅游消费具有许多不同于一般传统产品消费的特点。

（一）旅游消费的综合性

旅游消费是一个连续的动态过程，贯穿于整个旅游活动之中，因而综合性是旅游消费最显著的特点。首先，从旅游消费活动的构成看，旅游活动是以游览为中心内容的，但是为了实现游览的目的，旅游者必须凭借某种交通工具，在旅途中必须购买一定的生活必需品和旅游纪念品，必须解决吃饭、住宿等问题。可见，旅游活动是集食、住、行、游、购、娱等于一体的综合性消费活动。其次，从旅游消费的对象看，旅游消费的对象就是旅游产品，旅游产品是由旅游资源、旅游设施、旅游服务等多种要素构成的，其中既包含物质因素，也包含精神因素；既有实物形态，又有活劳动形态。因此，旅游消费对象是多种要素、多类项目的综合体。最后，从参与实现旅游消费的部门看，旅游消费涉及众多部门，许多经济部门和非经济部门都参与了旅游消费的实现过程。前者包括餐饮业、旅馆业、交通业、商业、农业等，后者包括环保、园林、文物、邮电、海关等。这从另一个侧面也证明了旅游消费的综合性特点。

（二）旅游消费的劳务性

这里所指的劳务即服务，服务是以劳务活动形式存在的、可满足某种特殊需要的经济活动。在旅行游览过程中，旅游者首先必须满足基本的生理需要，因而必然要消费一定量的实物形态产品。但从总体上看，服务消费占主导地位。旅游服务消费，不仅在量上占绝对优势，而且贯穿于旅游者从常住地向旅游地的移动，到旅游地参观游览，再返回居住地这一消费过程的始终。旅游服务是由各种不同的服务组合成的总体，一般包括饭店服务、交通服务、导游服务、代办服务、文化娱乐服务、商业服务等。旅游服务一般不体现在物质产品中，也不凝结在无形的精神产品中，而是以劳务活动的形式存在着，从而构成旅游产品的特殊形式。这种产品只有被旅游者享用时，它的价值才被实现；一旦旅游活动结束，旅游服务的使用价值就不复存在。

（三）旅游消费的伸缩性

伸缩性，是指人们所需消费品的数量及品种之间的差异，以及这种差异随着影响消费诸因素的变化而变化，表现出扩大或紧缩的状态。所以，伸缩性一方面是就人们对消费产品的品种、数量和质量需求变化情况而言的；另一方面是就影响消费诸因素对消费需求变化而言的。旅游消费作为一种高层次的消费，是一种伸缩性很强的消费，具体表现在以下几方面。

1. 旅游消费是无限性消费

美国心理学家马斯洛把人的需要分为生理需要、安全需要、社会需要、自尊需要和自我实现需要。旅游消费是人们的基本需要即生理需要和安全需要得到一定满足后，为实现更高层次的需要而进行的高级消费形式，因而没有数量限制。随着社会经济的发展及人们消费水平的提高，旅游消费必然呈不断增加趋势。

2. 旅游消费是高弹性消费

一般来说，满足人们生存需要的消费弹性较小，而满足人们享受、发展需要的消费弹性较大，旅游消费正属于后者。许多因素都会影响旅游消费的数量和质量。除了价格、收入外，国际政治经济形势，旅游者的职业、年龄、性别、受教育程度、宗教信仰、兴趣爱好，以及旅游地的社会经济发展水平、风俗习惯等都直接或间接地影响着旅游消费。

3. 旅游消费是季节性消费

这主要体现在两个方面：一是旅游消费需求集中在某些月份或季节，如德国人旅游集中在夏季三个月，巴黎人喜欢八月份外出旅游；二是某些月份或季节旅游消费的内容集中于某些特定的旅游消费对象，例如，夏季的海滨胜地游人如织，而一到冬季，出现在海滩上的旅游者则寥若晨星。

（四）旅游消费的互补性和替代性

旅游消费的综合性，决定了构成旅游消费对象的各个部分既有互补性，又有替代性的典型特征。

1. 旅游消费的互补性

旅游消费的互补性是指旅游消费内部各个不同环节之间相互补充配合的特点，只有各个环节互相配合，加强合作，才能保证旅游消费活动顺利进行。例如，从西安出发至丽江的旅游线路，要想保证购买这条线路的旅游者获得满意的旅游体验，必须民航、住宿、旅行社、购物场所等高度配合协调才能实现。

2. 旅游消费的替代性

旅游消费的替代性是指旅游消费内部各个相同环节之间的相互替代关系。例如，某旅游者从甲地到乙地乘了飞机，就不会再乘火车或轮船。到了乙地后，若由 A 旅行社安排他的旅游活动，他就不会再接受其他旅行社提供的导游服务。若他住进了 B 度假旅馆，一般就不会再入住其他旅馆。由此可见，旅游消费中的替代性是十分明显的。旅游者在选定某种成分以后，势必舍弃其他成分，因而这种替代性加剧了旅游业的竞争。

（五）旅游消费的不可重复性

旅游产品的不可转移性和时间性强的特点，决定了旅游者对旅游产品的消费是不可重复的。构成旅游产品的旅游吸引物、旅游设施和设备，以及在整个旅游过程中向旅游者提供的各种服务，与其他物质商品不同，它们不能从甲地转移到乙地去销售，即在交换过程中不是旅游产品在转移，而是旅游消费者亲自到旅游产品的产地去消费。

旅游者在旅游过程中购买旅游产品并加以消费，如使用饭店中的客房、占用餐座、占用交通工具、使用娱乐场所和游览设施等，其对旅游产品在时间上只具有暂时的使用权，而无长期的所有权，旅游活动结束后，旅游产品的使用价值对消费者来说即告消失。因此，旅游产品与一般物质产品购买后即拥有所有权并可以重复使用不同。

旅游产品中所包含的无形部分，即旅游过程中各环节所提供的服务，它的时间性更强，只有当旅游者消费这些服务时，服务才构成产品。旅游产品中的劳务和一般商品中的劳务不同。一般商品中的劳务是以物化形式存在于商品之中，可以储存起来，其价值和使用价值不会消失，消费者可以重复使用；而旅游产品中的服务则是随着旅游产品的消费而被消费的，旅游活动结束后，旅游者离去，旅游消费终止，旅游服务即告终止，它同样具有不可重复消费的特点。

三、旅游消费的作用

旅游作为一种高级消费形式，对于促进人的全面发展、提高劳动力的素质、提高劳动生产率和促进经济发展等，都具有重要的作用，主要表现在以下几个方面。

（一）旅游消费是旅游经济运行的原动力

随着人们生活水平和生活质量的不断提高，旅游业在社会经济中的地位日益显著，并逐渐成为国民经济的重要产业。旅游业的健康、稳定、协调、可持续运行与发展，取决于旅游经济运行过程中各个环节之间的相互衔接和协调发展。虽然旅游产品的生产、分配、交换、消费等环节在时间和空间上具有同一性，但是旅游产品的生产和交换的前提是旅游消费。在市场经济条件下旅游产品的生产也是以销定产，生产什么、什么时候生产、生产多少，均取决于旅游者想要消费什么、什么时候消费以及潜在的消费量。因此，旅游消费需求是旅游经济运行的原动力，旅游消费的规模和水平决定着旅游产品生产的方向、数量和质量。

（二）旅游消费是满足旅游者需求的必要条件

人们的旅游消费活动有潜在消费和现实消费之分。未来有可能成行但目前尚不具备条件的旅游消费，称为潜在旅游消费；在目前条件下能够或者已经实现的旅游消费，称为现实旅游消费。要想将潜在旅游消费变成现实的旅游消费，一方面要积极创造条件，另一方面，当条件具备的时候，潜在的旅游消费需求能否得到实现和满足，从而变成现实的旅游消费活动，关键就在于旅游者是否愿意进行旅游消费，这是旅游需求得以实现的必要条件。所以，旅游企业应积极开发新产品投放市场，吸引和鼓励旅游者前来消费，从而拉动消费，刺激旅游经济的发展。

（三）旅游消费是引导旅游产品开发的关键依据

生产取决于消费，消费决定着生产，消费需求和消费水平直接决定着生产的发展方向、速度和规模。旅游生产取决于旅游消费，旅游消费对旅游产品的开发方向、发展速度和规模具有极大的推动作用和极强的导向作用。随着旅游经济的不断发展，人们在基本旅游消费得到满足之后，又会不断地产生新的更高层次的旅游需求，从而对旅游产品的生产和供给提出了更高的要求。旅游者总是在不断消费中对旅游产品提出新的要求，而旅游产品的生产者和经营者也总是在不断地开发和组合新的旅游产品，以满足旅游者不断提高的旅游消费需求。对旅游产品的生产者和经营者来说，也必须把旅游者的消费需求放在第一位，因为旅游者的消费过程就是旅游产品的价值得以实现的过程，也是对旅游产品是否符合消费需求的最终检验。要使旅游产品能够被旅游者所接受，并产生良好的经济效益，就必须时刻注意观察和捕捉旅游消费的新动向和新信息，及时主动做出反应，适时、适量地开发和组合适应新的消费需求的旅游产品。如果新开发的旅游产品不符合旅游市场的需求，那么就会滞销，从而影响旅游产品供给结构，造成大量的资金积压和浪费，影响旅游产业的良性运行，进而影响旅游经济效益。

第二节　旅游消费结构

一、旅游消费结构的含义

旅游消费结构是指旅游者在旅游过程中消费的各种类型的产品和服务的比例关系。

研究旅游消费结构的目的，是从社会总体上为旅游企业的发展提供科学的决策依据，指导旅游企业有针对性地开展经营活动。具体有四方面意义：一是要通过对影响旅游消费的各种因素的探讨，预测旅游消费结构的发展趋势，从而找出符合旅游者消费需要的最佳消费结构。二是有助于对与旅游经济发展有关的各生产部门的规划与决策，从而决定社会生产的方向、速度和比例关系。三是有助于制定旅游经济发展规划，调整旅游业内部的生产结构，确定各旅游企业的发展规模和速度，使各大类旅游产品的生产比例合理，进而较好地满足旅游市场需求。四是有助于采取措施改进消费结构，实现旅游消费结构的优化，提高旅游业的经济效益。

二、旅游消费结构的类型

旅游消费结构可以从旅游者的消费层次、消费形态以及旅游消费对旅游活动的重要程度等方面来进行类型划分。

（一）按旅游消费资料的形态划分

按旅游消费资料的形态，可将旅游消费结构划分为实物消费和劳务消费。

实物消费是指旅游者在旅游过程中所消耗的物质产品，如客房用品、食品、饮料等实物资料。劳务消费是指旅游者在旅游过程中所消耗的活劳动，如交通运输服务、导游服务、饭店服务、餐饮服务等。

（二）按旅游消费内容划分

按旅游消费内容，可将旅游消费结构划分为基本旅游消费和非基本旅游消费。

旅游活动内容的多样性决定了旅游消费内容的丰富性。因此根据旅游消费内容可划分为基本旅游消费与非基本旅游消费。

基本旅游消费是指进行一次旅游活动所必需的又基本稳定的消费，如旅游住宿、交通、游览等方面的消费。非基本旅游消费是指并非每次旅游活动都需要的且具有较大弹性的消费，如旅游购物、医疗、通信消费等。

（三）按旅游消费层次划分

按旅游消费层次，可将旅游消费结构划分为生存消费、享受消费和发展消费。

旅游者在旅游过程中的食、住、行等方面的消费，是满足旅游者在旅游过程中基本生理需要的消费，而在观赏、娱乐、学习等方面所消费的物质产品和精神产品是满足旅游者精神享受、智力发展的需要。在旅游活动过程中，这两种消费互相交错，很难严格划分它们之间的界限。例如，很多旅游者在用餐时既要得到生理需要的满足，同时也要求获得精神享受上的满足。探险旅游者或考察旅游者在满足自身享受与发展的需要的过程中又夹杂着生存需要的满足。但是一般来讲，在满足旅游者生存消费的同时必须满足其享受和发展的消费，而在满足旅游者享受与发展的消费中又往往包含着其生存需要的满足。

（四）按旅游消费的组织方式划分

从旅游消费的组织方式出发，可将旅游消费结构分为散客旅游消费和团体旅游消费。此外，旅游消费结构还可以根据不同国家或地区的旅游者以及不同旅游者的性别、年龄、职业等进行分类。

另外，按旅游消费资料的不同用途可划分为食、往、行、游、购、娱等几个方面的消费；还可以根据不同的旅游目的地、不同的国家和地区的旅游者、不同的旅游类别以及不同的旅游季节进行分类，以考察其结构状况。

三、旅游消费结构的影响因素

旅游消费不是人类生存的必要消费，它属于满足人类高级享受和发展需要的消费。因此，它的需求弹性较大，很多因素都会影响旅游消费的数量和质量。除了政治经济形势、环境气候变化等因素外，旅游者的收入水平、年龄、性别、职业和受教育程度以及风俗习惯、兴趣爱好等，都是影响旅游消费结构的因素。此外，旅游供给国或目的地服务范围、服务项目、服务质量、服务态度和旅游各部门的协调配合能力，以及社会治安状况等也都是影响旅游消费结构的因素。概括起来，影响旅游消费结构的主要因素有以下几个方面。

（一）经济因素——旅游者收入水平

收入水平决定消费水平，也决定需要的层次，从而决定了旅游消费结构的变化。只有当人们的收入在支付其必需的生活消费和社会消费之后尚有一定数量的节余，即存在一定的可自由支配收入时，才有可能外出旅游。而且，旅游者的可自由支配收入水平越高，旅游消费的层次就会越高，他在旅游中参加娱乐与购物的消费也会越多。例如，经济发达地区的旅游者往往对高档的旅游物品有很大的兴趣，其购买物品的消费支出经常占全部旅游消费开支的很大比例，而收入水平较低的旅游者的消费开支主要以住宿、饮食和交通等必要开支为主，购物开支相对较少。

（二）生理因素——旅游者构成

旅游者构成是指旅游者群体中存在着不同年龄、性别、文化、职业等方面差异的旅游者。其旅游消费结构是有明显差异的。如青年旅游者往往对住宿、餐饮方面的消费不太讲究，而对游览、娱乐性的旅游消费开支较大；老年旅游者由于体力的原因，倾向于选择高档次而舒服的住宿、交通和饮食消费；女性旅游者在旅游时喜爱购物，因而购物消费所占比重较大，男性旅游者则不然；文化程度较高的旅游者在旅游消费中偏好文化遗产、欣赏历史遗迹，而文化程度较低的旅游者则更喜爱游览自然风光和人造景观等。此外，旅游者的职业不同，其收入水平和带薪假期也不一样，而收入水平和带薪假期又进而影响旅游者的停留天数和消费数量。可见，旅游者构成的每一因素都不同程度地影响着旅游消费结构的变化。

（三）心理因素——旅游者消费心理与消费习惯

旅游者的消费心理，是指人们在一定条件下由自身感觉体验的心理活动而形成的旅游消费动机、意向和兴趣，旅游者的消费心理往往受社会环境影响而自发地形成。所谓旅游消费习惯是指在一定环境中经常出现的一种旅游消费行为，它具有民族性、地方性和相对稳定性的特点。通常，不同国家、不同地区和不同民族的旅游消费习惯，是在各自特定的经济、社会和文化条件下形成的，并凝聚成为一种相对稳定的社会心理或行为规范。从旅游消费实践看，旅游者的消费心理和消费习惯以及购买经验都不同程度地影响着消费结构。此外，消费方式的示范性及旅游者的从众心理也会影响旅游者的支出投向。

（四）供给因素——旅游产品

生产决定着消费的对象和消费的方式，旅游产品的生产结构直接影响和制约着旅游消费结构。旅游业是一个关联性很强的产业，如果向旅游者提供产品和服务的各个相关部门协调发展，内部比例恰当，旅游消费结构就会合理，旅游者的消费需求就会得到满足。相反，如果向旅游者提供产品和服务的各个相关部门的结构不合理，就会导致整体旅游产品中各构成要素比例失调，也就无法满足旅游者的消费需求，进而旅游消费结构也就不可能合理。

1. 旅游产品的质量

满足旅游者的需求除了要有一定数量的旅游产品外，在质量上也要有保证。如果旅游产品的数量符合旅游需求的总量，但其质量差，使用价值小，仍然不能使旅游者的消费需求得到满足。因此，必须重视旅游产品的质量。旅游产品的质量一般包括三个方面：一是向旅游者提供的旅游产品要达到适销、适量、适时、适价的要求，即符合物美价廉的要求，让旅游者称心如意；二是旅游服务效率高，每一项旅游服务都要做到熟练、敏捷，为旅游者节约时间，提供方便，让旅游者感到舒适、满意；三是服务态度好，即在旅游服务过程中要礼貌、热情、主动和周到。只有提高了旅游产品的质量，使旅游者身心获得极大满足，才可以说旅游消费结构是完善的。

2. 旅游产品的价格

由于旅游产品的需求弹性大，所以当旅游产品价格下跌而其他条件不变时，人们就会把用于其他商品的消费转向旅游消费。反之，当旅游产品的价格上涨而其他条件不变时，人们就会把旅游消费转向其他替代商品的消费，从而使旅游客源受到很大影响。可见，旅游产品价格的变化影响旅游消费结构和旅游者的消费数量。

四、旅游消费结构合理化

（一）旅游消费结构合理化的概念

旅游消费结构合理化是从旅游产业的角度来研究的，在一个旅游业刚刚兴起的国家或地区，旅游消费结构难以达到合理化的要求，因为旅游消费结构合理化所包含的内容及其影响因素很多。

旅游消费合理化是一个动态的发展过程，它是指旅游消费从不合理状态向合理状态不断发展的渐进过程。一般来说，在居民收入、闲暇时间一定的前提下，合理化的旅游消费内容和基本标准包括下面三层含义：一是旅游消费的发展速度要适度，要与旅游业和其他同旅游消费有关的经济部门的发展水平相适应；二是旅游消费的内容必须丰富多彩，方式多种多样，切忌单调、乏味、刻板的旅游消费方式：三是旅游消费结构要优化，即食、住、行、游、购和娱之间及其各自内部的支出比例要恰当，要体现出旅游消费的经济性、文化性、精神享受性等特点，以最大限度地提高旅游消费的经济效益、社会效益。

旅游经济发展速度过快，必然会导致与旅游相配套的其他旅游服务设备设施跟不上，最终造成旅游者的利益受到损害。我国旅游业发展初期，外国旅游者到中国后普遍感叹：白天看庙，晚上睡觉。仅仅是看山观庙而没有其他娱乐的旅游，显然不会有很强的吸引力，更谈不上旅游消费结构的合理性。旅游消费结构优化是指旅游过程中的六大要素（即食、住、行、游、购、娱）之间及其各自内部的支出比例要合理恰当，并随着旅游需求的变化，不断调整旅游产品结构，在结构不断的升级中实现优化。总之，旅游消费结构优化要体现出旅游消费的经济性、文化性、精神享受性等要求，以最大限度地满足旅游者的消费需求，促进旅游者身心健康和社会全面发展。

（二）我国入境旅游消费结构存在的问题①

1. 入境非基本旅游消费比重低

2007～2016年，我国入境旅游人均天消费中非基本旅游消费比重的平均值按地区分类，由大到小分别为华北41.96%、华中41.37%、东北40.52%、西南40.42%、西北38.53%、华东37.95%和华南37.73%，我国非基本旅游消费比重的总体平均值为39.76%。但在入境旅游经济发达的国家和地区，非基本旅游消费比重往往在60%以上，我国入境旅游消费结构仍然和入境旅游发达地区存在较大差距。其中，西北、华东和华南的入境旅游消费结构低于平均值，消费结构不合理现象尤其突出，且从入境旅游消费的变动态势来看，入境旅游消费结构不合理现象没有得到有效调整。

2. 住宿、餐饮、娱乐和交通的专门化程度低

2007～2016年，我国入境旅游消费结构中购物和其他消费是专门化程度较高的项目，但在住宿、餐饮、娱乐和交通四个项目上，专门化程度低的现象较为普遍。

3. 入境旅游消费结构变动不合理

一方面，从2007～2016年七大区域入境旅游人均天花费中各消费项目的比重的变动情况来看，各区域均仅交通和购物两个项目的变动较大，其他项目十年来波动较少，较为平稳，变化不大。购物消费作为占比最大的非基本旅游消费，这样的变动态势反映出各区域入境旅游经济发展的不合理性。另一方面，从旅游消费结构变动指数反映的情况来看，2007～2016年我国入境旅游消费结构变动指数的平均值为0.084，入境旅游消费结构指数应持续发展变化而非趋于平稳。

4. 具有竞争优势的消费项目较少

我国入境旅游消费结构中竞争劣势项目主要集中在交通、游览、餐饮和娱乐上。交通、游览和餐饮属于基本旅游消费，是旅游活动中不可或缺的重要环节，娱乐是具有较大附加价值的重要的非基本旅游消费项目。因此，我国应把握这四个项目巨大的发展潜力，推动产品升级和创新，进而提升各区域入境旅游消费的竞争力与发展水平。

5. 非基本消费的关联度小

一方面，区域入境旅游消费中的非基本旅游消费项目同总消费的关联度小，表明我国入境旅游消费水平的发展主要依赖于基本旅游消费，非基本旅游消费的贡献度不足。另一方面，我国入境旅游消费中的非基本消费项目同其他消费项目的关联度较小，表明各区域非基本旅游消费供给部门同基本旅游消费供给部门之间缺乏合作，没有形成有效的产业联动机制。

---

① 王人龙．中国七大区域入境旅游消费结构动态差异研究［D］．西安：长安大学，2019.

（三）我国入境旅游消费结构合理化途径①

1. 注重非基本旅游消费项目开发

旅游消费结构是反映旅游地旅游经济发展水平的重要指标，旅游消费结构中非基本旅游消费的比重越高，旅游消费结构高级化指数越大，则旅游消费结构越合理，旅游地旅游经济的发展水平也就越高。因此各区域应深度发掘入境旅游消费市场需求，积极开发非基本旅游消费项目，引导入境旅游者的合理消费，提高入境旅游收入，推动入境旅游消费的快速合理发展。

2. 提升基本旅游消费项目的建设水平

尽管随着各地区入境旅游经济越发成熟，旅游景区、饭店业、餐饮业的发展潜力出现下降趋势，但是交通业、旅游景区、饭店业、餐饮业作为支持旅游者在旅游地活动的不可或缺的行业，完善这些基础消费部门的建设，有利于保证入境旅游消费结构和入境旅游收入的稳定发展。而且入境旅游市场规模持续扩大，入境旅游消费需求的多样化发展，游览、住宿、餐饮等基础旅游消费的发展空间巨大。

3. 加强各消费项目相关部门之间的合作

交通业、旅游景区、餐饮业、娱乐业等行业在同其他产业合作方面还有巨大的空间和发展潜力。如推广“景区＋游乐”“景区＋演艺”“交通＋旅游”“餐饮＋演艺”等多种跨行业合作模式。此外各区域还应积极响应“旅游＋”战略，将旅游业和其他行业的发展结合起来，研究发展医疗旅游、体育旅游、会展旅游、研学旅游等产业，这将进一步推动入境旅游消费水平的发展，提升各消费项目之间的带动作用，保障入境旅游消费结构的健康发展。

4. 打造特色鲜明的区域入境旅游产品体系

我国各地在人文、地理、社会等方面存在差异，各具特色。因此在开发旅游产品时，应突出地域特色，注重区域间旅游产品的互补性，从区域入境旅游产品的差异性入手，引导入境旅游消费结构的差异化发展。打造特色鲜明的区域入境旅游产品体系，不仅有利于提高区域自身的竞争力，也有助于区域间开展合作，联动发展，互相促进，从而形成良性循环，有利于我国整体入境旅游经济的全面协调发展。

第三节　旅游消费效果

一、旅游消费效果的含义

在旅游消费中，要消耗一定量的物质产品与劳务，即为旅游消费的“投入”；而通过旅

① 王人龙．中国七大区域入境旅游消费结构动态差异研究［D］．西安：长安大学，2019.

游消费使人们的体力和智力得到恢复和发展，精神得到满足，即为旅游消费的“产出”。旅游消费效果是指旅游者在旅游消费过程中，投入与产出、消耗与成果、消费支出与达到消费目的之间的对比关系。用公式表示如下：

$$旅游消费效果=\frac{旅游消费成果}{旅游消费消耗}=\frac{旅游消费成果}{物质产品消耗+劳务消耗}$$

在上述公式中，分母即为投入，一般可以进行比较精确的计算，如旅游者在旅游活动过程中，花去了多少货币，或占用了多少时间，都可以计算。但分子中的旅游消费成果，即旅游者在旅游过程中，满足了某种需要，体力、智力得到了恢复和发展，却难以计量。通常，可以从不同的角度对旅游消费效果进行划分。

（一）按旅游消费的研究对象划分

按照旅游消费的研究对象，可划分为宏观旅游消费效果和微观旅游消费效果。宏观旅游消费效果，是把所有旅游消费作为一个整体，从社会角度研究旅游产品的价值和使用价值，分析旅游消费的状况、旅游者的满足程度、旅游消费对社会生产力发展及社会再生产的积极影响，以及对社会经济发展所起的促进作用等。微观旅游消费效果，是指旅游者通过旅游消费，在物质上和精神上的所得，如旅游消费能否达到旅游者预期效果，旅游者能否获得最大满足等。

（二）按旅游消费的联系程度划分

从一定的消费投入与所取得的成果之间关系的密切程度划分，可将旅游消费效果分为直接旅游消费效果和间接旅游消费效果。直接旅游消费效果指的是一定的旅游消费投入直接取得的旅游消费成果，如旅游者花钱乘车实现了空间位移等。间接旅游消费效果是指旅游消费投入的旅游消费效果并不直接显示出来，而是间接地反映出来，如旅游陶冶情操、提高人们的素质，则需要通过人们的工作生活实践，才能具体体现出来。

（三）按旅游消费的宏观微观范畴划分

把每一个旅游者作为一个客体来分析，称为微观旅游消费效果分析。微观旅游消费效果是指旅游者通过旅游消费，在物质上和精神上得到的收益。把所有的旅游消费作为一个整体来分析旅游消费的效果，分析旅游者的消费支出和满足的程度，即称为宏观旅游消费效果分析。宏观旅游消费效果主要是从总体上考虑旅游者在旅游消费过程中的满足程度以及旅游对社会进步和劳动力再生产质量的影响程度等。

此外，还可以从时间上将旅游消费效果分为当前消费效果与长远消费效果。

总之，旅游消费效果的内容非常丰富，只有从不同的角度、不同的方面进行比较分析，才能得出关于旅游消费活动的综合性评价。

二、旅游消费效果的衡量

旅游消费效果一般从旅游供求两个方面进行衡量：一是对旅游需求方面的衡量，即对旅游者的旅游消费满足程度的衡量；二是对旅游供给方面的衡量，即对旅游目的地国家或地区向旅游者提供旅游产品消费后所得到的旅游收入的衡量。

（一）旅游者消费效果的衡量

这里主要是分析微观旅游消费效果。从微观层次看，旅游消费效果作为一个主观的心理评价，可通过旅游者消费获得的满足或效用来说明。旅游者消费效用是旅游者在消费旅游产品时所得到的满足程度，是对旅游消费的心理感受和主观评价。

旅游者消费效果最直接的衡量指标就是旅游者消费效用的最大满足。旅游者消费效用的最大满足是旅游者在支出一定时间和费用的条件下，通过旅游消费获得的精神上与物质上的最佳感受，即旅游者在旅游过程中实际感受与主观愿望的最大相符程度。旅游经济学关注的是，满足程度或效用如何度量，以及如何才能获得最大效用。

（二）旅游目的地的旅游消费效果衡量

一般来说，旅游者在旅游目的地的消费越多，则旅游目的地国家或地区的收入就越多。因此，可以通过分析旅游者在旅游目的地的消费支出，来衡量旅游目的地的旅游消费效果。通常，反映旅游者消费支出的指标有旅游消费总额、人均旅游消费额、旅游消费率和旅游消费构成等。

1. 旅游消费总额

旅游消费总额是指一定时期内旅游者在旅游目的地国家或地区进行旅游活动过程中所支出的货币总额。它从价值形态上反映了旅游者对旅游目的地的旅游产品消费的总量。由于旅游业是一个综合性产业，涉及交通、住宿、餐饮、娱乐、购物、游览等行业，因此对旅游消费总额的计算一般采用抽样调查和常规统计相结合的方法，即通过抽样调查得到人均旅游消费额，再同常规统计的旅游者人数相乘而得出。

2. 人均旅游消费额

人均旅游消费额是指一定时期内旅游者在旅游目的地国家或地区的旅游过程中支出的货币金额的人均数，它反映了旅游者在某一旅游目的地的旅游消费水平，并为旅游经营者开拓旅游市场和开发产品提供重要的依据。人均旅游消费额一般通过抽样调查得到，但是在已知旅游消费总额的情况下，也可以根据旅游消费总额来计算。

3. 旅游消费率

旅游消费率是指一定时期内一个国家或地区旅游者消费支出同该国家或地区个人消费支出总额的比例，它从价值角度反映了一个国家或地区在一定时期内旅游者的旅游消费强度和水平。

4. 旅游消费构成

旅游消费构成是指旅游者在旅游活动过程中，对食、住、行、游、购、娱等方面的消费比例。旅游消费构成不仅反映了旅游者消费的状况和特点，而且为旅游目的地国家或地区配置旅游资源和要素、组合旅游产品提供了科学的依据。

三、旅游者消费效用的最大满足

从经济学的观点看，人们的消费具有一定选择性。不同旅游消费的选择，首先受其经济收入状况、闲暇时间以及旅游价格水平的约束，其次受各自偏好兴趣的约束。由于旅游者的性别、年龄、社会地位、心理因素以及文化背景各不相同，他们的消费选择自然存在差别，消费后的满足程度必然因人而异。因此，为实现旅游者消费效用的最大满足，旅游者的选择必须是理性的，或者说是基于个人的偏好，在充分掌握信息的基础上做出的抉择。

（一）旅游者消费效用最大满足的含义

当人们的基本生存需要得到满足后，就会将剩余的收入用于提高物质文化生活水平的消费上，以满足人们享受与发展的需求，或储存待用。但无论怎样安排，人们总要在自己有限的消费能力与众多的消费可能之间进行选择，旅游者满足的感受是以其主观效用感为依据的。

效用是指从消费产品或产品组合中所获得的欲望的满足程度。效用最大化包含了两个基本判定：满足最大化、成本最小化。当旅游者只能在旅游产品和其他产品进行消费选择时，在选择某一个消费组合后，旅游者已经没有动力再多消费一个单位的旅游产品，也没有动力再多消费一个单位的其他产品，任何改变都不可能增加旅游者效用，这时旅游者消费效用达到最大满足。

（二）旅游者消费效用最大满足的度量

在旅游消费过程中，旅游者如何进行旅游消费效用最大满足的选择，一方面主要取决于旅游者的主观感觉和决策，另一方面也可以通过科学的经济分析来比较。通常，可以通过边际效用分析法、无差异曲线与开支预算线组合分析法等来分析旅游者消费效用的最大满足。

1. 边际效用分析法

旅游产品效用是指旅游者消费某旅游产品所得到的满足感，它包括客观的物质属性和旅游者的主观感受。旅游产品总效用是指消费一定量的旅游产品所获得的总满足程度，旅游产品边际效用是指某旅游产品的消费量每增（减）一个单位所引起的总效用的增（减）量，即满足程度的增（减）量。旅游产品的总效用与边际效用的关系可以通过表 4 – 1 及根据表 4 – 1 绘制的图 4 – 1 来表示。

表 4-1　　旅游产品总效用与边际效用

某旅游产品的消费量	总效用	总效用与边际效用的关系	边际效用
1	4	=	4
2	7	>	3
3	9	>	2
4	10	>	1
5	10	>	0
6	8	>	-2

资料来源：吕宛青，陈昕．旅游经济学［M］．天津：南开大学出版社，2013.

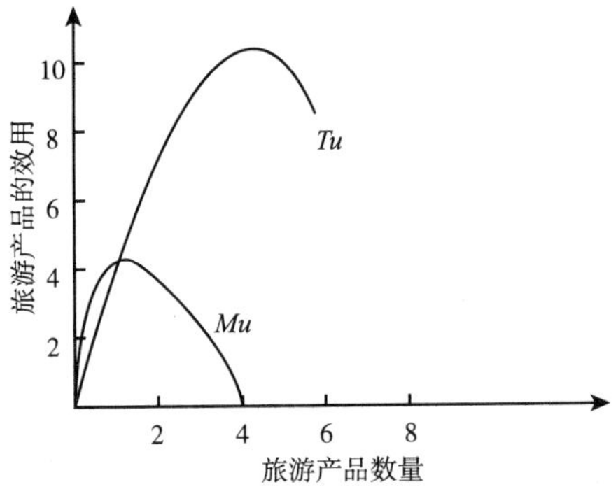

图 4-1　旅游产品总效用曲线及边际效用曲线

从表 4-1 和图 4-1 可以看出，随着旅游产品消费数量的增加，其边际效用曲线 *Mu* 开始是呈递增趋势，总效用 *Tu* 也随之增加，但是当某旅游产品的消费量达到一定程度的时候，如图 4-1 所示，再增加该旅游产品的消费，其边际效用却是逐步递减的，这是由消费品的边际效用递减规律决定的。这一规律表明，在其他产品消费基本保持不变的情况下，随着旅游者对旅游产品的消费量的增加，其边际效用最终将趋于下降。当然，当边际效用降低到零的时候，其总效用也开始逐步下降。

边际效用递减规律是指随着人们消费的某种产品的数量的增加，其总效用虽然也相应增加，但产品的边际效用随所消费产品数量的增加而有递减的趋势。总效用一般有一个最大值，一旦越过这一点，产品的边际效用就有可能等于零或变成负数。所谓边际效用为负数，是指对某种产品的消费一旦超过一定量之后，不但不能增加消费者的满足和享受，反而会引起消费者对该消费品的反感和讨厌。旅游产品的消费也是如此。所以说，旅游者购买和消费旅游产品并非越多越好，而是要以合理的比例均衡购买和消费旅游产品，达到其最大效用均衡。

在该分析中，旅游者消费效用最大满足的含义是：旅游消费者的可自由支配收入是稳定的，旅游市场上的各种旅游产品的价格也是已知的，旅游者一定要使其购买的各种旅游产品的边际效用与其所支付的货币量成正向比例关系，也就是说要使其支付每一单位货币，或者购买每个单位产品，所获得的边际效用都相等（最大）。旅游者消费效用最大满足的度量可以用下列等式来加以说明。

$$M = P_a \times Q_a + P_b \times Q_b$$
$$Mu_a / P_a = Mu_b / P_b$$

其中，M 为总收入，P_a、P_b 为旅游产品 a 和 b 的价格，Q_a、Q_b 为旅游产品 a 和 b 的购买量，Mu_a、Mu_b 为旅游产品 a 和 b 的边际效用。

2. 无差异曲线与开支预算线组合分析法

旅游者消费效用最大满足还可以通过无差异曲线和开支预算线的组合来进行分析和选择。

（1）无差异曲线。无差异曲线表示两种或两组旅游产品的不同数量组合对旅游者所提供的效用是相同的。如图4－2，假设某旅游者只消费旅游产品 X 和 Y，U 是一条无差异曲线，U 上的 a、b、c、d 点分别代表旅游产品 X 和 Y 的各种不同数量的组合，如表4－2所示，每一种组合所包含的旅游产品 X 和 Y 所提供给旅游者的总效用是相同的。也就是说，该旅游者消费1个单位旅游产品 X、6个单位旅游产品 Y 的组合 a，与消费2个单位旅游产品 X、3个单位旅游产品 Y 的组合 b 所获得的效用是相同的。无论该旅游者采用无差异曲线上任何一种组合，他所获得的效用总是相同的。因此，称这种曲线为无差异曲线。正是由于一条无差异曲线上的每一点所代表的两种旅游产品的不同数量的组合产生的总效用是相等的，所以无差异曲线又称为等效用线。

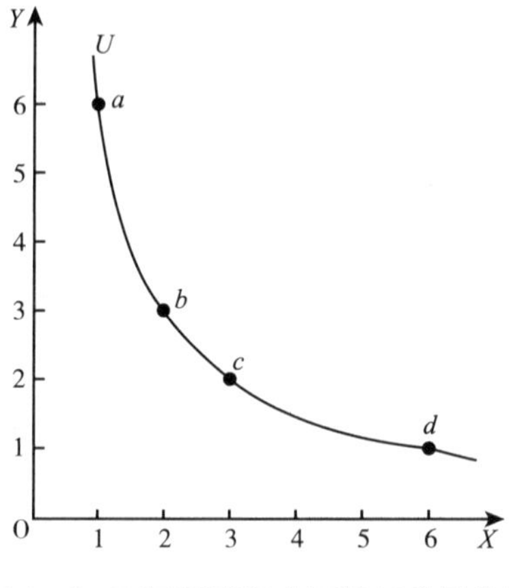

图4－2　不同消费组合下的无差异曲线

表4－2　　无差异曲线下的不同旅游产品数量组合

消费组合	旅游产品 X	旅游产品 Y
a	1	6
b	2	3
c	3	2
d	6	1

理论上，在同一坐标系内有无数条无差异曲线，每一条无差异曲线代表某一既定的总

效用。如图 4－3 所示，无差异曲线 U_1、U_2、U_3 分别代表不同的效用，而同一条曲线上的任意点代表旅游产品 Y 和旅游产品 X 的数量组合所提供的效用是相同的。

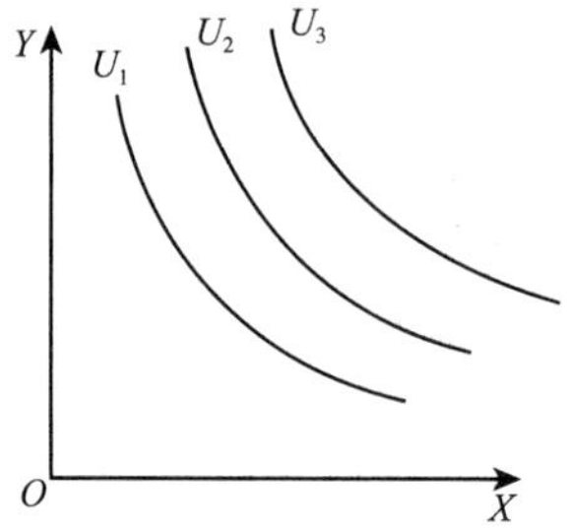

图 4－3　无差异曲线的平行移动

因此，无差异曲线有以下几个特点：

第一，无差异曲线是一条凸向原点的曲线（边际替代率的绝对值有递减倾向）。

第二，无差异曲线图上的众多无差异曲线中，离原点越远表示其效用越大，满足程度就越高，即 $U_1 < U_2 < U_3$（U 表示效用，见图 4－3）。

第三，无差异曲线图上的任意两条无差异曲线不相交。

第四，无差异曲线是一条向右下方倾斜的曲线（边际替代率为负数，边际替代率 $MRSxy = \Delta y / \Delta x$）。

（2）开支预算线。开支预算线是指在旅游支出和旅游产品价格既定的情况下，旅游者所能够购买到的各种旅游产品数量的最大组合。无差异曲线只是表示旅游者主观上对两种旅游产品不同组合的偏好。旅游者最终选择哪一个产品组合，则取决于旅游者消费的两个客观因素：旅游产品的市场价格和旅游者用于购买这两种旅游产品的总支出。为此，假定旅游者的消费支出总额是既定不变的，在该假定下研究该旅游者的消费行为和消费决策。

图 4－4 所示，假定旅游者的消费支出总额为 12 元，1 个单位 X 旅游产品的价格为 2 元，1 个单位 Y 旅游产品的价格为 3 元。如果全部用来购买 X 旅游产品，能买到 6 个单位，用横坐标 OB 表示；如果全部购买 Y 旅游产品，能买到 4 个单位，用纵坐标 OA 表示；连接连接 A、B 两点的直线 AB 被称为开支预算线。

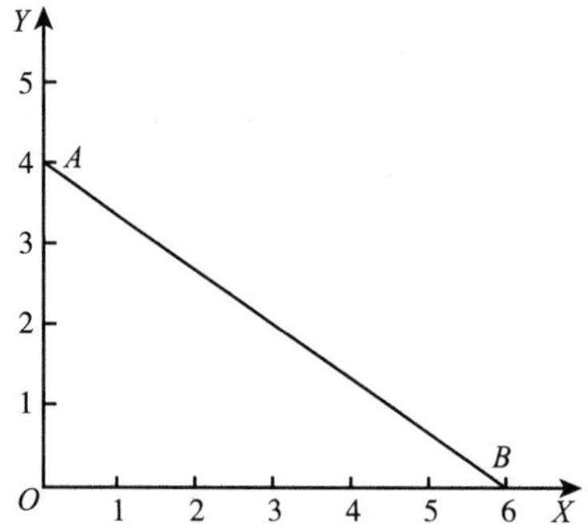

图 4－4　开支预算线

(3) 旅游者消费效用最大满足的实现。根据前文旅游者消费最大满足的含义，既要考虑到旅游者的主观意愿，同时还要考虑到旅游者的开支预算的限制。因此，旅游者消费效用最大满足必须在无差异曲线与开支预算线的切点上。如图4－5所示，消费组合 c 所对应的 Y 旅游产品和 X 旅游产品的数量组合既能满足旅游者的消费需求，又符合旅游者的开支预算，此时旅游者消费效用最大满足得到实现。

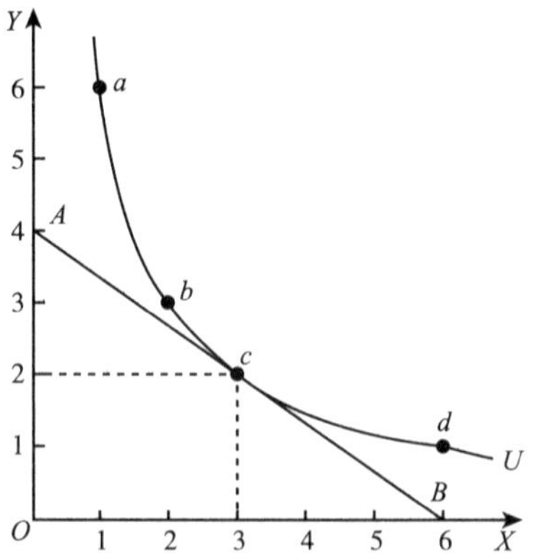

图4－5　旅游消费效用最大满足

（三）旅游者消费效用最大满足的应用

1. 旅游消费与其他产品的消费决策

旅游者在选择和搭配旅游消费和其他产品消费的过程中，如何才能获得最大满足？

【例4－1】假设购买一个单位的生活用品需要200元，国内旅游平均每天花费为100元，某旅游者想以2000元购买一部分生活用品，并外出旅游一次。假定该旅游者希望可以获得旅游消费满足的几种搭配方式如表4－3所示。但是，由于受到2000元预算开支的限制，他可能有表4－4所示的几种消费搭配方式。那么该消费者应该怎样决策呢？

表4－3　旅游消费满足的无差异组合

搭配方式	甲	乙	丙	丁
旅游产品（天数）	5	10	15	20
生活用品（份）	18	5	4	3

表4－4　开支预算线约束下的消费组合

组配方式	甲	乙	丙	丁
旅游产品（天数）	0	5	10	20
生活用品（份）	10	7.5	5	2

分析：将该旅游者的消费预算开支线和无差异曲线画在同一坐标系中，如图4－6所示，无差异曲线 L 与消费预算线 AB 相切点为 T，T 点即为旅游者的消费效用最大满足点，

即：用 10 天的时间进行旅游消费，同时还购买 5 个单位的生活用品，这样 200 元的开支才能实现其最大效用，该旅游者也才能获得最大满足。

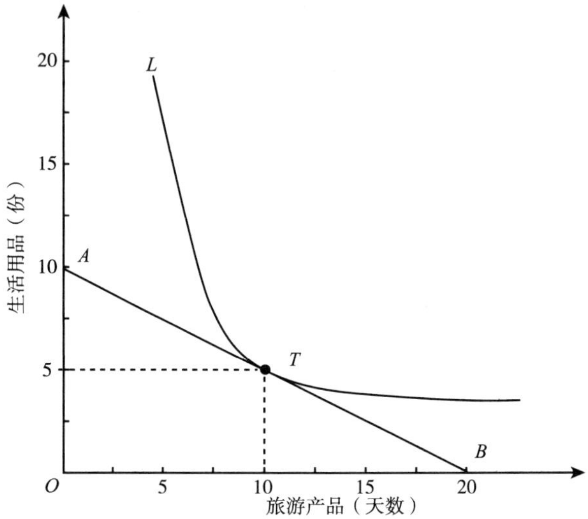

图 4－6　旅游消费效用最大满足点

资料来源：吕宛青，陈昕．旅游经济学［M］．天津：南开大学出版社，2013.

2. 旅游产品（旅游目的地、旅游线路）的选择决策

【例 4－2】某旅游者决定出国旅游，但必须对旅游产品（旅游目的地、旅游线路）做出选择。假设该旅游者在澳大利亚、新西兰旅游和新加坡、马来西亚、泰国旅游两条旅游线路的消费有如表 4－5 所示的几种组配方式。假设旅游者到澳大利亚、新西兰旅游平均每人每天花费 1000 元，而到新加坡、马来西亚、泰国旅游只需每人每天花费 500 元，如果旅游者预备开支 8000 元用于旅游消费，那么，如何决策其旅游消费才能获得效用最大满足？

表 4－5　　旅游消费的无差异组合　　单位：天

组合方式	甲	乙	丙	丁
“澳、新”	2	4	6	10
“新、马、泰”	16	8	6	5

分析：要使该旅游者获得最大满足，就取决于旅游者个人的消费倾向和旅游开支预算两个方面。已知开支预算线下的消费可能组合如表 4－6 所示。

表 4－6　　开支预算线约束下的消费可能组合

组合方式	甲	乙	丙	丁
“澳、新”	0	3	6	8
“新、马、泰”	16	10	4	0

根据表4-6数据可以绘出图4-7，图中无差异曲线 *L* 与开支预算控制线 *AB* 相切于 *T* 点，表示在这点上，即“澳、新”旅游4天，“新、马、泰”旅游8天，该旅游者获得了最大消费效用均衡。

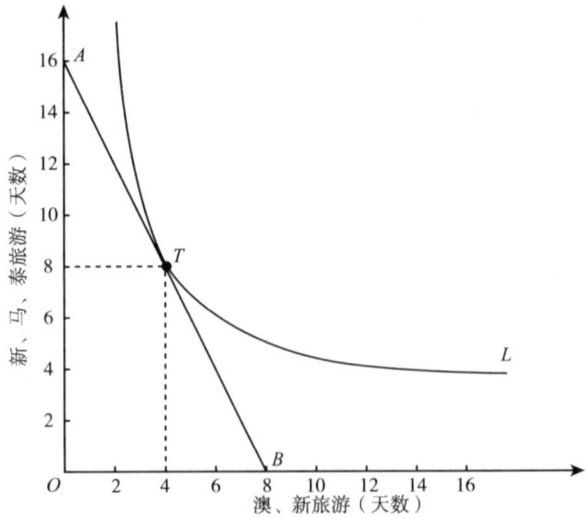

图4-7 旅游消费效用最大均衡

资料来源：吕宛青，陈昕．旅游经济学［M］．天津：南开大学出版社，2013.

在现实生活中，旅游消费者的选择除了受到前面提到的旅游者可自由支配收入、闲暇时间、个人兴趣爱好等因素影响之外，还有很多其他影响因素，如旅游资源的价值、旅游商品的价格及旅游目的地的生态环境、人文社会环境、政治环境等。总之，旅游消费者每做出一项旅游消费决策，都要将上述诸因素综合加以考虑。

（四）旅游者消费效用最大满足的评价

旅游消费决策，除了受价格与旅游者偏好因素制约外，还要受旅游者自身的闲暇时间所制约。因为旅游不仅要支出货币，而且要花费时间。对于某一旅游地的选择，不仅要考虑旅游价格，还必须考虑旅游所需要的时间，这也说明旅游消费与一般的产品消费不同。旅游目的地的选择要受三个方面的因素制约，即个人偏好、产品价格以及时间长短。假如你只有5天假期，而外出到某一旅游地旅游需要7天时间，尽管你具有支付能力和对这一地区的偏好，但假期（时间）不容许，你也无法实现自己的选择。因此，对旅游地的现实选择必须在这三个限制因素条件下进行，从而使自己的旅游满足达到最大化，由于时间限制因素的加入，消费者的选择范围进一步缩小。

以上我们从理论上分析了旅游者消费效用的最大满足，这一理论又称为旅游消费者均衡理论，它是微观旅游经济分析的基础理论之一。一般产品的消费，是消费者在价格与主观偏好之间进行经济决策，而在旅游消费中，时间又成为一个必要的限定因素，这样旅游者旅游目的地的选择就是在三重客观因素（价格因素、时间因素和主观偏好因素）共同限制下进行的决策。当旅游者在主观及客观限定因素下的消费组合使其获得最大满足时，这就是旅游者的消费均衡状态。由于旅游者最大满足决策是主观条件与客观条件共同作用的结果，所以旅游者消费效用的最大满足也只能是相对的最大满足。在微观旅游经济决策中，影响决策的限制因素每增加一个，旅游消费选择的可行区间就缩小一次。在企业实际操作过程中，旅游供给者应对影响旅游决策的各主观和客观因素进行综合考虑，力图最大限度地满足旅游者各方面的需要，只有这样，才能提高旅游消费及其经营效果。

思考题

1. 什么是旅游消费？其性质与特征有哪些？
2. 旅游消费结构有哪些类型？如何实现我国入境旅游消费结构合理化？
3. 旅游消费效果如何衡量？旅游者消费效用最大满足如何实现？

拓展阅读

1. 宋瑞，金准，李为人，等．旅游绿皮书：2018 – 2019 年中国旅游发展分析与预测［M］．北京：社会科学文献出版社．2019.

2. 白凯．旅游消费者行为学［M］．北京：高等教育出版社，2020.

3. 妥艳媜，陈晔．“十四五”时期我国国内旅游消费新趋势与促进战略［J］．旅游学刊，2020，35（6）：8 – 10.

4. 孙九霞．中国旅游消费的日常化与惯性化［J］．旅游学刊，2020，35（3）：1 – 4.

5. 魏翔，吴新芳，华钢．带薪休假能促进国内旅游消费吗？——基于“中国国民旅游休闲调查”的检验［J］．旅游学刊，2019，34（6）：14 – 27.

第五章　旅游市场

［学习目的］

掌握旅游市场的概念、特征与功能，理解旅游市场的竞争类型、影响因素和内容，理解旅游市场细分的概念和具体的细分内容，熟悉旅游市场开拓的策略。

［重点难点］

重点和难点是旅游市场竞争与旅游市场开拓。

第一节　旅游市场的概念与特征

一、旅游市场的概念

旅游市场的概念有广义和狭义之分。

旅游市场广义的概念是指旅游者和旅游经营者围绕旅游产品交换所产生的各种现象和关系的总和，包括旅游供给市场和旅游需求市场。

旅游市场狭义的概念是指一定时期内某一地区对旅游产品具有支付能力的现实购买者和潜在购买者，又称为旅游客源市场。

按照广义的概念，旅游市场的构成要素包括四个方面。一是旅游者即旅游产品的消费者，构成旅游市场主体的基本要素，旅游市场大小取决于该市场上人口数量的多少，一个国家或地区总人口多，则潜在的旅游者就多，旅游产品的需求基数就大。因此，人口的数量反映了旅游产品潜在市场的大小。二是购买力。旅游市场的大小这取决于购买力。购买力是指人们在可支配收入中用于购买旅游产品的能力，它是由收入水平决定的。没有有效的购买力，旅游活动便无法运行，旅游市场不会形成。三是购买欲望。旅游市场的大小还取决于购买欲望。购买欲望是旅游者购买旅游产品的主观愿望或动机，是反映潜在购买力变成现实购买力的重要条件，没有购买欲望，即使有购买力也不能形成旅游市场。四是购买权利。旅游市场大小也取决于人们购买旅游产品的权利。购买权利是指允许旅游者购买某种旅游产品的权利。对于旅游市场来说，尤其是国际旅游，由于旅游目的地或旅游客源地限制，如不发签证或限制出境，都会使旅游权利受阻而导致无法形成国际旅游。

二、旅游市场的特征

旅游市场作为旅游经济运行的基础，其与一般商品市场、服务市场和生产要素市场相比，既有一定的共性，又有不同于其他市场的特征，如多样性、季节性、波动性、异地性和全球性等。

（一）旅游市场的多样性

旅游市场的主体是旅游者和旅游经营者，而旅游者的需求和旅游经营者所提供的产品是多种多样的，从而导致旅游市场具有多样性的特点。首先多样性表现为旅游产品种类的多样性，即由于不同国家、不同地区的自然风光和人文景观的不同而形成众多不同类型的旅游产品，可使旅游者从中获得不同的经历与感受。其次，表现为旅游购买形式具有多样性，即有多种不同的旅游购买方式，如团体包价旅游、散客包价旅游、散客自助旅游、半包价旅游与自助旅游等。最后，表现为旅游交换关系的多样性，即旅游者和旅游经营者双方交换的旅游产品可以是单项旅游产品，也可以通过旅行社购买组合（线路）旅游产品，或是购买综合性旅游产品（旅游地产品）等。

（二）旅游市场的季节性

在旅游经济活动中，由于旅游者闲暇时间分布的不均衡和旅游目的地国家或地区自然条件、气候条件的差异，往往造成旅游市场具有突出的季节性特点。例如，某些利用带薪假期出游的旅游者，是造成旅游淡旺季的主要原因；某些与气候有关的旅游资源会因季节不同而产生淡旺季的差别；某些旅游目的地则直接受气候影响而具有明显的季节差异性，如海滨旅游、漂流旅游等。

因此，旅游目的地国家或地区应根据旅游市场淡旺季的不同特点而做出合理的安排，努力拓展淡季旅游市场的需求，把大量的潜在旅游需求转化为现实的旅游需求；合理组织好旺季旅游市场的供给，以减少或消除季节性的影响，使旅游市场向淡旺季均衡化方向发展。

（三）旅游市场的波动性

旅游需求是人们的一种高层次需求，而影响旅游需求的因素又是多种多样的，如物价、工资、汇率、通货膨胀、节假日分布、某一社会活动甚至旅游者自身心态的变化等，其中任何一个因素的变化都会引起旅游市场的变动，从而使旅游市场具有较强的波动性。

对于某个具体的旅游市场来说，任何意外事件或者重大活动都会在一段时间内改变其客源的流向，从而使旅游市场呈现出较大的波动性。如海湾战争导致中东旅游业一度下滑，而东南亚金融危机则直接影响了该地区的旅游业发展，2008 年北京奥运会为我国旅游业带来了大量客流，但是 2020 年新冠疫情使全球旅游业遭受重创。因此，从长期来看，尽管旅游市场在持续发展，但这种发展并不是直线发展，而是波动向前发展。

（四）旅游市场的异地性

旅游目的地的自然条件和人文条件是吸引旅游者的基本条件。通常，旅游产品的购买者大多是非当地居民，旅游产品价值的实现必须通过旅游者的移动来完成，呈现出旅游市场的异地性特征。旅游市场的异地性主要体现在以下方面：对于国际旅游活动来说，旅游者跨越洲际、国境，在世界各地、各国间流动，有力地促进了世界旅游业的发展；对于国内旅游来说，旅游者在一国范围内从旅游客源地到旅游目的地流动，起到了拉动内需、促进消费、丰富人们生活的积极作用。

（五）旅游市场的全球性

旅游市场是一个全球性市场。第二次世界大战结束后，随着生产力提高、交通条件改善和社会经济发展，旅游市场经历了一个由国内向国外的发展过程，使旅游经济活动由一个国家扩展到多个国家，使区域性旅游市场不断扩展至全球性旅游市场，并最终得以确立和发展。

旅游市场的全球性主要体现在以下方面。一是旅游者的活动范围遍布世界各地，不仅人类居住集中的陆地区域已成为旅游目的地，而且在人类活动鲜少的南极和北极也留下了旅游者的足迹。随着航天科学技术的发展，旅游者已经开始涉足外太空。二是世界范围内的旅游市场开发进一步扩大，旅游者规模进一步增加，旅游者来自世界各个地区和大部分国家。三是世界各国、各地区都在积极发展旅游业，并积极向其他国家和地区的旅游者销售旅游产品，从而促进了世界各国旅游业的发展。

三、旅游市场的功能

旅游市场是社会经济发展的产物，是旅游经济赖以生存和发展的条件，旅游市场的功能是否健全对旅游经济活动的有效运行起着十分重要的作用。旅游市场功能，是指旅游市场在旅游产品交换和旅游经济发展中所具有的各种能动性作用，其具体表现为以下几方面。

（一）旅游产品交换功能

旅游市场是联结旅游产品供给者和需求者的纽带和场所，具有实现旅游产品的价值和使用价值、保证旅游经济正常运行的重要作用。通常，旅游市场上总是存在着许多不同的旅游产品供给者和需求者，旅游产品供给者通过市场销售自己的旅游产品，而旅游产品需求者则通过市场选择并购买自己感兴趣的旅游产品。旅游市场通过旅游供求机制把旅游供给和旅游需求衔接起来，解决了供求之间的矛盾，从而可以更好地满足旅游者的需求，更充分地利用旅游供给能力，提供物美价廉的旅游产品，促进现代旅游经济健康发展。

（二）旅游资源配置功能

资源配置是指在社会经济活动中，如何把社会经济资源（人、财、物、信息等要素）

进行有效分配，以充分利用稀缺资源生产出更多、更好的产品。因此，通过旅游市场的资源配置功能，可以促进旅游业中的食、住、行、游、购、娱按比例均衡发展，实现社会经济资源的优化配置，并通过市场机制使旅游企业按照市场供求状况，及时调整所经营的旅游产品结构、投资结构，以适应旅游者需求和旅游市场的变化，不断提高旅游经济效益，实现旅游资源及要素的优化配置。

（三）旅游信息反馈功能

在市场经济条件下，旅游供求的均衡离不开旅游信息，即有关旅游市场供求动态变化的信息。一方面旅游企业通过市场将旅游产品信息及时传递给旅游者，以引导和调节旅游需求的变化；另一方面旅游企业又根据市场反馈的旅游需求信息和市场供求变化状况，调整旅游产品的生产和供给，使本企业的旅游产品开发和经营能及时适应旅游者的需求，适应世界旅游市场的发展变化趋势。因此，旅游市场通过信息传导和反馈功能，形成了旅游经济活动的“晴雨表”，综合地反映着旅游市场的供求变化和旅游经济的发展状况。

（四）旅游经济调节功能

旅游市场还是调节旅游经济活动和旅游供求平衡的重要杠杆，在旅游市场上当旅游供求双方出现矛盾或不协调时，就会引起旅游市场竞争加剧和价格波动影响到旅游经济活动的顺利进行。于是，就需要通过供求机制和价格机制的作用，调节旅游产品生产、销售和消费，从而使旅游供求重新趋于平衡。同时，还可通过旅游市场检验旅游企业的服务质量和经营管理水平，促使旅游企业及时地向旅游市场提供旅游者易于接受、乐于接受的旅游产品，提高旅游企业乃至整个旅游业的经济效益。

四、旅游市场的分类

在全球旅游市场上，任何一个旅游经营者都没有足够的实力独占整个旅游市场，并满足所有旅游者的需要，因而必须对旅游市场进行分类，以确定各个国家、各个地区和各个企业的目标市场，并针对目标市场来采取合适的旅游市场开发策略。旅游市场分类，就是依据地域国境、消费水平、旅游目的、旅游组织形式、供求状况等因素把旅游市场划分为不同的类型。

（一）按地域划分的旅游市场类型

按地域划分旅游市场，是以现有及潜在的客源地和旅游目的地为出发点，根据旅游客源地或旅游目的地来划分旅游市场类型。世界旅游组织根据世界各地地理、经济、文化、交通以及旅游者流向、流量等旅游发展情况和旅游者集中程度，将世界旅游市场划分为欧洲、美洲、东亚及太平洋、非洲、中东和南亚六大地域类型。

（二）按国境划分的旅游市场类型

按国境划分旅游市场，一般分为国内旅游市场和国际旅游市场。前者是指每个国家国境线以内的市场，即主要是指本国居民在国内各地进行的旅游活动。后者又可进一步分为出境旅游市场和入境旅游市场，出境旅游市场是指组织本国居民到境外进行旅游的市场；而入境旅游市场是指接待境外旅游者到本国各地旅游的市场。

国内旅游市场、出境旅游市场和入境旅游市场对于一个国家或地区的经济具有不同的意义。通常，国内旅游市场作为一个消费市场，旅游者是本国居民，主要使用本国货币支付各种旅游开支，并自由地在国界内进行旅游，因而大力发展国内旅游不仅可以满足居民物质生活和精神生活的需要，而且可以在促进国内商品流通、货币回笼等方面起到积极作用。可以说，居民的生活水平越高，这方面的作用就越明显。

在国际旅游市场上，入境旅游的旅游者是其他国家或地区的居民，使用其他国家或地区的货币支付旅游开支，它会增加旅游目的地国家或地区的外汇收入，增强其国际支付能力。而出境旅游的旅游者是本国居民，出境旅游往往会导致旅游客源地的外汇流出。一般来说，国际旅游往往涉及货币兑换、旅游证件和出国护照进入旅游目的地国家或地区的签证许可等问题，因而国际旅游市场与国内旅游市场相比要复杂得多。

（三）按消费水平划分的旅游市场类型

在现实经济活动中，由于人们的收入水平、年龄、职业以及社会地位、经济地位的不同，其旅游需求和消费水平也不同，从而对旅游产品的质量要求也不一样。因此，根据旅游者的消费水平，一般可将旅游市场划分为豪华旅游市场、标准游市场和经济旅游市场。

通常，豪华旅游市场的主体是社会的精英阶层，他们有丰厚的收入，价格因素通常不是他们考虑的主要因素。他们一般不关注旅游价格的高低，而是更希望旅游活动能反映他们的社会地位，能更多地满足他们的旅游需求，如高尔夫旅游、商务旅游、会议旅游等。尽管豪华旅游市场规模有限，但是该市场可观的高额旅游消费支出常对旅游目的地国家或地区产生极大的经济效益，从而促使它们加大对豪华旅游市场的开拓。

标准旅游市场的主体是中产阶层，他们既注重旅游价格，又注重旅游活动的内容和质量。经济旅游市场的主体则是大众旅游消费者，是我国旅游市场的主力人群，他们更多的是注重旅游产品的性价比。旅游经营者应根据其提供的旅游产品的等级，科学地进行市场定位，以选择合适的目标旅游市场，并努力增强对旅游市场的吸引力以不断扩大市场占有率。

（四）按旅游目的划分的旅游市场类型

旅游目的的变化与社会经济的发展、人们收入的增加有密切的联系。根据旅游目的的不同，可以划分为各种不同的旅游市场。20 世纪 50 年代以前，传统上将旅游市场划分为观光旅游市场、文化旅游市场、商务旅游市场、会议旅游市场、度假旅游市场、宗教旅游市场等。自 20 世纪 50 年代以来，在上述传统旅游市场之外，又出现了一些新兴的旅游市场。

例如，满足旅游者健康需求的康体旅游市场、疗养保健旅游市场和狩猎旅游市场等，满足旅游者业务发展需求的修学旅游市场、学艺旅游市场等，满足旅游者享受需求的豪华（火车、汽车）旅游市场、美食旅游市场等，满足旅游者寻求心理刺激需求的探险旅游市场、秘境旅游市场、惊险游艺旅游市场等。

（五）按旅游组织形式划分的旅游市场类型

在当前旅游经济活动中，团体旅游和散客旅游是两种最基本的旅游组织形式。因此，根据旅游的组织形式，可将旅游市场划分为团体旅游市场和散客旅游市场。

团体旅游市场一般是指旅游者人数在 15 人以上的旅游团，其旅游形式以包价为主，包价的内容通常包括旅游产品基本部分，如食、住、行、游、购、娱，也可以是基本部分中的某几个部分。团体包价旅游是指旅游者在出发前参加一个旅游团体，并向组团社交付该次旅游所需的费用，然后由旅行社负责安排旅游团在整个旅游过程中的全部活动。

散客旅游市场主要指个人、家庭及少数人自行结伴的旅游活动。散客旅游者可以按照自己的意愿自由安排活动内容，也可以委托旅行社购买单项旅游产品或旅游线路中的部分项目，因而比较灵活方便。

上述两大旅游市场在旅游业发展的不同阶段均显示出其利弊。随着现代旅游业的发展，散客旅游迅速增加，而团体旅游比重逐渐下降，散客旅游已成为国际旅游市场发展的一个新趋势。

（六）按供求状况划分的旅游市场类型

按照供求状况可将旅游市场划分为两类。一是根据旅游供求状况的季节性变化，将旅游市场分为旺季旅游市场、淡季旅游市场与平季旅游市场。旺季旅游市场指的是旅游需求明显大于旅游供给的旅游市场，淡季旅游市场指的是旅游需求明显小于旅游供给的旅游市场，平季旅游市场指的是旅游需求和旅游供给大体相当的旅游市场。二是根据供求双方在旅游市场中所处的地位和影响，将旅游市场分为买方旅游市场和卖方旅游市场。在买方旅游市场，因旅游供给明显大于旅游需求，致使旅游经营者之间为销售旅游产品而产生激烈竞争，旅游市场交换关系和旅游价格由旅游者起决定性作用。在卖方旅游市场，因旅游供给明显小于旅游需求，致使旅游者之间为获得旅游产品而产生激烈竞争，旅游市场交换关系和旅游价格由旅游经营者起决定性作用。

第二节　旅游市场的竞争

一、旅游市场竞争的必要性

在现代市场经济中，只要存在市场，就必然存在竞争。旅游市场竞争是旅游经济运行得以实现和向前发展的内在机制和根本动力，是旅游经济存在和发展的外部强制性因素，因此旅游市场竞争的存在具有客观必然性。

（一）竞争是价值规律的客观要求和必然结果

价值规律是商品生产的基本经济规律，它要求商品的价值由生产该商品所耗费的社会必要劳动时间决定，商品以价值为基础实行等价交换。在价值规律的作用下，各企业为争取实现自己商品价值的有利条件，必然会积极采用先进技术改善经营管理，提高生产效率和产品质量，降低成本，从而争取更有利的竞争地位，促进商品价值尽快顺利实现。价值规律的存在是不以人的主观意志为转移的，具有客观必然性。

（二）旅游市场的特性必然导致旅游企业之间的竞争

在旅游经济活动中，旅游需求具有较大的变化性和可替代性，这使得旅游企业在把握旅游市场动态、更好地适应旅游者的需求等方面都面临着巨大挑战。因此，谁对旅游市场行情看得准，谁能更好满足旅游者需要，谁就能争取到更多的市场份额。另外，由于旅游产品的无形性和不可贮存性等特点，使得旅游企业对市场的依赖性比其他行业更强，而旅游市场又是比较敏感的、容易出现波动的市场，因此旅游企业必然要为抓住稍纵即逝的机会而展开激烈的竞争。

（三）各国旅游发展必然加剧国际旅游市场的竞争

在国际旅游市场上，世界大多数国家和地区，都在为尽可能地吸引入境旅游者而展开竞争。国际旅游市场的竞争主要表现在两个方面：一是国内各旅游企业之间在国际市场上为招徕客源而展开竞争，各个国内旅游企业在旅游产品、目标市场服务质量、价格水平等各方面具有更多的相似或共同点，它们之间是现实的、直接的竞争对手；二是同与本国旅游企业拥有同一目标市场的其他国家或地区的旅游企业开展竞争。这些国家或地区的旅游企业虽然提供的旅游产品有所不同，但可能选择的是同一个国际市场，为吸引更多客源，彼此之间必然展开激烈竞争。

（四）现代科学技术的发展加剧了旅游市场的竞争

现代社会已经进入科学技术日新月异的时代，尤其是以电子计算机为代表的高新技术的迅速应用和普及，进一步加剧了旅游市场的竞争。如电子计算机预订系统先是被运用于航空客运预订，再被运用于饭店销售预订，最终被广泛应用于旅行社的旅游者预订和组团，使所有旅游企业都无一例外地经历着“适者生存”法则的考验。又如国际互联网和人工智能发展，更使现代旅游市场成为统一的全球旅游市场。简便快捷的网上促销、智能订房、智能组团、在线购物，使任何旅游企业要想经营成功，都必须充分运用现代高新技术，才能在全球旅游市场竞争中占有一席之地。

总之，在市场经济条件下，竞争是不可避免的。而旅游市场的竞争，有利于不断提高旅游服务质量，有利于促进优质旅游产品的开发，有利于改善旅游企业的经营管理并提高经济效益，有利于促进旅游企业的优胜劣汰，从而推动旅游业持续健康发展。

二、旅游市场竞争的影响因素

研究旅游市场竞争，首先要分析影响旅游市场竞争态势和竞争特性的主要因素，包括旅游者和旅游企业的数量、旅游产品的同质性、旅游信息的完全性、旅游市场进出的条件等。

（一）旅游者和旅游企业数量

旅游者和旅游企业的数量是影响旅游市场竞争的首要因素，对大多数旅游市场来讲，影响旅游市场竞争的关键是市场上旅游企业的数量。如果旅游市场中处于平等地位的旅游企业越多，则旅游市场的竞争程度就越激烈；如果旅游市场中或少数几个旅游企业处于支配地位，则旅游市场竞争程度就会减弱。

（二）旅游产品同质性

旅游产品同质性指不同旅游企业销售的旅游产品在质量上相同或类似，以致旅游者无法辨别不同旅游企业所提供旅游产品的差别。但是，在现实中，大多数旅游企业提供的旅游产品都是有差别的，即使是同一个旅游企业提供的同一种旅游产品，也会因为时间、季节、服务人员等各种自然的、心理的因素的影响而存在一定的差异性。因此在旅游市场竞争中，旅游企业要保证本企业所提供的旅游产品与其他旅游企业所生产的旅游产品存在明显的差异性，以提高旅游企业的市场竞争力。

（三）旅游信息的完全性

在市场竞争中，获得充分完全的信息是一个相当严格的条件，它要求旅游者和旅游经营者能够充分了解旅游市场中有关旅游产品交易的全部信息。如果信息不完全或不畅通，旅游者就不可能充分了解旅游产品的情况并做出准确、有效的购买决策，而旅游企业也不可能正确掌握旅游市场需求状况并及时提供旅游产品。因此，旅游信息的完全和畅通程度，直接决定着旅游市场竞争的程度，影响着旅游竞争机制作用的正常发挥。

（四）旅游市场的进出壁垒

如果旅游企业进入或退出壁垒低，则旅游市场的竞争程度就会提高；反之，如果旅游企业进入或退出旅游市场受到阻碍和制约，则旅游市场的竞争程度就会减弱。因此，旅游市场进出壁垒的高低，直接影响和决定着旅游市场的竞争程度。如果旅游企业在进入某一旅游市场时受到阻碍，则意味着该旅游市场存在着进入障碍，或者该旅游市场进入壁垒较高，而进入壁垒较高的旅游市场通常具有较高的市场垄断性。

三、旅游市场竞争的类型

由于旅游市场同时存在着竞争因素与垄断因素，根据参与的旅游经营者多少和旅游产品差异程度等，可将旅游市场竞争结构分为四种类型：完全竞争旅游市场、完全垄断旅游市场、垄断竞争旅游市场和寡头垄断旅游市场。

（一）完全竞争旅游市场

完全竞争旅游市场是一种由众多旅游者和旅游经营者所组成的旅游市场。其市场结构必须具备以下条件：一是旅游市场上存在许多彼此竞争的旅游者和旅游经营者，每个旅游者和旅游经营者所买卖的旅游产品数量在整个市场上占有的份额都很小；二是各旅游经营者生产经营的旅游产品是完全相同的；三是所有生产要素资源能够在各行业间完全自由流动，旅游经营者可以自由地进入或退出完全竞争的旅游市场；四是市场上每个旅游者和旅游经营者都具有充分的市场信息。由于现实中不存在同时具备以上四个条件的市场，因此完全竞争旅游市场实际上只是一种理论的假设。

（二）完全垄断旅游市场

完全垄断旅游市场是一种完全由一家旅游经营者控制旅游产品供给的旅游市场，是与完全竞争旅游市场相对应的另一种市场结构的极端状态。完全垄断型旅游市场的主要特征：一是某旅游企业完全控制了某种旅游产品的供给和销售市场，这种旅游产品没有其他可以替代的旅游产品；二是旅游市场上旅游产品的价格和产量是由该旅游经营者完全控制；三是旅游市场具有较强的壁垒，甚至是封锁的，其他任何旅游经营者都无法进入；四是旅游市场上的信息是不充分的，完全垄断旅游市场最突出的特征是旅游产品的唯一性，如西安的秦始皇兵马俑、北京的故宫和长城、埃及的金字塔等。

（三）垄断竞争旅游市场

垄断竞争旅游市场是一种介于完全竞争和完全垄断之间，既有垄断又有竞争的旅游市场结构。垄断竞争旅游市场的竞争性主要表现在：一是同类旅游产品市场上拥有较多的旅游经营者，每一经营者的产量在市场总额中只占较小的比例，任一单独经营者都无法操纵市场；二是在市场经济条件下，旅游经营者进入或退出旅游市场一般较容易；三是不同的旅游经营者生产和经营的同类旅游产品存在着一定的差异性，从而使处于优势的旅游产品在价格竞争和市场份额的占有上优于其他旅游经营者。

垄断竞争旅游市场的垄断性主要表现在：一是每个国家或地区的旅游资源不可能是完全相同的，从而导致每一种旅游产品都有其个性，于是旅游产品间的差异性在一定程度上就形成了旅游产品的垄断性；二是政府的某些方针政策的限制，也会形成旅游产品的垄断；三是由于各种非经济因素的制约，使旅游者不能完全自由选择旅游产品而进入任何旅游目的地，从而使某些旅游产品形成一定的垄断性。

（四）寡头垄断旅游市场

寡头垄断旅游市场是指为数不多的旅游经营者控制了绝大部分旅游产品供给的市场结构，并且每个旅游经营者在行业中都占有相当大的份额，以致其中任何一家的产量或价格变动都会影响整个旅游产品的价格和其他旅游经营者的销售量，寡头垄断旅游市场也是介于完全垄断旅游市场和完全竞争旅游市场之间，并偏于完全垄断旅游市场的一种市场结构。

在现实市场经济中，寡头垄断旅游市场往往比完全垄断旅游市场更为普遍，尤其对于某些独特的或稀少的旅游资源，通过开发和建设容易形成寡头垄断的旅游产品和旅游市场。完全竞争和完全垄断是旅游经济市场竞争的两个极端现象，在现实中极为少见。垄断竞争和寡头垄断是旅游市场上大量存在的竞争类型，其中最常见的是垄断竞争型的市场状态，导致旅游市场垄断的因素有：旅游资源分布状况、地理位置及距离、历史和文化渊源、特殊政策等。

四、旅游市场竞争的内容

旅游市场竞争有买方市场竞争和卖方市场竞争之分。在买方市场竞争的条件下，旅游市场的竞争主要体现为旅游产品供应者之间的相互竞争。这种竞争或表现为国内旅游企业之间的竞争，或表现为不同国家旅游企业之间的国际竞争，它们都是围绕着提高旅游产品知名度、扩大旅游产品销售、争取更多的旅游者、提高市场占有率这一中心而展开的。旅游市场竞争的主要内容包括争夺旅游者、争夺旅游中间商和提高旅游市场占有率三个方面。

（一）争夺旅游者

旅游产品的消费对象是旅游者，旅游竞争首要竞争内容即为旅游者。一个国家、一个地区、一个企业所吸引的旅游者数量的多少及其消费能力，决定着该国、该地区和该企业的旅游收入和利润，决定着旅游经营的成败。因此，争夺旅游者是现代旅游市场竞争的关键。

（二）争夺旅游中间商

旅游中间商是代理销售旅游目的地国家和企业旅游产品的组织机构与个人，其中以旅行社为主，它们是旅游产品价值得以实现的中间渠道。在旅游经济活动中，由旅游中间商销售的旅游产品占有相当的比重，从这个意义上说，争夺旅游中间商就是争夺旅游者，争夺到的旅游中间商越多，从旅游中间商那里得到的支持越大，意味着旅游产品可能赢得的市场就越大，旅游产品的销售量就越高。因此，必须重视对旅游中间商的争夺，特别应重视与较大的、较有实力的旅游中间商的合作。

（三）提高旅游市场占有率

旅游市场占有率指旅游接待方在所处范围内旅游市场的地位，即在旅游市场总量中所占的比重。旅游市场占有率分为绝对占有率和相对占有率。旅游市场绝对占有率指的是旅游接待方（一个企业、一个旅游点、一个国家或地区）在同一时间内所接待旅游者人数占一定范围内（地区、国家或整个世界）旅游市场所接待的旅游者总人数的百分比。旅游市场相对占有率指的是一定时期一定范围内旅游接待方的市场绝对占有率与同时期同范围内市场占有率比较高的其他旅游接待方市场绝对占有率的百分比。

提高旅游市场占有率是争夺旅游者的另一种形式。市场占有率的高低，决定了一个国家或地区的旅游业发达与否，因此，维持和提高旅游市场绝对占有率是旅游竞争的主要内容之一，而不断提高旅游市场相对占有率则是提高市场竞争力的重要内容。

第三节　旅游市场的细分

一、旅游市场细分概述

（一）旅游市场细分的概念

市场细分又称市场分割，它是指营销者通过市场调研，依据消费者的需要和欲望、购买态度、购买行为特征等不同因素，把某一个产品市场划分为若干不同的消费者群体的行为过程。其中每一个消费者群就是一个细分市场，每一个细分市场都是具有类似需求倾向的消费者构成的群体。

旅游市场细分是指旅游企业把需求者按一种或几种因素加以分类，使分类后的细分市场在一个或几个方面具有相似的旅游消费特征，以便旅游企业可用相应的营销组合尽可能地满足不同消费者的需要。

（二）旅游市场细分原则

旅游企业可以根据单一因素也可以根据多个因素对市场进行细分，选用的细分标准越多，相应的子市场也就越多，每一子市场的容量相应就越小；相反，选用的细分标准越少，子市场就越少，每一子市场的容量则相对较大。要使旅游市场细分真正发挥作用，必须符合某些原则，即一个有效的细分市场必须具备足够的容量，是可以区分、可以衡量的。

1. 可衡量性

可衡量性指各旅游细分市场的需求特征、购买行为等要能被明显地区分开来，各旅游细分市场的规模和购买力大小等要能被具体测量。要做到这一点，就要保证所选择的细分标准清楚明确，能被定量地测定，这样才能确定划分各旅游细分市场的界限。另外，所选择的标准要与旅游者的某种或某些旅游购买行为有必然的联系，这样才能使各旅游细分市场的特征明显，且范围比较清晰。

2. 规模性

细分出的旅游市场，其容量或规模要大到足以使企业获利。进行旅游市场细分时，旅游企业必须考虑细分市场上旅游者的数量，以及他们的购买能力。如果旅游细分市场的规模过小，市场容量太小，细分工作烦琐，成本耗费大，获利小，就不值得去细分，即经过细分后所确定的目标市场要使旅游产品有条件进入并能占有一定的市场份额。

3. 可进入性

旅游企业必须从实际出发，以保证细分出的市场是企业的人力、物力、财力等资源所能达到的，是企业经营力所能及的，否则不能贸然去开拓。此外，旅游企业营销人员要有与客源市场进行有效信息沟通的可能，具有畅通的销售渠道，这对于具有异地性特征的旅游市场尤其重要。

（三）旅游市场细分的意义

通过旅游市场细分，可以分析每个细分市场对某旅游产品具有比较相似的需求和偏好，为选择目标市场提供科学依据，同时对制定正确的旅游市场营销策略、营销组合均具有十分重要的意义。

1. 旅游市场细分有利于确定目标市场

旅游企业为了分析、发掘新的旅游市场机会，开发新的、富有吸引力的目标市场，必须通过旅游市场细分，有效地了解各个旅游消费者群体的旅游需求和市场竞争状况。消费需求未被很好地得到满足的市场通常存在着较好的市场机会。旅游企业可以结合自身实力，比较市场竞争状况，抓住需求潜力大、竞争少，并且可以利用本企业优势迅速占领的细分市场作为本企业的目标市场，并以此为出发点，设计出适宜的营销战略，以迅速取得市场优势地位，提高市场占有率。

2. 旅游市场细分有利于提高市场竞争力

旅游市场细分能增强旅游企业的适应能力和应变能力，把旅游企业的人、财、物集中在几个细分市场上，有的放矢地开展针对性营销，增强旅游企业的市场竞争力，避免在整体市场上分散使用力量。旅游市场细分还有助于掌握每一个细分市场上各个竞争者的优势与劣势，有利于企业确立自己的目标市场，发挥比较优势、增强竞争力，促进旅游企业经济效益和社会效益的不断提高。

3. 有助于制定针对性的旅游市场营销策略

进行旅游市场细分有助于旅游企业有针对性地制定旅游市场营销策略，更好地满足不断变化的目标市场的需求；可以使更多的旅游企业能够针对各自的目标市场，尽可能满足旅游者的需求，从而使旅游者能在市场上购买到称心如意的旅游产品；可以使旅游企业及时掌握消费需求的特点和变化，正确地规划和调整产品结构、产品价格、销售渠道和促销活动，使产品保持适销对路，并迅速送达目标市场，扩大销售。

二、旅游市场细分的标准

要进行有效的市场细分，必须找到科学的细分依据，每个旅游者都具有许多特点，如年龄、职业、文化程度、购买习惯等，这些特点正是导致旅游者需求出现差异的因素，每一个这样的因素都可以作为对市场实施细分的依据。不同类型的市场，细分的因素也有所不同，而且这些因素又处于动态中，因此被称为“细分变量”或“市场细分标准”。总体而言，旅游市场可以按照以下几种标准进行细分。

（一）按照地理特征细分

进行旅游市场地理特征细分有着非常重要的意义。世界旅游组织（WTO）根据地区间在自然、经济、文化以及旅游者流向等方面的地理特征，将世界旅游市场细分为六大旅游区域：欧洲市场、美洲市场、东亚及太平洋市场、南亚市场、中东市场和非洲市场。通常所说的“国内旅游市场”和“国际旅游市场”是按国界进行市场细分，这是旅游目的地国家或地区细分国际旅游市场最常用的形式。此外，地区、城市、乡村、不同的气候带、地形地貌等都可以作为地理特征进行市场细分。

（二）按照人口统计特征细分

人口统计特征细分是将旅游市场按照人口统计学的变量，如年龄、收入、教育程度、职业、民族、性别、家庭规模、社会阶层等为基础，划分成不同的旅游者群体，这些变量往往易于识别且便于衡量。人口统计特征细分也是划分旅游者群体常用的方法。一般情况下，旅游企业选择其中的一个或几个变量作为划分的标准。例如，按照人口年龄段，旅游市场可细分为老年人、中年人、青年人、儿童四个市场；旅行社也可以按照家庭生命周期将旅游市场划分为新婚家庭、中年家庭和老年家庭，从而相应地推出“新婚旅游”“合家欢旅游”和“追忆往昔旅游”等不同的旅游产品，来满足个性化需要。

（三）按照心理特征细分

旅游者在心理上具有不同的特征，如旅游动机、生活方式、兴趣爱好、价值取向习惯等。心理特征细分就是按照这些标准对旅游市场进行细分。人们在旅游活动中更多的是获得心理上或精神上的满足，而人与人在心理满足上又有很大的差异性。例如，有的人旅游是为了寻求刺激，有的人旅游是为了寻求安宁，因此，旅游经营者应利用这种差异对市场进行细分，打造出不同的市场特色。不同的心理需求、不同的个性，产生了旅游者对旅游产品不同类型的购买动机，有的追求新颖，有的追求实用，有的对质量要求很高，有的则只求物美价廉。由于旅游者心理需求具有多样性、时代性、可诱导性等特性，因此有时心理因素是很难严格加以判定和量化的，但它对旅游市场划分却是极为有效的。

（四）按照行为特征细分

不同的旅游者在行为特征上往往会有很大的差异，因此按照旅游者的行为进行市场细分是很有效的。依据旅游者出游的行为方式，可以将旅游市场细分为团队市场和散客市场。近些年来，散客市场得到很大的发展，成为世界旅游市场的主流，形式也复杂多样，出现了独自旅游、结伴同游、家庭团聚、小组旅游等形式。有些旅游者在旅游时只乘坐某一家航空公司的飞机或只住一家旅店，形成了特定的旅游行为偏好。因此，航空公司和饭店可按照这种行为偏好，将旅游者细分为忠诚度高和忠诚度低两种类型，并通过一系列市场营销活动来扩大市场占有率。

随着全球旅游市场个性化特征越来越明显，还出现了越来越多的行为特征细分市场，如年轻的骑行市场、旅游探险市场、旅游研学市场、高尔夫爱好者市场以及其他特殊兴趣市场。

三、旅游市场细分的步骤

根据美国营销专家麦克阿瑟的观点，旅游市场细分一般由以下七个相互关联的步骤组成。

（一）选定市场范围，确定经营方向

旅游经营者在确定了总体经营方向和经营目标之后，就必须确定其经营的市场范围，这项工作是企业市场细分的基础。市场范围是以旅游者需求为着眼点确定的，因此通过调查工作分析市场需求动态是必要的。同时，企业应充分结合自己的经营目标和资源，从广泛的市场需求中选择自己有能力服务的市场范围，不宜过窄或过宽。

（二）了解客源市场，确定潜在市场需求

在确定适当的市场范围后，根据市场细分的标准和方法，了解市场范围内所有现实和潜在旅游者的需求，并尽可能详细归类，以便针对旅游者需求的差异性决定采用何种市场细分变量，为旅游市场细分提供依据。

（三）分析可能存在的细分市场

通过分析不同旅游者的需求，同时找出旅游者需求类型的地区分布、人口特征、购买行为等方面的情况，做出分析和判断，分析可能存在的细分市场。

（四）确定主要的市场细分标准

旅游企业应分析哪些需求因素是重要的，通过对企业实际情况和细分市场的特征进行比较，寻找主要的细分因素，筛选出最能发挥本企业优势和特点的细分市场。

（五）为可能存在的细分市场命名

旅游经营者可以根据各个细分市场的主要特征，用形象化的语言或其他方式，为各个可能存在的细分市场确定名称。

（六）了解各细分市场的消费需求和购买行为

通过深入分析各细分市场的需求，了解旅游市场上旅游者的购买心理、购买行为等，对各细分市场进行必要的分解和合并，这项工作将帮助旅游经营者寻找并发现最终的目标市场。

（七）分析各细分市场的规模和潜力

在前面六个步骤完成后，各细分市场的类型已基本确定，此时旅游企业应估算各细分市场的潜在销售量、竞争状况、盈利能力、发展趋势等，并找到市场的主攻方向，进而确立目标市场。

第四节　旅游市场的开拓

一、旅游市场开拓的意义

旅游市场开拓是指为了实现旅游企业的战略目标，扩大旅游产品销售，实现旅游产品价值，提高旅游市场占有率而进行的一系列经营活动。随着国际国内旅游市场竞争的加剧，旅游市场的开拓成为一项重要的研究内容。

旅游市场的开拓，要求在明确旅游市场战略目标的前提下进行市场调研和预测，了解市场需求和竞争对手的情况；并在此基础上，分析旅游企业所处市场的宏观环境和微观环境，使企业经营活动适应市场环境的变化；然后在市场分类基础上，选择目标市场，针对目标市场确定合适的市场营销策略，最终实现开拓旅游市场的战略目标。

旅游市场的战略目标，是指在一定时期内旅游市场营销工作预期达到的目的，即旅游目的地国家或地区以及旅游企业为其旅游发展和经营所确定的一定时期的奋斗目标。进行旅游市场开拓，首先要明确一定时期的任务和目标。对于旅游行业而言，其任务和目标表现为开发各种类型的客源市场，同时根据客源市场的特点，合理开发本身所具有的旅游资源，形成高质量的旅游产品，并利用一切有利的条件，满足旅游市场的需求，最大限度地获取经济效益和社会效益。对于旅游企业而言，其任务和目标表现为确定企业的业务经营范围和领域，寻求和判断经营发展机会的活动空间和依据，并在企业目标确定后，把目标具体化为企业每一个管理层次的经营目标和任务，不断开拓客源市场和旅游产品。

旅游业自身的特点、旅游产品的特性，决定了旅游业对市场的依赖性较强。第一，旅游产品的特性决定了必须不断开拓市场。旅游业是一个服务行业，旅游产品具有不可转移性和不可贮存性的特点，没有客源，就没有旅游企业的生存空间。因此，市场对于旅游业而言是时刻不可缺少的。第二，只有提高市场份额才能确保旅游企业的生存和发展。对于旅游企业而言，要生存和发展，就不能安于现状，在激烈竞争的旅游市场上，企业若不积极进取，在维持原有市场的基础上，不断努力寻找开拓新的市场，那么，企业不仅发展问题解决不了，而且现有市场也难以维持。因此，企业必须积极挖掘市场潜力，扩大市场销售，提高市场占有率。第三，市场开拓能力是企业经营能力的重要标志。旅游市场是竞争激烈的买方市场，企业只有不断开发新产品，开拓新市场，才能满足旅游者的需要。僵化、保守、一成不变必然要被激烈的市场竞争所淘汰。旅游市场的不断变化为旅游市场开拓提供了机会和可能。

二、旅游市场调查

确定旅游市场的战略目标，加快对旅游市场的开拓，首先必须做好旅游市场调查和预测，掌握旅游市场的现状、特点及变化趋势，才能制定正确的旅游市场战略和旅游市场的开拓策略。旅游市场调查是指运用科学的方法和手段，系统地、有目的地对旅游经济活动中的旅游需求、旅游供给和旅游环境等进行调查的工作。

（一）旅游市场调查的类型

1. 宏观旅游市场调查和微观旅游市场调查

宏观旅游市场调查主要包括旅游市场总需求、总供给及旅游市场环境调查。旅游市场总需求是指整个社会在一定时期内有支付能力的旅游者对旅游产品的需求总量。旅游市场总供给是指整个社会在一定时期内旅游经营者为旅游市场提供的可供交换的旅游产品的总量。旅游市场环境是指影响旅游市场供求变化的经济、政治、社会、教育等方面的状况。对宏观旅游市场的调查，主要为旅游目的地国家或地区制定旅游业发展战略与旅游市场开拓策略提供科学的依据。

微观旅游市场调查即旅游企业根据营销活动的需要而进行的特定调查，包括旅游者需求调查、旅游市场营销状况调查和旅游市场竞争调查等。旅游者需求调查主要包括旅游动机、旅游客源结构和旅游者开支状况调查，旅游市场调查包括对新老旅游产品质量、生命周期阶段、旅游价格及旅游促销等方面的调查。旅游市场竞争调查主要调查旅游市场上的竞争对手、竞争状况及竞争态势等，即：哪些是现实的竞争对手，哪些是潜在的竞争对手；竞争对手的资金实力、娱乐设施状况、接待服务质量、旅游产品价格水平等。通过以上调查，为旅游企业制定正确的市场营销策略，从而为不断开拓客源市场提供依据。

2. 探索性调查、描述性调查和因果关系调查

探索性调查是指进行正式调查前的试探性调查，一般以研究第二手资料或召集专家进行咨询等方式进行。当市场调查的问题和范围较模糊时，可以采用探索性调查，找出主要原因后，再做深入的正式调查。描述性调查主要是通过深入实际调查研究，收集和整理有关旅游经济活动的情况和资料，将旅游市场的有关客观情况如实地加以描述和反映，来说明事物之间的因果关系及内在联系的调查。因果性调查，是把描述性研究中提出的变量分为自变量和因变量，进一步研究各自变量对各因变量的影响程度和大小。因果关系调查的目的是要找出问题的原因和结果，也就是专门研究“为什么”的问题。描述性调查提供问题中的各因素关联现象，而因果性调查则意在找出形成这类关系的原因。

（二）旅游市场调查的基本程序

旅游市场调查必须按照一定的程序，并采取科学的方法来搜集、分析、研究市场信息。通常，旅游市场调查主要分为调查准备、实地调查和结果处理三个阶段。

调查准备阶段是旅游市场调查的重要阶段，内容包括确定旅游市场调查的目的和要求，制订旅游市场调查计划，科学设计旅游市场调查问卷，组织旅游市场调查队伍等，调查准备工作越充分，则调查进行就越顺利。

实地调查阶段就是旅游市场调查的实施阶段。实地调查的主要内容是收集资料，资料可分为原始资料和二手资料。原始资料通常需要调查人员通过实地调查来收集，二手资料则是他人已收集并经过整理的资料结果。

结果处理阶段就是对调查收集的资料进行加工处理的过程。其内容是按照预定的目标，应用定量方法对各种调查资料进行科学的计算和处理，并结合定性分析方法，得到旅游市场调查的结果，为进行预测和决策提供重要的参考依据。

通过旅游市场调查，旅游企业可获得大量市场信息，并在分析各种影响因素的基础上，对旅游市场进行细分，选择适当的目标市场，并在一定时期内有计划地综合运用各种可能的市场营销策略和手段，进行旅游市场的开拓。

三、旅游市场开拓的策略

（一）价格策略

1. 低价策略

低价策略也称为市场渗透策略。这种策略是尽可能给旅游产品定低价，目的是迅速占领市场，吸引更多的旅游者，并且阻止或排斥竞争对手于目标市场之外，虽然有时低价策略会使企业的短期利益受到一定的影响，但通过形成一定的市场占有率，可为日后的发展奠定基础。运用低价策略的前提是企业生产旅游产品的成本应较低、旅游消费者对价格变动反应灵敏、产品市场容量大和企业有足够的资金能力。

2. 高价策略

高价策略是尽可能给旅游产品定高价，以图在短期内赚取高额利润。在以下情况可以考虑采用高价策略：一是当新开发的旅游产品刚投入市场时，由于竞争者的数量还不多，并且需求的价格弹性较小，对旅游者有较强的刺激力、感染力和吸引力，往往能满足那些追求新奇的旅游者；二是当旅游企业提供的旅游产品和服务质量档次较高时，往往也制定较高的价格；三是产品特色突出，差异性、垄断性较大，竞争对手难以模仿，企业也可以制定较高的价格；四是当目标顾客具有较高的求新心理和较强的支付能力时，也可以运用高价策略。一般来讲，高价策略有助于树立旅游企业的形象，它与产品定位、市场定位应当一致。产品定位很低时定高价，或产品定位很高时定低价，都是不协调的营销组合，难以取得消费者的信任。

3. 同价策略

如果旅游企业不能满足低价或高价的一些条件，则通常只能采用同价策略，以市场的平均价格为依据。另外，对于较弱的企业来讲，很难在市场上同实力较强的企业开展竞争，往往采取追随策略，在价格上首先考虑同价策略。这些企业要发展立足，应多借助于其他非价格手段来实现，如提高服务质量等。

（二）产品策略

旅游产品是一些旅游者选择旅游目的地的一个关键考虑因素。任何旅游企业都力图从产品上吸引广大的旅游者。具体可采用的产品策略有以下几种：

1. 专营化策略

专营化策略就是旅游企业只选择一个或少数几个细分市场作为目标市场，以特殊的产品和服务满足目标顾客的需要。由于旅游企业的产品组合和目标市场比较单纯，可以实现低成本经营，从而可以运用低价策略以达到扩大市场占有率的目标。另外，由于产品高度差异化，具有鲜明的特色，因此不但可以有效地阻止竞争者进入该市场，还可能深入开发产品和市场，使旅游者更感兴趣，产生信赖，消除价格的可比性，从而产生强大的竞争力。实现专营化策略的往往是一些规模不大的中小旅游企业，而且目标过于单一，风险会比较大。因此，在选择目标市场时，应注意该目标市场的规模，以保证企业有一定的市场回旋余地。

2. 多元化策略

旅游企业的多元化是指通过提供品种丰富的旅游产品，提供多种旅游产品的组合，这样不仅可满足不同消费者的需求，还可延长旅游者滞留的时间和消费范围。旅游企业实施多元化的策略应注意有核心的产品，以利于吸引消费者。

3. 高质量策略

高质量策略是指同种旅游产品在价格相同的情况下，通过不断提高旅游产品质量而在竞争中取胜的策略，旅游产品与一般的有形产品不同，一般的有形产品若质量有问题可以退换或在售后服务中予以保修，但旅游产品主要是无形的服务，无法退换，也无法保修。因此，若出现质量问题，就会严重损害其声誉，在市场上丧失竞争力。相反，如果产品质量上乘，就会赢得消费者的信赖，从而在市场上获得竞争的优势。

4. 新产品策略

由于市场需求是不断变化的，而且大多数旅游产品也存在着一定的生命周期，旅游企业应当有一个合理的产品结构，以适应市场需求。另外，要使旅游产品能经受社会的考验，不可能只依靠现有产品去竞争，还必须以市场需求为导向适时地推出新产品，以新产品去占领市场，扩大市场份额，有效地避开传统旅游产品的激烈竞争，确保旅游企业生存发展的必要空间。

（三）宣传促销策略

在当今的旅游市场，旅游产品种类丰富，旅游企业越来越多，因此旅游企业即使提供最优的产品和价格，也要加强宣传促销，主动地去影响顾客，去创造需求、引导需求。宣传的媒介和方式很多，企业应结合自身的特点及主要客户的需求，去选择最有效的方式进行宣传促销。

（四）区域旅游合作策略

旅游业是带动性和关联性程度极高的第三产业，要增强旅游企业的竞争力除了从旅游企业内部考虑外，还应从外部着手。任何一个企业都具有优势和劣势，旅游企业应通过区域合作，吸收其他企业的优势，以弥补本身的劣势，依靠合作后的整体优势，为企业创造更强的活力和更大的利益。同时，旅游企业间的联合，还有利于旅游地区加强诸如公路交通、宾馆饭店等设施的整体规划建设，提高旅游开发的质量和效益，更有效地保护历史文物和自然环境。

【案例】

陕西汉中天坑群地质公园产品设计

陕西省汉中天坑群地质公园位于素有“汉家发祥地、中华聚宝盆”之美誉的汉中市南部米仓山区。公园西侧紧邻甘肃省康县、南侧毗邻四川省巴中市，东接陕西安康市紫阳县，北到汉江以南。东西方向延伸总长为27.98km，南北向宽在4～11km的范围内，总面积92.3km^2。汉中天坑群是湿润热带、亚热带岩溶地貌区最北界首次发现的地质景观，是国内最高纬度的大型天坑群，被《中国国家地理》誉为“二十一世纪地理大发现”。

公园内斑斓的原始森林掩映着宝石般神秘的天坑。这里有世界上最美的天坑——地洞河天坑、心形天坑——天悬天坑和圈子崖超级天坑，这些天坑四周被刀削似的绝壁所围，形成一个巨大的竖井。与天坑相连的地下溶洞气势恢宏不凡，洞中造型各异的石钟乳、石笋、石花、穴珍珠，似珍珠玛瑙，像翡翠白玉，晶莹剔透，色彩斑斓。洞内大厅最高达70～80m，支洞竟有四十余个，似蛛网串接，洞洞相连，层层贯通。

汉中天坑群极高的科学价值和美学价值，得到了国内外游客的一致赞赏。汉中天坑群的典型性、原始性、稀有性、完整性等达到了世界级地质遗迹的标准，是天坑地质遗迹研究的自然博物馆和天然实验室，对世界岩溶地质研究具有重要价值，开发利用潜力巨大。

为了进一步开拓旅游市场，公园规划设计了以下旅游产品：（1）借助于公园特殊地质遗迹，以“感知、探索、猎奇、求真、明理”为主旨，设计了地学实习考察类旅游项目；（2）依托公园特殊地质遗迹景观之美，寓情于景，寓教于乐，设计了一般地学旅游项目；（3）以“美育、陶冶、怡情”为主旨，开发了公园的四季观光娱乐项目系列；（4）以科普教育、自然教育为理念，设计了青少年地质科技夏令营项目；（5）围绕生态、环保、健康的方式，设计了攀岩、徒步越野、野营、素质拓展活动等户外运动项目。

通过上述旅游产品的开发，汉中天坑群地质公园的市场开拓效果显著。2019年的游客大部分为来自于全国各地的户外活动爱好者，陕西西安、汉中游客约占30%左右，省外游客约占20%～30%，当地游客约占40%，其中外省游客主要来自江苏、四川等省份。

资料来源：引自郝俊卿等人2020年所做的《陕西省汉中天坑群地质公园规划与解说系统专题报告》。

思考题

1. 解释旅游市场的含义。
2. 推动旅游市场竞争的内容是什么？
3. 如何进行旅游市场细分，以及如何开拓这些细分市场？

拓展阅读

1. 李咪咪，徐惠群．酒店及旅游业市场营销［M］．杭州：浙江大学出版社，2019.
2. 李君轶．旅游市场调查与预测［M］．2版．北京：科学出版社，2020.
3. 李慧．仪式理论：旅游营销应用现状与展望［J］．旅游科学，2020，34（4）：1－15.

第六章　旅游产业

［学习目的］

掌握旅游产业、旅游产业组织和旅游产业结构的概念及内涵，了解旅游产业特征、旅游产业组织的理论框架，掌握旅游产业结构的影响因素与内容，熟悉旅游产业组织结构的三个决定因素——市场集中度、产品差异化和旅游市场的进入与退出壁垒条件。

［重点难点］

重点是旅游产业、旅游产业组织和旅游产业结构的区别与联系；难点是旅游产业组织与产业结构的影响因素。

第一节　产业与旅游产业

旅游产业是第三产业的重要组成部分，是世界上发展最快的新兴产业之一。要正确认识旅游产业，必须先明确产业和旅游产业的概念。

一、产业

产业的概念和内涵是随着社会生产力的发展逐步充实而形成的。不同历史时期，产业的内涵也不尽相同。在重农学派时期，产业主要指农业。在资本主义工业产生以后，产业主要指工业。随着社会生产力的迅速发展，社会分工越来越细，出现了许多诸如商业、运输业、邮政、家政、咨询、金融、贸易、新闻出版、法律、信息、旅游等新兴服务部门，于是作为经济研究对象的产业范畴大大扩展，它包括农业、工业、服务业三大产业及其细分产业。如今，凡是从事营利性经营活动并具有某种同类属性的企业集合都可列入产业的范畴，即产业是所有从事营利性经营活动并具有某种同类属性的企业集合。

传统经济学认为，产业主要指经济社会的物质与服务产品的生产部门。一般而言，每个部门都专门生产和制造某种独立的产品，产业中的各个生产者，即企业，生产相同产品，而产品是否相同是根据交叉需求弹性理论中的可替代性来限定的，如“农业”“工业”“交通运输业”等。由此可见，“产业”作为经济学概念，其内含与外延具有复杂性。

正因为如此，目前学术界一般是从如下几个方面规定产业这一范畴的：

（1）产业是有投入和产出效益的活动单位。

（2）产业是处于宏观经济与微观经济之间，从事同类物质生产或相同服务的经济群体。

所谓“同类”“相同”的含义是指：从需求方面说是指具有相互密切竞争关系的商品或服务；从供给方面说是指生产技术、工艺相近的物质生产和经济性质相同的服务业。

（3）产业与社会生产力发展水平相适应的社会分工形式的表现，是一个多层的经济系统，如部门、产业、业种。

（4）产业与产业之间存在着直接或间接的经济联系，整个产业构成一个具有函数关系的经济系统。

（5）在实际分析产业问题时，应以一般分工和特殊分工形式所形成的多层产业活动为范围，根据不同的分析目的，对产业进行相应的组合和分类。

综合上述分析可以看出，“产业”作为应用性经济理论中的一个概念，人们对其边界界定的立足点与其说是理论上的严密性，不如说是现实的可用性，它既是一个集合的概念，又是一个细分的概念。

二、旅游产业的概念

旅游产业是一个从需求方来定义的产业，其产业边界没有明确的规定，因此，在对旅游产业的认识上，人们一直存在分歧。

美国著名旅游专家托马斯·戴维逊认为，旅游是为了外出经营、娱乐和私事外出，不是传统意义上的产业，作为一种力量，它是旅游者所有支出产生的效应，是支出推动的经济现象，而非收入推动的经济现象。他进一步指出，将旅游定义为产业是不正确的，而且这一定义有损旅游的真实状况。旅游是一种社会经济现象，它既是推动经济进步的发动机，同时又是一种社会力量，旅游更像一个影响许多产业的“部门”。旅游产业指提供满足旅游者需求的旅游产品的企业集合。它由交通运输、旅游点开发、旅游研究、政府办事机构、旅游吸引物、娱乐设施、餐馆、住宿设施、旅游组织（包括旅行社、旅游批发商、旅游零售商、奖励旅游公司、咨询服务公司等）、日杂类（包括服务站、日用品商店、度假服装、摄影、运动器械设备等）10 大行业组成。

在全球范围内，关于旅游产业的观点和解释，具有代表性的有以下三点：

第一，在《中国旅游统计年鉴》中，列入统计范围的旅游业主要包括旅行社、星级酒店、旅游景区、旅游院校等。

第二，世界旅游理事会（WTTC）在其由运输业、住宿接待业、娱乐业及相关服务行业等构成的核心旅游产业之外，进一步提出了范围更广的“旅游经济”（广义的旅游业）的概念，一系列间接受到旅游业影响的产业都被列入“旅游经济”的统计范围中。例如，在世界旅游理事会为南非做出的旅游卫星账户统计中，其“旅游经济”包括的范围广泛涉及批发零售业、农林渔业、纺织业、供水供电等行业。

第三，新加坡旅游统计部门认为，旅游产业包括批发零售业、餐饮业、饭店业，地面交通客运业、水上交通客运业、航空客运业、其他交通客运业、金融服务业、商务/技术服务业、政府服务、媒体/娱乐服务业、其他消遣性服务业、个人/家政服务业 13 个子行业。

从以上观点可以看出，基于统计工作的可操作性和研究目的的不同，相关机构和学者们对旅游产业包括的内容有不同的理解。从本质上来说，这种不同主要表现为有些是对旅游产业狭义的理解，有些是广义的理解。考虑到研究目的的需要和统计数据的可取得性，对狭义旅游产业和广义旅游产业的概念可以界定如下：狭义旅游产业是指与旅游者直接发生联系并提供满足旅游者需求的旅游产品的企业群体，主要包括旅行社业、旅游饭店业、旅游交通运输业、旅游景区业、旅游商品零售业等；而广义旅游产业则从满足旅游者需求出发，包括所有为旅游者提供旅游产品的住宿业、餐饮业、旅行社业、游览业、交通运输业、零售业、通信业、公共设施服务业、娱乐服务业、信息咨询服务业等。

三、旅游产业的特征

旅游产业不是物质生产产业，它不像工业那样，通过采掘天然物质资源，对原料进行加工，生产出新的产品；也不同于农业，通过种植、养殖等生产活动为社会提供具有各种物质形态的农副产品；也不同于商业，通过商品的购销活动，把社会生产和消费连接起来。旅游产业具有以下几个特征。

（一）旅游产业内部同质化程度低

旅游产业是一个综合性很强的产业。旅游产业中的各企业是通过提供各种服务产品来满足旅游者需求，达到盈利的目的。在现代旅游活动中，旅游者的各种不同需求，需要有众多的旅游企业来共同满足，这样就把众多的不同类型的企业有机地联系到一起，各自作为供应者，向旅游者提供各种服务，涉及交通、住宿、饮食、金融、商业，娱乐业、景区景点等各个方面。这种综合性特征，使旅游产业与一般传统产业相比，产业内部的同质化程度低。因此，旅游产业中相关企业间必须密切合作，相互协调，才能使产业得以快速发展。

（二）旅游产业有较强依托性

旅游产业的依托性是指旅游产业的发展要依托社会相关产业的发展，同时也受制于社会各种因素的影响。这些因素从总体上可以区分为外部因素和内部因素。

（1）外部因素。一个国家或地区发展旅游业总是以一定的经济和非经济的环境为条件的，这些环境因素都将对旅游业的发展产生直接或间接的影响。而这些条件的变化，必将引起旅游供给和需求的变化，同时这些因素又非旅游部门本身能够直接控制的。为此，旅游业这种较强的依托性，必然会带来旅游业在发展过程中的一种较强的被动性。

（2）内部因素。由于旅游消费属于高层次的消费，价格的需求弹性大，因此旅游价格的变动也会对旅游需求产生很大作用，使其发生大幅度的波动，这些都增加了旅游产业的不稳定性。

（三）旅游产业的国际性

旅游产业的国际性也称为涉外性。旅游可分为国内旅游和国际旅游，国际旅游与国内旅游以是否跨越国境为区分标志。国际旅游又可分为出境旅游和入境旅游，不论是出境旅游还是入境旅游，都赋予了国际旅游涉外性的特点。国际旅游自诞生之日起就置身于国际市场之中，这就客观地要求旅游从业人员要有较高的素质，企业在经营管理活动中要遵循国际惯例。只有这样，才能为旅游者提供优质的旅游产品和旅游服务，树立起一个国家或地区良好的国际旅游形象。

（四）旅游产业的垄断性和竞争性并存

旅游产业的垄断性是指某些旅游资源的独占性所赋予的旅游企业经营上的垄断性。一个国家或地区的旅游业发展与自然条件是紧密相连的。某些自然景观和历史遗迹只能是某一个国家或地区所独有的，如我国的万里长城和秦始皇陵及兵马俑、埃及的金字塔、法国的凯旋门等。如果历史没有赋予一国古老的文化和丰富的历史遗迹，如果大自然没有赋予某一地区秀丽的大河、山川，任何模仿都是非常困难的甚至是徒劳的。而凭借这些得天独厚的旅游资源进行经营的企业，它的经营就是垄断性的经营，供给就是垄断性的供给。

旅游产业的竞争性，是指在旅游产业中，各企业之间必然存在着激烈的竞争。由于旅游资源的多样性和旅游需求的多样性，任何一个旅游企业都不可能全面地占领整个市场，各个企业必然会用自己所拥有的独特的旅游产品，去吸引和争取更多的旅游者，因而旅游市场必然存在着争夺旅游者的激烈竞争。

第二节　旅游产业组织

一、旅游产业组织的含义

产业组织是同一产业内的企业关系结构，这种关系结构包括交易关系、资源占用关系、利益关系和行为关系。产业组织本质上是企业之间的竞争、垄断关系，主要研究统一产业内企业之间的竞争、垄断关系并进行描述和说明。产业组织考察的产业是狭义的产业概念，提供同一类型产品或服务的企业必须处于统一的产业市场中。

据此，旅游产业组织是研究狭义范畴的旅游产业，即与旅游者直接发生联系并提供满足旅游者需求的旅游企业集合，包括旅行社业、旅游饭店业、旅游交通运输业、旅游景区业、旅游用品和纪念品销售业等。与一般产业不同的是，旅游企业的竞争与垄断关系只存在于上述子产业内部，并不存在于各子产业之间。因此，旅游产业组织是指对旅行社、旅游饭店、旅游交通运输、旅游景区、旅游纪念品销售等产业组织的总称。在旅游产业组织研究中，应分别研究旅行社业、旅游饭店业、旅游交通运输业、旅游景区业、旅游用品和纪念品销售业等子产业内部企业间的竞争、垄断关系。但是，随着旅游产业整体内企业关系结构不断发展变化，旅游全球化加速和旅游企业一体化行为普遍出现，为旅游者提供集食、住、行、游、购、娱的旅游企业集团的组建，更高层次的旅游产业组织研究，即关于旅游企业集团之间的竞争、垄断关系的研究，会成为当今旅游产业组织研究的重要部分。

二、旅游产业组织的理论基础

旅游产业组织研究作为现代产业组织理论在旅游产业领域的具体应用，广泛地吸收了现代产业组织理论在其演变过程中所形成的哈佛学派、芝加哥学派、可竞争市场理论、新产业组织理论的观点、分析方法和研究成果。

哈佛学派产业组织理论的SCP研究框架是我国旅游产业组织的重要理论基础。该理论的SCP框架是指“市场结构（structure）—市场行为（conduct）—市场绩效（performance）”三个核心命题所包含的基本分析内容。哈佛学派产业组织理论框架的形成标志着现代产业组织理论体系的初步成熟，使产业组织理论被广泛接受。哈佛学派SCP框架的基本假设是，市场结构决定市场行为，市场行为再决定市场绩效。后来芝加哥学派、新产业组织理论进一步认为，市场行为也会影响市场结构，市场绩效也会影响市场结构。如果说市场结构是经济运行的环境，市场行为是经济运行的方式，那么市场绩效就是经济运行的效果。例如，企业的兼并行为会直接影响产业内部企业的数量和规模，企业的广告活动会提高新进企业的进入壁垒，企业的掠夺性定价战略行为可使在位市场企业退出市场。因此，市场结构、市场行为与市场绩效之间存在双向的、动态的关系，如图6－1所示。

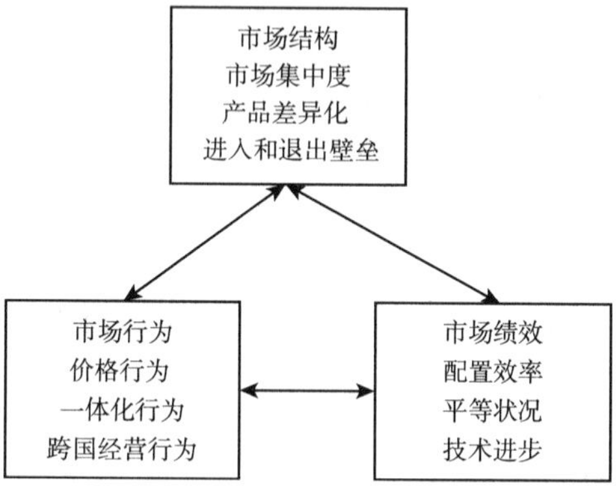

图6－1 旅游产业组织的理论框架

除了图6－1所示关系之外，市场结构、市场行为和市场绩效三者之间的相互关系是非常复杂的，还可以从短期和长期两个角度来考察。

从短期来看，市场结构表现为相对稳定性，可以看成是既定的要素，它构成了旅游企业市场行为的外部环境，是决定旅游企业经营和竞争策略的客观依据，从某种程度上决定了企业的市场行为。同时，产业内所有企业的经营活动状况决定了市场绩效，而经营状况又取决于企业的定价策略、产品策略等市场行为，即市场行为决定市场绩效。如市场集中度高，意味着存在少数较大规模的旅游企业占有较高的市场份额和市场绩效。大旅游企业具有操纵市场的力量，企业之间较容易达成合谋，并通过低价和品牌效益来获得垄断利润。所以，在短期内，市场结构、市场行为和市场绩效之间的关系是：市场结构从根本上制约市场行为，市场行为又直接决定市场绩效。

从长期来看，市场结构是动态变化的，市场结构的变化经常是旅游企业市场行为长期作用的结果，有时旅游市场绩效的变化也会直接导致旅游市场结构发生变化。市场绩效与市场结构往往互相影响，比如大旅游企业兼并小企业、效益好的旅游企业购入破产的旅游企业会提高市场集中度。产品差异化和企业的价格行为会影响新旅游企业的进入，从而导致市场结构的变化等。具有较高市场绩效的旅游企业往往更容易采用先进管理技术，实施先进的管理理念，不断降低成本、提高利润率，因此也就更有利于占有较大的市场份额，提高市场集中度。所以，在一个较长时期内，市场结构、市场行为和市场绩效之间是双向的因果关系，有时还要考虑其他复杂因素的影响和作用。

旅游产业是一个综合性产业，将旅游产业置于产业组织的理论框架中，有利于全面系统地考察旅游产业组织的现状。旅游产业组织是对旅行社业、饭店业、旅游交通运输业、旅游景区、旅游用品和纪念品销售等产业组织的总称。相应地，旅游产业组织实证研究应对旅行社业、饭店业、旅游交通运输业、旅游景区、旅游用品和纪念品销售业等子产业的市场结构、市场行为、市场绩效进行分析。但是，我国旅游产业集中度低、旅游企业集团化和网络化程度低，各子产业的垄断竞争市场结构特点显著，因此我国旅游产业组织研究宜采用哈佛学派的 SCP 框架作为理论基础。

同时，我国旅游产业发展受到体制环境、产权属性和管理方式等影响，旅游景区、旅游交通运输业不属于统一开放的旅游产业，旅游用品和纪念品销售由于规模较小而未形成真正意义的产业组织。因此，旅游产业组织研究以旅行社和饭店业为主，对这两个子产业的市场结构、市场行为和市场绩效进行分析，研究这两个子产业中企业的竞争与垄断关系。

第三节　旅游产业结构

一、旅游产业结构的相关概念

（一）市场结构

在产业组织理论中，产业结构是指产业内企业市场关系的特征和形式，包括构成市场的卖方（企业）之间、买方（企业或消费者）之间、买卖双方之间、市场上已有的买方和卖方与正在准备进入市场或可能进入市场的潜在的买方和卖方之间等各关系的因素及其特征。在市场上，由于市场主体是具有独立经济利益的企业或个人，它们在市场上的地位、数量、规模以及它们的生产技术特点等决定了不同的产业结构。产业结构是决定市场的价格形成方式，从而决定产业组织竞争性质的基本因素，不同的产业结构会体现不同的竞争内容、竞争特点和竞争强度。所以，从根本上说，市场结构是反映市场竞争和垄断关系的概念。

（二）旅游产业结构

旅游产业是国民经济大系统中的一个子系统，具有其自身的结构。旅游产业结构是指旅游业内部各组成部分的比例关系及其相互联系、相互作用的形式，其核心是竞争与垄断关系。

广义旅游产业结构指的是旅游产业内部行业间以及旅游产业与相关产业之间的技术经济联系与联系方式。旅游产业是一个关联带动性很强的产业，与相关产业之间形成了千丝万缕的联系和融合。比如，文化产业、体育产业、房地产业、工业、农业等都可以通过产业渗透来融入旅游的功能，形成像工业旅游、农业旅游、景观房产等与旅游相互融合的新型业态。这些新型的旅游产品既能满足旅游者的新需求，促进旅游结构的升级，同时还可以带动其他相关产业的发展。值得一提的是，以信息技术为代表的高新技术及其相关产业在现阶段已经与包括旅游产业在内的许多产业产生了大规模的渗透，如今已有一定成熟度的旅游电子商务就是一个例子。信息技术业与旅游产业的渗透融合为旅行社企业和旅游产业的发展带来了巨大的生机和活力。

狭义的旅游产业结构是指旅游产业的构成，是以吃、住、行、游、购、娱六要素为核心的旅游经济各产业和部门之间的生产、技术、经济联系和数量比例关系。因此，狭义的旅游产业结构包括两方面的内容。一方面是旅游产业内部各行业之间在规模和技术经济数量上的比例关系，它反映旅游产业结构中量的内容。从投入角度来说，它反映了各类经济资源以及要素在旅游经济内部的各个产业之间的配置状态，如资金、劳动力、管理等；从产出角度来说，它反映的是各个产业部门对旅游经济总收益的贡献程度。另一方面是旅游产业内部各行业之间的生产、技术、经济等关联关系，它反映旅游产业结构质的特点，是旅游产业结构内涵的核心，也是旅游结构调整升级内在联系的关键。从旅游产业技术经济联系来说，在其内部每一个行业的经济活动都要以其他产业的经济活动作为基础，彼此之间有紧密的关系。如旅游饭店、旅行社行业的经济活动运行和规模扩展都要依赖于旅游交通的发展，交通产业的投入规模以及优化升级要直接或间接地受到旅游饭店和旅行社行业吸引的旅游者量的影响。

（三）旅游产业结构的组成行业

学习旅游产业结构，必须了解构成旅游产业的行业或子产业。构成旅游产业的主要行业如下：

（1）旅行社业。旅行社业作为旅游产业的“龙头”，不仅是旅游产品的设计、组合者，同时也是旅游产品的营销者，在旅游经济活动中发挥着极为重要的作用。因此，旅行社业发展的规模、经营水平及其在旅游产业结构中的比重，直接对旅游经济发展产生重要影响。

（2）旅游饭店业。旅游饭店业是为旅游者提供食宿的基础，是一个国家或地区发展旅游产业必不可少的物质基础。旅游饭店业数量、床位的多少，标志着旅游接待能力的大小；旅游饭店管理水平的高低、服务质量的好坏、卫生状况及环境的优劣，则反映了旅游产业的服务质量。因此，旅游饭店业在旅游产业结构中具有十分重要的地位，没有发达的、高水平的旅游饭店业，就不可能有发达的旅游产业。

（3）旅游交通运输业。旅游产业离不开交通运输业，没有发达的交通运输业就进入不了旅游目的地。旅游交通作为社会客运体系的重要组成部分，不仅满足旅游产业发展的要求，同时又促进社会交通运输的发展。特别是旅游交通运输要满足旅游者安全、方便、快捷、舒适、价廉等方面的需求，就要求旅游交通不仅具有一般交通运输的功能，还要具有满足旅游需求的功能。从而要求在交通工具、运输方式、服务特点等方面都形成旅游交通运输业的特色。

（4）旅游景区。旅游景区包括对各种自然旅游资源、人文旅游资源及文化娱乐资源的开发及利用，并形成一定的旅游景观及各种旅游产品和组合。目前，虽然全国各地已形成了一批在国际上有一定知名度和吸引力的旅游景点、旅游景区（包括风景名胜区、度假区等）和旅游线路，但从整体上还未把旅游景区作为旅游产业结构的一个重要的组成部分来看待。不仅在旅游资源的开发建设上没有专门、统一的规划和建设，而且在行业管理上，政出多头，缺乏统一的宏观协调和管理，从而使旅游景区的建设滞后。因此，要把旅游景区纳入旅游产业结构中，加快景区的开发和建设。

二、旅游产业结构的影响因素

决定和影响旅游产业结构的因素有市场集中度、产品差异化程度、市场进入和退出壁垒、市场需求增长率、市场需求的价格弹性，以及多元化程度、政府介入的强度和企业制度等。就旅游产业组织结构而言，市场集中度、产品差异化程度、市场进入和退出壁垒是最关键的因素，决定和影响着旅游产业的市场竞争与垄断关系。下面重点讨论这三个因素对旅游产业组织结构的影响。

（一）市场集中度

1. 含义

市场集中度是指在旅游产业或市场中，旅游产品销售者或消费者具有怎样的相对的规模结构。由于市场集中度是反映特定市场集中程度的指标，所以它与市场中垄断力量的形成密切相关。也正因为如此，产业组织理论把市场集中度作为考察市场结构的首要因素。由于市场是由买方、卖方组成的，所以市场集中度也可以分为买方集中度和卖方集中度，但是买方集中的现象只出现在某些特殊的行业，产业组织理论研究的主要是卖方集中度。

2. 影响因素

旅游产业市场内的企业规模和市场容量是影响市场集中度的两个主要因素。对于追求利润最大化的企业而言，为了获得规模经济的效益，会力求把规模扩展到单位产品的生产成本最低，并且将销售费用降到最低水平。企业通过扩大规模，提高市场占有率，就可以在行业市场上获得一定的垄断力量。在旅游市场容量既定的条件下，少数大企业规模越大，集中度就越高。从旅游市场容量变化来看，市场容量缩小或不变会促进集中度的进一步提高，因为大企业会试图加强兼并来争取更大的市场垄断力量，获得更多的利润；反过来，市场容量扩大虽然可能有利于降低市场集中度，但是因为在市场容量扩大时，处于更优越的竞争地位的大企业常常率先发展，只有当市场容量的增长率很高且超出大企业扩张的速率时，才有可能降低市场集中度。

3. 衡量指标与方法

旅游产业市场集中度的衡量指标与方法常见的有绝对集中度和相对集中度指标，绝对集中度指标为产业集中度，相对集中度指标中赫芬代尔系数和基尼系数应用最广泛。

（1）产业集中度。产业集中度一般用特定产业内规模最大的前几位企业的产值、产量、销售量、销售额、职工人数、资产总额等指标累计数占整个产业相对应指标总数的比例来表示，计算公式如下：

$$CR_n = \sum_{i=1}^{n} x_i / \sum_{i=1}^{N} x_i$$

式中：CR_n为 x 产业内规模最大的前 n 位企业的绝对集中系数；x_i为 x 产业内第 i 位企业产值、产量、销售量、销售额、职工人数、资产总额等指标数值；n 为 x 产业内前几位企业数；N 为产业内企业总数。

产业集中度指标计算方便，直观易懂，能够较好反映产业的集中状况。但是，这一指标只能反映产业中规模最大的前几位企业情况，而不能够体现其他企业的规模分布情况。为了进一步确定产业集中度程度，还会采用相对集中度指标来衡量。

（2）赫芬代尔系数。赫芬代尔系数是衡量产业集中度的重要指标，是产业中某产业值或从业人数比重的平方和。公式如下：

$$H_i = \sum_{j=1}^{N} \left(\frac{x_j}{x}\right)^2$$

式中，x_j 表示 i 中第 j 个企业的产值或从业人数，x 表示产业 i 的总规模，N 表示企业数量。如果产业市场处于垄断状态，则 $H=1$ 为最大值；如果产业内存在大量规模相等的中小企业，则 H 趋于 0；H 介于 0 和 1 之间，即 $0<H<1$ 时，H 值越大，则产业 i 集中程度越高；反之越低。该系数的优点在于考虑了企业总数和企业规模两个因素对产业集中程度的影响，能够准确反映企业或市场相对集聚的程度或水平。但该系数在实际应用中往往需要详细、全面的企业数据，一般难以收集和实现。

（3）基尼系数。由意大利经济学家基尼（Gini）提出的基尼系数是衡量企业空间集中程度最广泛的指标，其数值在理论上等于洛伦兹曲线与45°线之间面积的两倍（见图 6－2）。

如图 6－2 所示，洛伦兹曲线与45°线之间的面积 S_A为“不平等面积”，当收入分配达到完全不平等时，洛伦兹曲线成为折线 OHL，OHL 与 45°线之间的面积 $S_A + S_B$为“完全不平等面积”。不平等面积与完全不平等面积之比，称为基尼系数。1986 年基布尔（Keeble）将洛伦兹曲线和基尼系数相结合用于测量产业在地区间的集中程度，即区位基尼系数。其计量公式如下：

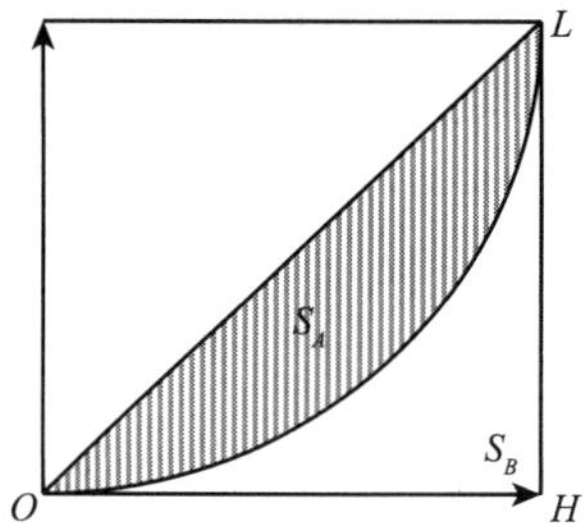

图 6－2　洛伦兹曲线

$$G = \frac{S_A}{S_A + S_B} = 2\,S_A, 0 \leqslant G \leqslant 1$$

其中，洛伦兹曲线的下凸程度越小，基尼系数越接近于0，说明产业在空间分布集中程度极低；洛伦兹曲线的下凸程度越大，基尼系数越接近于1，说明产业在空间中的集中程度高。

基尼系数是广泛应用的方法之一。克鲁格曼（Krugman，1991）用基尼系数计算了美国3位数产业的空间集聚程度；梁琦（2004）计算了我国工业24个产业3年的区位基尼系数。但由于实际操作中难度较大，大多数旅游产业研究只提及基尼系数的含义、来源和计算结果，并未形成一个统一的、简明的计算公式，且未曾考虑企业规模对产业集中的影响。

（二）产品差异化程度

1. 含义

产品差异化是判断旅游市场垄断竞争程度的一个重要条件，它是指旅游企业在向市场提供产品或销售过程中，通过各种方法造成足以引发旅游者偏好的特殊性，使旅游者能够把它同其他竞争性企业提供的同类旅游产品有效地区别开来，从而达到使旅游企业在市场竞争中占据有利地位的目的。具体而言，不同企业所提供的同类旅游产品在形象、广告宣传、企业信誉、服务内容和消费偏好等方面具有不同的特点和差异，产品所带来的效用也是不同的，从而使旅游者形成对该产品的特殊偏好，并能因此将其与其他同类产品区别。

根据以上定义，产品差异化是一种有效的非价格竞争手段。当然前提是旅游者必须能够切实地感受到这种差异，通过让旅游感知旅游产品独特的差异性而影响他们的购买行为，否则所有的差异化行动都是没有意义的。旅游企业创造旅游产品差异的途径非常多，例如设计与众不同的产品外观、包装，赋予不同的品牌，提供特殊的服务，创造不同的分销渠道或者是新颖独特的产品广告和促销活动。尤其是通过创立品牌实现差异化对于旅游企业是非常重要的。但是无论如何，旅游产品差异化行为都必须以旅游者能够确实感知这种差异为目标。

旅游产品差异化是与旅游产品可替代性相对应的，在形式和内容上，通过旅游产品的差异来减少同类旅游产品的替代程度，以便旅游者将它同其他生产或经营同类旅游产品的企业相区别，甚至可以使旅游者对本企业所提供的特定产品产生偏好或忠诚，并不惜为此支付更高的价格，从而为企业在争夺市场的竞争中占据有利的地位。从旅游产品供给者角度出发，旅游产品的差异较为明显，尤其以景区景点的差异最强。但是，为规范市场主体行为，克服因不完全信息造成的市场能力，我国的旅游市场设立了行业标准，使得旅游产品有趋于标准化的倾向。同时，由于产业组织创新能力较差，旅游产品缺乏知识产权保护，旅游产品内容形式雷同，产品差异小。

2. 产品差异化对产业组织结构的影响

通过旅游产品差异化，旅游企业可以找到属于自己的稳定的目标市场，旅游产品被其他竞争性产品替代的可能性也降低了，结果自然破坏了完全竞争的局面，使市场结构向着垄断竞争的趋势发展，最终甚至可能导致寡头垄断和完全垄断的产业组织结构。因此，旅游产品差异化主要是从两个方面对产业组织结构产生直接的影响。一是影响市场集中度。市场上规模较大的旅游企业通过扩大产品差异化程度，可以保持或提高企业的市场占有率，从而保持或提高市场集中度水平；市场上规模较小的旅游企业也可以通过产品差异化提高自身的市场占有率，从而降低市场的集中度水平，或改变行业市场的规模分布结构。二是提高市场进入壁垒。现有企业的产品差异化可以使顾客对该企业的产品形成偏好甚至一定的忠诚度，这对于意图进入市场的新旅游企业而言，无疑构成了一定程度的进入壁垒，增加了后来企业的进入成本，从而一定程度上维持了原有的市场结构。旅游市场的产品差异化程度越高，新企业进入市场的壁垒也就越高。

3. 旅游产品差异化的方法

旅游企业提供给旅游者的产品是不能试用的，质量也是不能事先确认和实际感知的，这增加了旅游者的购买风险。为了降低风险，旅游者会进一步进行相关信息的搜索，进行质量的确认，这个过程就增加了旅游者的质量确认成本。如果质量确认成本太高，超过了旅游者预期从购买行为中能够获得的收益的话，旅游者就会终止信息搜索，放弃此次购买行为，企业也就失去了一次销售的机会。因此，旅游企业要进行产品差异化，以降低旅游者的质量确认成本。

旅游进行产品差异化的方法很多，主要包括产品主体差异化、品牌差异化、价格差异化、促销差异化和服务差异化等方面。

（1）产品主体差异化。现代旅游产品的概念把产品理解为由核心产品、形式产品和延伸产品三个层次所组成的一个整体。任何一种旅游产品和服务也都是一个整体系统，不单用于满足某种需求，还要求其具有提供与之相关的辅助价值的能力。旅游产品的核心产品向旅游消费者提供基本的直接的使用价值，以满足其旅游需求，食、住、行、游、购、娱六大要素等旅游者实际得到的利益和服务构成旅游产品的核心层次。形式产品包括品质、形态、商标、价格和旅游类型，它是旅游产品的实物或劳务的外观。在旅游市场上，产品的基本使用价值必须通过某种形式予以承载，即使纯粹的劳务商品，也有相类似的形式上的特点。延伸产品包括售前咨询、售后服务及销售过程中的其他服务，是旅游产品附加利益的体现。旅游企业只有向旅游者提供更实在和更完善的人性化产品，才能有效地满足旅游者的各种需求，从而在日益激烈的市场竞争中立于不败之地。

（2）品牌差异化。旅游企业不仅要为其产品设计和注册一个不同的品牌名称，设计不同的内容和特色，而且更要强调根据旅游者的不同需求提供各种附加服务或者利用网络促销等不同于传统的促销方式，能够让旅游者对企业或企业的产品产生有效的联想，使旅游者对其旅游产品形成差异化的认识。可以毫不夸张地说，在消费者的眼里，产品的品牌几乎就是产品所具有的全部差异的浓缩和象征，因此，企业必须重视产品的品牌差异化。

（3）价格差异化。企业通过为自己的旅游产品制定不同的价格，即高于、低于竞争性产品的价格，来提示旅游者本企业产品差异的存在。比如，有的旅行社把自己的产品定位于高档产品，它的价格往往就始终高于其他同类竞争性产品。这个高价格传递给旅游者的信息就是：产品质量比其他产品更好。而有的企业采取市场跟随者的竞争策略，在模仿领先产品主体特征的同时，它的产品价格就始终与市场领先产品的价格保持一定的距离，这个低价格传递给旅游者的信息则是：我们的产品与市场领先者的产品差别不大，但是我们的价格更便宜。通过实施价格差异化策略，能够有效地把自己的产品同其他竞争者的产品区别开来，从而吸引不同偏好的目标顾客。

（4）促销差异化。企业通过利用独特的促销手段，建立消费者对旅游产品差异化的认知。有的旅游企业重视广告媒体宣传，有的则重视人员推销，有的企业在利用公共关系方面获得了很大的成功，也可以通过诸如赞助公益活动、与受高度关注的社会问题建立联系、口碑效应等非大众媒体途径来树立品牌。即便对于同样使用广告宣传的企业而言，也可以在所利用的具体媒体种类上形成差别，比如电视媒体、电台媒体、报纸和杂志媒体，还有各种各样的为企业所有的媒体。所有这些对不同促销手段的利用，都可以让旅游者感知到企业与众不同的特色。

（5）服务差异化。近年来，随着技术进步和激烈竞争的优胜劣汰，同类竞争性旅游产品核心部分的差异空间不断缩小，也正是这种一致性使这些产品相互之间形成了一定的可替代性。延伸产品部分给企业提供了一个很大的产品差别化的空间，引起了越来越多的旅游企业的高度重视。旅游服务可以被看是产品的延伸部分，尤其是对于与有形商品相对的旅游产品而言，服务差异化通常是一种更为重要的差异化手段。

（三）市场进入和退出壁垒

1. 旅游市场进入壁垒

旅游市场进入壁垒是指旅游产业内现有企业与准备进入或正在进入的新企业相比所享有的有利条件。这些有利条件是通过现有旅游企业可以持久地维持高于竞争水平的价格而没有导致新企业的进入反映出来的。根据这一定义，形成旅游市场进入壁垒的因素主要有：

（1）规模经济。对于旅游产业内规模经济显著的子产业，新旅游企业往往难以筹措到达到最低规模经济的必要资本量，也难以取得实现最低规模经济的市场份额。新旅游企业在一定时期内的生产和销售成本就会高于现有企业，竞争力较弱。同时，新旅游企业进入会引起子产业总供给量的大大增加，进而会导致旅游产品价格的大幅度下降，产业内企业间的竞争加剧，而本来就缺乏竞争力的新旅游企业就会难以应付这种竞争。

（2）旅游产品差异化。在旅游产品差别化程度较高的旅游行业中，现有旅游企业已树立一定的产品品牌或企业的知名度和美誉度，在保证质量的前提下，只需少量的广告投入就可以维持旅游者对本企业产品的忠诚度。但是，对于新旅游企业而言，为了寻找新旅游者或争取现有企业的原有旅游者，不仅需要筹集巨额的资金研究和开发新产品或购买专利权生产产品，而且要进行更多的广告促销活动以树立产品品牌或企业名称的知名度和美誉度。这些都会使新旅游企业面临成本劣势。通常，旅游产业内现有企业的旅游产品差别化程度越高，这种成本劣势就会越明显，而新旅游企业所面临的进入壁垒就越高。

（3）产业资源占有优势。旅游产业内现有企业通过长期努力，一般已占有一些稀缺的旅游产业资源，拥有一定的优势，这就使新旅游企业进入时要比现有企业承受更多的费用负担，从而形成一定的进入壁垒。现有旅游企业的产业资源占有优势主要表现为对稳定的原材料供应渠道的占有、对先进的生产技术和某些关键技术的专利权的占有、对相当水平的管理专家和技术人员的占有、对比较完善的销售服务网络的占有等方面。一般情况下，旅游产业内现有企业的资源占有优势越明显，新企业进入该产业的壁垒就越高。

（4）政策法规制度。政府或主管部门的行政管理以及相关的政策法规制度，也会对新旅游企业形成一定的进入壁垒。例如，政府或主管部门为防止规模不经济的企业进入产业，规定新旅游企业的最低经济规模标准；新旅游企业的设立需经主管部门的准许和审批，资金筹措也要受到政府的限制；等等。这些由政策法规制度所形成的进入壁垒都具有外在强制性，新旅游企业进入旅游产业时只能被动接受。

2. 旅游市场退出壁垒

旅游市场退出壁垒就是企业在退出旅游产业市场时所遇到的阻碍。产业市场前景不好，企业经营不佳时准备退出市场，可能会受多种因素的阻碍，资源难以转移出去，这就构成了退出壁垒。研究退出壁垒之所以也很必要，是因为行业市场退出壁垒的高低也会影响企业进入旅游市场的决策。如果退出行业的成本高昂，企业进入市场的动机就会削弱；如果进入和退出成本都很低，新企业就可以迅速进入，然后迅速退出，实行所谓“打了就跑”的策略。

旅游企业市场退出壁垒的主要构成因素有以下几个：

（1）资产专用性壁垒和沉没成本。企业投资形成的固定资产由于用于特定产品的生产及销售而变得特殊化，在企业退出这个行业时，不容易将企业特定用途的固定资产转用或转卖给生产和销售其他产品的企业。如果这些资产只能以相当低的价格转卖，那么出售价格和企业投资额扣除折旧后的剩余价值之间的差价就是沉没成本，沉没成本越大，则企业退出市场的壁垒就越高。在旅游产业中，饭店行业的退出成本要比旅行社行业的退出成本高得多。

（2）政策法律的限制。政府为了一定的目标，经常通过制定政策和法规限制某些行业的企业从市场中退出。在这种情况下，如果企业想要退出这个行业，政府可能会出来干预。旅行社的核心产品易于模仿，经济因素和技术因素对其退出没有构成过大的障碍，往往是一些政策和法律的规定对旅行社退出造成一定限制。

（3）违约成本和信誉损失成本。一方面企业退出产业将导致原来的一些合同无法履约，会导致违约成本；另一方面企业退出特定产业往往被视为竞争能力不足的表现，会造成企业信誉的损失，给下一步的融资造成困难，提高融资成本。

如果企业主动或被迫要退出行业市场，却又难以退出，就表明这个市场上存在退出壁垒。研究表明，构成进入壁垒的因素往往同构成退出壁垒的因素紧密相关。在一般情况下，进入壁垒低的行业，退出壁垒也可能较低，这种行业的竞争性就比较强；相反，进入壁垒高的行业，退出壁垒也可能较高，这种行业的垄断性就比较强。当然，也会存在另外一些特例。

总之，决定旅游产业组织结构的诸因素是相互影响的，当某一因素发生变化时，就会导致组织结构中其他因素的变化，从而使旅游产业整个组织结构发生变化。

思考题

1. 什么是旅游产业，其特征有哪些？
2. 什么是旅游产业组织，其理论基础是什么？
3. 旅游产业组织结构及其决定因素是什么？
4. 旅游产业结构受哪些因素影响？

拓展阅读

1. 卢福财，吴昌南．产业经济学［M］．上海：复旦大学出版社，2013.

2. 刘佳．中国沿海地区旅游产业结构与旅游产业集聚关联机制研究［M］．北京：经济科学出版社，2018.

3. 闫颖，张广海，王琼．世界遗产地旅游产业结构演进及其对旅游经济的贡献——以山东省曲阜市为例［J］．地域研究与开发，2017，36（4）：105－109.

第七章　旅游企业

[学习目的]

了解旅游企业行为的界定，了解旅游企业制定旅游价格的目标，掌握制定旅游价格的策略、方法；了解旅游企业横向和纵向一体化的含义、原因，掌握旅游企业横向和纵向一体化的方式；了解旅游企业跨国经营的含义，掌握旅游企业跨国经营的方式；掌握旅游产业市场绩效及其评价指标。

[重点难点]

重点是旅游企业的价格行为和一体化；难点是旅游企业定价方法、一体化和跨国经营。

第一节　旅游企业行为

一、旅游企业行为界定

企业行为又称市场行为，是指企业在市场上为实现其经营目标（如利润最大化、更高的市场占有率等）而根据市场环境情况采取的相应战略行为的总称。产业市场结构构成了企业经营的市场环境，在特定的市场结构中，企业为了追求自身利益的最大化，必然会采取相应的市场行为。市场行为描述的是市场内部企业之间的竞争与协作关系，在 SCP 框架中是连接市场结构和市场绩效的中间环节。因此，市场结构是市场行为的基础，企业的市场行为受到市场结构的状态和特征的制约。在不同的市场结构中，企业为了获得最大利润所采取的行为或策略不同。反过来，市场行为也作用于市场结构，影响和改变市场结构的状态和特征。

旅游企业行为是指旅游企业在市场上为实现其经营目标而根据市场环境情况所采取的相应战略行为的总称，描述的是旅游市场内部旅游企业之间的竞争与协作的关系。现实经济中旅游企业行为与市场结构之间存在互动，旅游企业行为受市场结构的制约，又反作用于市场结构，影响市场结构的特征和状况，并直接影响市场绩效。因而，旅游企业行为主要包括价格行为、供给行为、竞争行为、创新行为和战略行为等。本章主要介绍价格行为。

二、旅游企业制定价格的目标

制定旅游价格反映着能否有效地运用和配置旅游企业的资金与资源，它关系到企业的命运，它是企业营销中极为重要的工作。旅游价格是决定旅游企业成功与否的重要因素，也是灵活性最强的一个因素。旅游价格制定得是否合理，不仅对旅游产品的销售、竞争力、市场占有率有影响，而且对旅游企业的销售额和利润都会产生极大的影响。因此，必须采取科学的态度，运用科学的方法来制定旅游价格。而在制定价格之前，首先必须明确定价目标与策略。

旅游企业定价目标是指旅游产品的价格在实现以后应达到的企业目标。定价目标规定了旅游企业定价的目的与水平，旅游产品价格必须通过定价目标体现，不同的企业可能有不同的定价目标，同一企业在不同的时期也可能有不同的定价目标，同时，定价目标必须与旅游企业经营的总目标相适应，并为目标服务。而企业的总目标又可分解为营销目标、财务目标以及其他目标，其中营销目标和财务目标直接决定着定价目标。

企业的定价目标又具体分为利润目标、营销目标和竞争目标三种。利润目标包括获得最大利润、满意利润和目标投资回收率。营销目标包括最大销售量、最大市场份额以及保持畅通的销售渠道等。竞争目标则包括维持企业生存、保持价格稳定、应付和避免竞争以及产品质量领先等（见表 7－1）。

表 7－1　旅游企业定价目标

目标	类型
利润目标	当前最大利润
	满意利润
	投资收益率
营销目标	最大销售量
	保持并提高市场份额
	保持销售渠道的良好关系
竞争目标	维持企业生存
	保持价格稳定
	应付和避免竞争
	产品质量优先

（一）当前利润最大化目标

如果旅游企业想制定一个能够使本企业达到本期利润最大化的价格，就必须对本企业的成本和需求进行估测，并据此选择适当的价格。利润最大化并不意味着价格最大化。当企业在市场竞争中处于绝对有利的地位时，即可以此为目标制定价格。以当前利润最大化为目标进行定价有很多限制，其中该企业在市场竞争中必须处于绝对领先地位，而且能够精确地估算出需求函数和成本函数，前者并非任何企业都能达到，而成本和需求的精确估测也非常困难。

（二）满意利润目标

满意利润是指少于当前最大利润，但能够为企业的股东和管理者接受的利润水平。在企业的实际运营中，由于各种因素的影响，理论上的最大利润是难以实现的，因此，企业可以以满意利润为目标进行定价。

（三）投资收益率目标

投资收益率是企业一个重要的财务指标，用来衡量企业投资收益高低。由于企业资本总额在本期内保持相对稳定，因此，预期收益的多少则直接取决于销售量的大小。以投资收益率为目标进行定价，就是把企业的销售额控制在理想的范围内，从而产生预期收益。投资收益率可有短期和长期之分。追求不同的投资收益率必须有不同的定价决策。

（四）销售量最大化目标

销售量的提高意味着目标市场购买频率提高，或者是市场占有率的提高。目标市场对产品消费率的提高意味着该产品已被旅游者接受，达到了吸引和保持顾客的目的。同时，销售量的增加也意味着销售额的提高。对于长期竞争而言，销售额及现金流量的增加比总利润增加更为重要。要使销售量在现有程度上继续扩大，就有必要对价格进行调整。

（五）市场份额最大化目标

对于长期经营的旅游企业，扩大旅游市场份额远比扩大销售量重要。较大的市场份额必然会对销售量的提高产生有利影响，而且有利于提高投资收益率。市场份额较高的企业，一般具有较大的市场力量，其营销策略的制定和实施也就更具有主动性。这些企业还可以通过自己的优势，形成在市场上的领导力量，左右其他追随企业的营销活动。

（六）保持与分销渠道良好关系的目标

大多数旅游企业没有足够的实力单独进行直接销售，很大一部分销售工作是由中间商去完成的。旅游企业的中间商从该企业产品的销售额中收取一定比例的佣金。因此，不同的价格水平会对中间商的利益产生不同的影响，要保证中间商为本企业销售产品的积极性，就应制定能保证为中间商带来利益的价格。

（七）企业生存的目标

当旅游企业遇到经营成本过高、财务困难或竞争过于激烈的情况时，维持企业的生存就成为企业运营的首要目标。为了能够保证企业继续运营下去，经营人员必须以企业生存为目标进行定价，制定适合于顾客要求的价格，力争扩大营业额。能够维持企业生存的价格不应低于收回可变成本的价格。

（八）稳定的价格目标

价格的稳定不但可以避免压价竞争带来的不利影响，而且可以使旅游企业树立良好的形象。以稳定价格为目标进行定价的企业一般都是在旅游产业中举足轻重的行业领袖，这些企业的经营对于其他中小企业的经营具有强大的影响。只有这样，企业的定价才能一方面为顾客接受，另一方面又能为中小企业接受。

（九）应付和避免竞争的目标

任何一家旅游企业都会面临各种各样的竞争状况。大多数企业日常进行价格调整都是为了应付竞争对手的价格变化。中小旅游企业由于本身实力所限，因此，它们更多地通过价格决策来应付或避免竞争；而大型企业或企业领袖应付竞争方面则有更多的方式。

（十）产品质量领先的目标

一家企业可以以在市场上成为质量领先者为目标进行定价。在产品刚刚推出时，一般可以制定较高的价格来弥补高质量服务的开发费用。当企业长期经营时，高质量的产品和服务往往会由于企业经营管理经验的成熟而给企业带来长期平均成本的降低，从而使其有足够的实力降低价格，形成更为突出的竞争优势。

三、旅游企业制定价格的策略

价格策略（定价策略）是旅游企业进行价格决策的指导思想或定价准则，又是价格竞争的方式。价格策略为企业实现定价目标提供了手段，不同的定价目标决定了要采用不同的策略。常见的价格策略主要有以下几种。

（一）新产品定价策略

新产品定价策略是指对新产品制定基本价格的定价策略。新产品定价时，一般没有政府的限价措施，因此在定价过程中可以较灵活地进行。在为新产品制定价格时，旅游企业可以考虑弥补开发成本或限制竞争等因素。新产品定价策略可以分为市场取脂定价策略和市场渗透定价策略两种。

1. 市场取脂定价策略

市场取脂定价策略是指在旅游产品上市之初将价格定得较高，尽可能在短期内赚取最大利润。如同从鲜奶中撇取奶脂一样，尽快取得精华。这种定价策略适用于旅游新产品定价，是利用消费者求新心理、率先消费心理，在没有竞争对手或产品较少的情况下采取的策略。

取脂定价策略的优点是：首先，由于价格较高所以可以使旅游企业尽快收回产品研究和开发投资的费用；其次，这种策略使价格本身留有余地，当大量竞争者加入时，从高价降到低价比较容易。取脂定价策略的缺点是：容易诱发竞争，由于价格高利润大，所以会引起大量竞争者涌入市场。

2. 市场渗透定价策略

市场渗透定价策略与市场取脂定价策略相反，这种策略是将新产品以低价格投放到市场。其目的是迅速占领市场，取得较高的市场份额。较低的价格还能够有效地排斥竞争者进入市场，从而能够长时间地成为市场领袖。采用市场渗透定价策略时，有时新产品的价格可能低于当期生产成本。但随着市场占有率的扩大，销售量不断地提高，企业能够达到规模效益，从而保证了长远利润的获得。采用这种策略时，应注意旅游者必须是价格敏感型的，而产品或服务的需求弹性大，从而带来更多的需求。此外，企业必须能够保证有足够的消费需求，以使平均成本下降，达到规模效益。

（二）心理定价策略

心理定价策略要求营销人员在制定价格时，不应只考虑消费者的理性分析，而且更应重视其情绪上对价格的反应。因此，心理定价策略常用于为一般消费品和价值较小的旅游商品制定价格。心理定价策略有尾数定价策略、习惯定价策略、声望定价策略、招徕价格策略以及价格线定价策略等。

1. 尾数定价策略

尾数定价策略是指旅游企业在制定旅游价格时，以零头数结尾。这是利用旅游者心理和视觉上的差异，巧妙地在价格的尾数上做文章，以制定出旅游者乐意接受的价格。据一些心理学家研究，5.99 元的商品的销售量远比 6 元的多。消费者乐于接受非整数价格是因为他们从心理上认为整数价格 1 元、10 元等，是概略定出的，不准确，非整数价格才是经过准确计算出来的，有信任感。另外，非整数价格与整数价格，给旅游者的心理感受是不一样的，如 0.99 元是角的概念而不是元的概念，从视觉上、心理上都给旅游者造成低一个单位的感觉。许多市场调查表明，很多商品采用尾数定价比整数价格好销得多。

2. 习惯定价策略

在市场上，某些产品可能已经形成了一个习惯价格，长期购买该商品的顾客已经习惯于这种价格，不再接受其他任何一种价格。对于这些商品的定价，一般应按习惯进行，不宜随便更改，而是从增减商品的数量和质量上来弥补成本的变动给企业造成的影响。在旅游产品定价中，这种情况不多。但中间商的佣金，即中间商要求的价格，在很多情况下也有一个习惯的比例，对此，旅游企业应充分了解。

3. 声望定价策略

声望定价策略是指针对旅游者的心理需求，利用旅游商品在社会上的声望实行高价的价格策略。有些旅游企业或旅游产品成了明星企业或名牌产品，或者是一些具有声望价值的商品，如贵重的首饰、文物、古玩、高级礼品等，买主一般都有较高的收入水平，他们购买这些高档商品是为了显示自己的地位和声望，因此，对这类商品的价格宜高不宜低。

另外，有些对旅游商品不熟悉的买者，首先是通过价格来判断它的质量高低，他们认为“便宜没好货，好货不便宜”，如果买了低价商品反而感到失了身份。所以，要针对目标客源市场，考虑到价格对企业声望的影响来确定价格，不能轻易削价，以免使顾客对整个商品质量产生怀疑，从而影响到客源的数量。

4. 招徕价格策略

招徕价格策略通常是指旅游企业有意把一项产品视为“特殊产品”，并把它的价格定得很低，甚至低于成本，以招徕顾客，增加对其他产品的连带购买，从而达到扩大整个销售的目的。这种定价策略是以企业整体利益为目标，而不是以个别产品收益为目标。如有的饭店将餐饮作为招徕顾客的吸引物，采取低价格，牺牲部分餐饮的收益，以确保客房取得较高的收益，最终提高整个饭店的总收益。

5. 价格线定价策略

旅游企业的产品并非只是一种单一产品，而往往存在一系列功能相近但档次不同的产品，从而形成一条产品线。营销人员就可以制定几个不同的价格水平，并使价格水平的差异符合目标市场的认知。由于价格线非常明确地向目标市场表达了产品档次的差别，因此，制定价格线时就应充分考虑不同价格水平之间的配合。不同的价格水平应能反映出顾客需要的差异和产品差异。价格差别过大或过小都不利于销售。

（三）促销价格策略

促销价格策略是指在许多情况下，为产品制定价格时，应考虑到企业促销活动的需要，从而使价格的制定与促销活动相协调。旅游企业常用的促销价格策略有价格领袖策略和专门事件定价策略。

1. 价格领袖策略

当企业为新的旅游产品进行促销时，通常在较短的一段时期内，将产品的价格降至成本以下，并以此作为促销手段，其目的在于鼓励顾客更多地进行购买活动，能够较快地扩大新产品的知名度。但这种策略有时也容易使顾客对产品的档次产生怀疑，并形成一个低档产品的印象。

2. 专门事件定价策略

当企业进行专门的促销活动或每逢重要的节假日或纪念日时，可以借机进行单价促销。进行专门事件定价促销时，应保证有充足的服务设备、设施和服务人员。

（四）折扣价格策略

折扣价格策略是指旅游企业通过减少一部分价格以争取顾客的策略。这种价格策略竞争性强，根据旅游市场供求状况，结合竞争的需要，灵活决定减价优惠的幅度，对增强竞争能力、扩大旅游产品销量、提高旅游资源利用率可以起到很好的作用。常用的折扣价格策略有数量折扣和现金折扣。

1. 数量折扣

数量折扣是指旅游企业根据旅游者数量或购买数量的大小给予不同的折扣，它主要鼓励大批量旅游者消费旅游产品。数量折扣有以下两种形式。

（1）一次性批量折扣，即当旅游者的数量一次达到一定的规模，或者一次性购买产品数量或金额达到规定的要求时，可得到的折扣优惠。

（2）累计批量折扣，即按一定的时期内累计的旅游者数量或购物数量给予的折扣优惠。

2. 现金折扣

现金折扣是指为了鼓励旅游者或客户以现金付款，或一次付清而给予一定的价格折扣，以尽早收进款项的价格策略。在旅游经济活动中，有些旅游者采用赊销方式。为了鼓励旅游者尽早付款，旅游企业常在交易条款中注明“1/10，全部/30”，意思是成交后10天内付款，就可得到1%的现金折扣，但最迟也需在30天内付清全部欠款。

四、旅游企业制定价格的方法

旅游企业定价方法从理论上可分为三类，即以成本为中心的定价方法、以需求为中心的定价方法和以竞争为中心的定价方法。

（一）以成本为中心的定价方法

以成本为中心的定价方法的基本原理，是在产品成本之上再加上一定的数量或一定的比例，从而最终形成产品价格。以成本为中心的定价方法并不考虑市场需求方面的因素，因此显得简单易行。这种定价方法只需要计算出成本，并在成本之上再附加利润额（或者说利润率）即可。

以成本为中心的定价方法有两种，即成本导向定价法和目标收益导向定价法。

1. 成本导向定价法

成本导向定价法是指旅游企业在定价时，主要以成本作为定价依据的一种定价方法。由于旅游产品的种类繁多，各种不同产品的生产成本在计算上也有差异。因此，成本导向定价法可分为成本加成定价法、盈亏平衡定价法和边际贡献定价法。

（1）成本加成定价法。成本加成定价的基本方法就是在产品的成本之上加上适当的加成百分比进行定价。其公式为：

$$\text{单位产品价格} = \text{单位产品成本} \times (1 + \text{加成率})$$

式中，单位产品成本即单位生产成本，加成率是预期的利润率。成本加成定价法定价简便，在需求及竞争状况相对稳定的市场环境下，可以保证企业获得适当的利润。加成率可以随产品、企业财务状况以及市场环境的不同而有所差别。由于成本加成只是计算产品的生产成本和预期利润，忽视了竞争的需求状况，因此在市场环境以及成本变动幅度较大的情况下难以适用。另外，成本加成法在通货膨胀率较高的时期会得到普遍应用。在中间产品和服务价格不断攀升，各企业难以以竞争和需求为中心定价的情况下，成本加成法则保证了企业获得适当的利润。

成本加成定价法简单、易行，应用广泛，在旅游企业市场营销中，主要用于制定旅行社产品、饭店餐饮食品的价格。采用这种定价方法必须事前能准确核算产品成本，并以社会平均成本为标准进行适当调整。否则按此种方法制定的产品价格会与市场上同行业的同类产品价格相差悬殊，有的可能价格很低，有的可能价格奇高，这都不利于企业正常经营活动的进行。

（2）盈亏平衡定价法。盈亏平衡定价法又称保本定价法，是指旅游企业根据产量和成本状况来制定保本价格。其计算公式是：

$$P = V + \frac{F}{Q}$$

式中，P 为产品保本价格，V 为单位产品的变动成本，Q 为保本点产品产量，F 为总固定成本。

【例 7－1】某饭店有标准客房 120 间，饭店每天的固定成本为 10800 元，预计客房入住率为 60%，每间客房日平均变动成本为 50 元，不考虑纳税，试计算该饭店盈亏平衡点的价格水平应是多少？

解：根据公式计算，即：

$$P = 50 + 10800 \div (120 \times 60\%) = 200(\text{元})$$

该企业客房每标准间按 200 元的价格出售，企业不会亏损，也没有盈利，收支平衡。这里保本入住率是 60%，如果企业入住率提高，企业便会有盈利；反之，若达不到 60% 的入住率，企业便会发生亏损。

保本定价法的意义在于，以一定价格水平与相应产量相结合给出企业产品产量的盈亏点，使企业明确在一定价格下，应达到多少产量以上企业才能盈利，这里期望达到的产量是最关键的因素。

（3）边际贡献定价法。边际贡献定价法又称变动成本定价法，即企业在定价时只计算变动成本不计算固定成本，只要定价高于单个产品最大的变动成本，就可以继续生产和销售。所谓边际贡献，是指每增加一单位销售量所得到的收入超过增加的成本部分，或者说预期的销售收入减去变动成本后的收益。

边际贡献定价法的基点是：不求盈利，只求少亏。通常适用于两种情况：一种是市场供大于求，企业产品积压，企业坚持以总成本为基础定价，产品难以被市场接受，其结果不仅不能补偿固定成本，连变动成本也无法收回；另一种是当企业生产能力过剩，企业开工不足时，与其让厂房机器设备闲置，不如利用低于总成本但高于变动成本的低价来扩大销售，以维持生存。这种方法在饭店定价中应用最广泛。如某饭店每间标准房的总成本为 120 元/日，其中变动成本为 50 元/日，固定成本为 70 元/日，如按原来的定价无法销售，而价格降到 90 元/日，便可以有旅客接受。如果销售，每间每天实亏 30 元，但不销售每天则亏 70 元，因此还是销售为好。这样，销售收益 90 元/日，不仅补偿了变动成本 50 元/日，还有边际贡献额 40 元/日，即可以补偿股东成本 40 元/日。当然如果售价低于 50 元/日，还是不销售为好。

虽然这种定价方法使企业可接受的价格范围扩大了，但它只能是在一种特殊的市场条件下，迫不得已采取的一种定价方法，因为边际贡献定价法实质是一种企业亏损定价法，它不可能成为企业长期使用的定价方法，如果这种方法长期使用，企业将陷入严重亏损局面，无法生存、发展。

以成本导向定价的三种具体方法，实际上是企业在盈利点、保本点和亏损点上的三种定价法。三种方法可以在市场条件的不断变化中，根据情况适时选择。另外，在这几种方法中，我们没有充分考虑企业的纳税因素。在实际工作中，旅游企业还要缴纳一定的税金。因此，在每种方法的实际应用中，还应包括纳税因素。

成本导向定价法的实质是以价值为导向的，它有利于旅游企业维持简单再生产与进行经济核算，但是这种定价方法忽视了市场需求、竞争、旅游消费者的心理等因素，因而这种方法也具有保守性、被动性和局限性等特点。

2. 目标收益导向定价法

（1）投资回收定价法。投资回收定价法是指旅游企业为了确保投资按期收回，并获取预期利润，根据投资生产旅游产品的成本费用及预期的生产旅游产品或劳务的数量，确定能够实现营销目标价格的定价方法。这种定价方法所确定的价格，在投资回收期内不仅包括单位旅游产品或服务应收的投资额，同时也包括单位旅游产品新发生或经常性的成本费用。投资回收定价法一般用于新建酒店客房日收费标准定价和大型娱乐场馆门票的定价，但是这种方法要求产品销售或服务设施利用率得到保证，否则难以按预期回收投资。

（2）目标收益定价法。目标收益定价法力求为企业带来适当的利润以弥补损益成本。采用目标收益定价法时，应首先确定目标收益率或目标利润，预测总成本（固定成本加变动成本），并预测销售量，最后确定产品价格。其公式为：

$$产品价格=\frac{预期销售量总成本+目标利润\times 100\%}{预期销售量}$$

下面以餐饮产品为例进行说明。

如以收益率为目标进行定价，这时应仔细确定需求成本、收入及利润之间的关系，因此应使用损益平衡法分析。如图 7－1 所示，假设某餐厅的固定成本为 600 美元，固定成本线是一条平行横轴的直线。总成本为固定成本与变动成本之和，是随销售量而上升的直线。预测销售量为 800 份快餐，其总成本为 1000 美元。如果目标收益率为 20%，即目标利润为 1000×20%＝200（美元）。为了达到这个利润目标，总收入必须超过总成本 200 美元，也就是总收入应为 1200 美元，那么产品价格为 15 美元/份，即如果该餐厅每份快餐定价为 15 美元且能够销售 800 份，就可实现 20% 的目标利润。应该指出，在理论上，运用目标收益率进行定价可保证目标利润的实现，但由于此方法是以预计销售量来推算单价，从而忽视了价格对销售量的直接影响，因此只有经营垄断性产品或具有很高的市场占有率的企业才有可能依靠其垄断力量按目标收益率进行定价。

（二）以需求为中心的定价方法

需求导向定价法是指以旅游者对旅游产品的需求和可支付的价格水平为依据的定价方

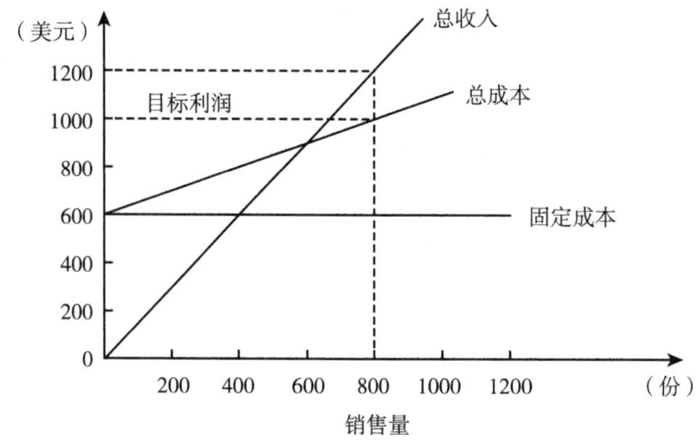

图 7－1 目标损益法

资料来源：刘玉琴，张亚枝，董霞．旅游经济学［M］．北京：清华大学出版社，2016.

法，以消费者对产品的需求程度和对产品价值的理解而形成的心理价格为定价依据，是一种随着营销观念更新所产生的新型定价方法，这种定价法主要包括差别定价法和理解价值定价法。

1. 理解价值定价法

理解价值定价法是指以旅游者对产品价值的理解和认识程度作为依据来制定产品价格的方法。理解价值定价法认为，顾客在购买某个产品和服务之前，基于产品的广告、宣传的信息及自身的想象，对产品价值有一个自己的认知和理解。只有产品和服务的价格符合顾客的理解价值时，他们才有可能接受这一价格。如果产品和服务的价格超过了目标市场的理解价值，他们就不会进行购买。

采用理解价值定价法时，应该配合宣传促销活动进行。营销人员应充分了解宣传促销活动使旅游产品在档次、风格及质量方面在旅游者心目中树立的形象，根据对旅游产品形象及价值的理解确定价格。因此，理解价值定价法的关键在于正确测定理解价值。

旅游企业采用这种方法定价的关键在于利用各种手段，在心理上增加旅游者所购旅游产品的附加值，至少是使旅游产品的价格符合旅游者的理解价值。这就要求旅游企业定价时首先要确定好旅游产品的市场定位，扩大本企业旅游产品与竞争对手的差异，突出旅游产品的特征，并综合运用各种营销手段，树立深刻的市场形象，使旅游者感到购买这些旅游产品能获得更多的相对利益，从而提高他们接受价格的限度。

理解价值定价法可采取以下途径。

首先，用旅游产品定位策略取得较大数量旅游者的理解价格。这主要是因为旅游产品定位就是旅游企业针对某一特定目标市场，从符合旅游者价值观念、消费观念、审美情趣出发，设计与开发旅游产品，因而旅游企业所制定的价格也易于被接受。

其次，重视对旅游产品特色的宣传与介绍，使旅游者充分了解该旅游产品的价值。

最后，运用品牌策略影响并吸引旅游者，从而使旅游者建立对旅游产品品牌的忠诚度，因为品牌既是旅游产品质量的象征，也是社会身份与消费个性的体现。例如，某咖啡厅临海而建，旅游者进入此咖啡厅可以欣赏到海边美景，而且可以在很浪漫的氛围内享受优质服务，因而此咖啡厅的咖啡价格可能高于一般咖啡厅的咖啡的价格，采用的就是这种定价方法。

2. 差别定价法

差别定价法是指旅游企业根据不同的旅游者、不同的时间和地点，依据基本价格而确定不同的价格。差别定价法并不是基于成本的变化，而是基于不同的旅游者在不同的时间和地点的需求偏好与强度有所不同。在需求强度较高的时间和地点就可以制定高价格，对偏好强烈的旅游者也可以制定高价格；反之，只有制定低价格以保持市场。

（1）根据旅游者的收入状况不同而进行的差别定价。旅游者的经济收入水平不等，导致他们对旅游产品的价格敏感程度也大不相同。一般情况下，低收入旅游者对市场上旅游产品价格的变动较为敏感，如学生、老年人。而高收入阶层，他们购买旅游产品时注重品牌、质量，对价格变动的敏感程度较低。

（2）根据旅游产品的不同产品形式进行差别定价。这种方法不是按照旅游产品的成本差异制定售价，而是按照产品形式定价，如新颖的旅游产品一般比传统的旅游产品价格要高。

（3）根据地理位置不同而进行的差别定价，旅游企业在不同地点出售相同的旅游产品或服务，旅游企业的边际成本可能没有差别，但可以根据不同地理位置所造成的需求强度差异而制定不同的价格。

（4）根据时间的不同而进行的差别定价。人们在不同的季节、不同日期甚至不同的钟点，对商品和劳务的需求程度有明显的区别。旅游企业综合性的线路产品可以根据旅游淡旺季、双休日、黄金周制定不同价格。

应该指出，在实施差别定价时，必须注意以下几个问题。

第一，市场必须是能够按需求强度、偏好进行细分的。

第二，必须对旅游者的购买动机、心理需求等进行经常的调查研究，使差别定价更能满足不同旅游者的需求。

第三，等级差价大小要适宜，使旅游者不会因为过于计较价差而引起反感。

3. 其他定价法

（1）习惯定价法。对于某些旅游产品，旅游者在长期的购买使用中，已经养成了一种习惯，他们在购买时，比较习惯地接受在以往的消费中对产品属性和价格形成的印象。因此，旅游企业在开发出新的旅游产品向市场提供时，不管新旅游产品的生产成本是否变化，只要此产品的基本功能和用途没有发生很大变化，就不要轻易地改变其价格，因为涨价可能引起旅游者对新旅游产品购买的抵制，影响销售量，而降低价格则会引起旅游者对产品质量的怀疑。比如，一些新旅游景点的门票价格、旅游者经常购买的某些旅游纪念品的价格等，往往都是依旅游者习惯而确定的。

（2）反向定价法。反向定价法又称可销价格倒推法，首先以旅游者对某种商品愿意且能够接受的价格作为市场销售价格，然后再反向推算出该产品的出厂价格。这种作价方法显然没有与生产成本直接发生联系，而是在制定价格之前，先进行市场调查，确定购买者可以接受的价格，具体可采取以下方法。第一，主观评估法。由旅游企业内部有关人员通过对旅游市场的调查，与旅游市场上的同类旅游产品进行比质比价，以及对旅游者购买力和消费偏好等方面的分析，对市场销售价进行评估、确定。第二，客观评估法。由企业外部的有关部门和旅游者代表，对旅游产品的性能、效用以及旅游者偏好程度等方面进行评议、鉴定和估价。第三，实销评估法。以一种或几种不同价格，在一定区域中进行实地销售，并征得旅游者对旅游产品价格的评价，判明试销价格的可行性，再进行价格的最后确定。

（三）以竞争为中心的定价方法

以竞争为中心的定价方法是以旅游市场竞争状况为主要依据，根据应对或避免旅游竞争的要求来制定旅游产品价格的方法。

1. 率先定价法

采用率先定价方法的旅游企业认为，在竞争激烈的市场环境中，谁先提出具有竞争性的价格，谁就拥有占领市场的有力武器。采取率先定价的旅游企业，如果所定的价格符合旅游市场的实际需要，即使在竞争激烈的市场环境中也可以获得较大的收益。

率先定价法是一种主动竞争的定价方法。首先，旅游企业将市场上的竞争产品价格与本企业产品的估价进行比较，分为高于、低于和等于市场现有的价格水平；其次，将本企业产品的性能、质量、成本以及企业自身的实力等状况与市场上生产的同类产品和同类企业进行比较，从而寻找出本企业产品的特色、优势在何处；最后，分析本企业产品确定的价位是否能使广大旅游者乐意接受，以确定企业产品的价格水平。

值得注意的是，率先定价法制定出的价格与现有市场同类产品的价格不一致，可能高于或低于现有市场价格，因此，这种产品定价方法很容易引起市场震动，所以一般为实力雄厚或产品独具特色的旅游企业所采用。在产品价格确定后，还必须跟踪竞争产品的价格变化，客观全面地分析原因，及时地进行调整。

2. 随行就市定价法

随行就市定价法是指把旅游市场上同类产品一般通行的价格或主要竞争对手的价格作为定价依据而制定价格的方法。在高度竞争的同一产品市场上，价格稍有出入，顾客就会涌向廉价商店。因此，一家旅游企业降价，其他企业也追随其降价，否则便要失去一定的市场份额。相反，如竞争对手提高价格，也会促使企业做出涨价的决策。

随行就市定价法是指根据现行市场价格水平来确定企业产品的价格。在激烈的旅游市场竞争中，可能有众多的旅游企业生产经营同一旅游产品，如果本企业的旅游产品价格高于其他企业，就有可能失去市场销售额；若价格低于其他企业，就会减少企业的销售利润。因此，企业应将现行市场价格水平视为自己的定价水平。这样做，一方面可以减少市场竞争的压力，另一方面要考虑在现有价格水平上，企业能否获得合理利润。实施这种定价方法，对旅游行业内部各企业间的冲击较小，往往是各方都容易接受的定价方法。

3. 追随领导企业定价法

追随领导企业定价法是以旅游同行业中占有较大市场份额或影响最大的旅游企业的价格为准，其他企业追随领导企业价格来定价的一种方法。这是一种以避免竞争为主要目的的定价方法。

4. 密封竞标定价法

密封竞标定价法采用招标和投标的方式，由一个卖主（或买主）对两个以上并相互竞争的潜在买主（或卖主）的出价选优成交的定价方法。企业采用投标定价法定价时，是以设想竞争对手将定什么价为基础，而不是以自己的成本或需求为基础。企业能否中标，在很大程度上取决于与竞争对手在实力、价格等方面的综合较量。企业要想在投标过程中取胜，就必须制定出比其他企业更低的价格。这种定价法主要用于投标交易方式。一般情况下，在同类产品之间，价格相对低的产品更具有竞争力。

5. 拍卖定价法

拍卖定价法是指在经营拍卖业务的特定时间、场所，按照特定的规程有组织地进行，其价格高低由参与拍卖的买主竞价确定的定价方法。具体的出价方法有两种。一是增价拍卖法。在拍卖时，由拍卖人宣布预订的最低价格，然后由竞买者相继叫价，竞相加价，直到拍卖人认为无人再出更高的价格时，则用击槌动作表示竞买结束。二是密封递价法，也称招标式拍卖定价法。先由拍卖人公布每批产品的具体情况和拍卖条件等，然后由各买主在规定时间内将自己的出价密封递交给拍卖人，以供拍卖人审查比较，决定将商品卖给谁。

五、旅游企业市场促销行为

旅游企业的促销行为主要包括媒体广告、直接推销、销售推广和现场传播等方式，其实质也是一种价格行为。

由于旅游产品自身的特点，企业在产品利用上没有绝对的专有权，这就会导致市场中的“价格失灵”。同时，旅游产品具有异地消费性和体验性的特征，潜在的旅游者无法先验地接触到想要消费的产品，这时就需要通过广告等促销方式，通过企业名称或品牌来显化旅游产品利益。产品差异化、广告、产品研究开发和创新等策略成为旅游企业更为有效的竞争行为。实际上，在潜在旅游者无法准确判断产品的优劣时，企业广告数量的多少往往成为质量判断的替代指标，并构筑同质产品的差异化；而且通过企业合适的广告信息传递，可以有效突出企业产品的关键属性，甚至改变旅游者购买决策的评价标准，从而使本企业在旅游者选择环节上首先占优。因此，积极的促销行为可以影响旅游者的主观偏好，形成品牌知名度和良好的商誉，从而构筑起有效的进入壁垒，提高市场集中度。

但是，从产业组织的角度看，促销宣传具有双重性。一方面，它向消费者提供信息和服务，从而具有扩大销售、促进竞争的积极作用；另一方面，过度的促销活会造成资源浪费，而且过度的促销活动常常和夸大甚至虚假的宣传联系在一起，误导消费者，破坏行业正常发展。我国旅游企业之间的竞争很大程度上是价格竞争，旅游企业整体广告促销力度还不大，企业对促销方式的选择十分注重成本和短期收益，而忽略了长期效益。

【案例】

网络直播时代下的乡村旅游促销策略

2016 年 5 月，去哪儿网作为一家国内旅游业巨头率先打破生态边界，与斗鱼直播联合推出旅游直播平台，通过向观者发放旅游折扣券等方式，探索旅游类网络直播的商业化运作。后来，各大旅游网站纷纷效仿，如在途牛网与花椒直播的合作中，由花椒直播负责邀约明星和“网红”等组织内容生产，且在直播中实时推送旅游线路预定信息，以图通过“线上线下”一站式运营模式推动“粉丝”向用户转化。据 CNNIC 于 2018 年 8 月发布的第 42 次《中国互联网络发展状况统计报告》，我国网络直播用户规模已达 4.25 亿人，旅游直播也随着网络直播的火爆应运而生，作为旅游业与互联网融合发展的跨界品种，网络直播能让观众如同“置身其中”一般观看乡村风景、领略民俗风情，同时将自己的疑问提交到平台以供主播即时解答，将传统的“一对一”服务模式演化为“一对多”，借助用户流量构建乡村旅游网络营销的新入口。

在“直播 +”时代，不同的直播平台聚集着兴趣喜好各异的社交群体，且这一生态圈具有显著的开放属性，相较于在线旅行社（online travel agency，OTA）激烈争夺游客群的“红海”，主播的“粉丝”群体更是“令人垂涎”的用户“蓝海”。以去哪儿网和斗鱼直播联办的“519 疯游节”为例，该活动主要有优惠促销和“网红”试玩两个环节，结果活动不但吸引了众多观众疯狂抢购 1 元酒店等优惠产品，而且“网红”试玩九寨沟等八个景区也吸引了许多“粉丝”围观。

资料来源：高琳．基于网络直播的乡村旅游营销策略探析［J］．农业经济，2019（6）：143 - 144.

第二节　旅游企业一体化

一、旅游企业的横向一体化

（一）横向一体化的含义

横向一体化方式广泛使用于旅游产业中。旅游企业可以通过横向兼并或者收购，使企业未来能够提高价格，增加利润率，提高增长率和市场份额，提高进入壁垒和企业市值等。旅游企业还可能通过横向一体化方式，降低不确定性，为企业提供更高的环境控制能力。

因此，旅游企业的横向一体化是旅游企业通过兼并、联合同类企业或投资组建新的经营单位形成的多地点的企业集团，以扩大企业规模、形成产业集中，也称为水平一体化。

（二）横向一体化的原因

旅游企业横向一体化的原因有多方面，其中产业集中但不能形成垄断、多地点经济和横向边界是主要原因。

1. 旅游产业集中但不能形成垄断

旅游产业所提供的旅游服务具有空间固定性，形成的产业集中或者垄断是局地性的。同时，旅游服务又具有时间固定性，同样形成的产业集中或垄断是暂时性的。并且，旅游需求的高替代性使旅游产品垄断价格难以形成。

2. 多地点经济

多地点经济是指随着旅游企业经营地点延伸、市场经营空间范围扩大而产生的单位经营成本下降和全程经营利润增加的现象，是规模经济在产业中的具体表现形式。

3. 横向边界

任何一个旅游企业在横向一体化过程中，都存在边界。从物理角度看，旅游企业横向一体化的物理边界包括了全球范围；从经济学角度看，旅游企业横向一体化的经济边界是边际收益等于边际成本；从企业管理角度看，旅游企业横向一体化的企业边界取决于企业的资源、流程和价值观。

（三）横向一体化的形式

1. 横向兼并与横向收购

旅游企业横向兼并是指两家或两家以上具有相同服务功能并且相互独立的旅游企业合并成一家企业，通常是由一家占有优势的旅游企业吸收一家或多家企业。兼并类型有吸引兼并和创立兼并两种。横向兼并是多家企业在自愿的基础上，依据法律通过订立契约而结合成一个企业的组织调整行为。通过兼并原有企业的业务，集中到合并后的新企业中，多家企业的财产变成一家企业的财产，多个法人变成一个法人。企业兼并是一把“双刃剑”，它的影响既有积极的一面，又有消极的一面。从积极的方面看，兼并是推动旅游产业结构调整的重要手段，通过企业兼并，旅游生产要素得以向优势企业集中，社会资源配置得到优化，企业自身发展壮大。从消极的方面看，兼并导致的市场集中如果超过一定的限度，就会产生垄断势力，由此可以带来低效率。因此实行市场经济的国家都非常重视通过适当的产业组织政策来调节企业的兼并行为，使其保持在一个适度的水平上。

2. 横向联合

横向联合是指两家或两家以上的旅游企业为了实现互利的目的共同投资或分享信息所结成的一种合作关系。从性质上看，横向联合是一种松散型的横向一体化方式。

【案例】

饭店业的横向联号与兼并

1993 年，摩根斯坦利财团（Mon Stanley Group Inc）投资 6.2 亿美元购买了当时全球第 22 大的联号红屋顶饭店联号（Red Roof Inns）的 210 家饭店；1994 年，私人控制的史达屋财团（Starwood Cap－ital Group IP）和高盛公司（Goldman，Sachs&Co.）合作，花费 5.37 亿美元购买了威斯汀饭店联号（Westin chain）；1992 年，黑石集团（Blackstone Group）下

属的私人控股投资银行（Blackstone Capital Partners LI）用 2.5 亿美元从 Tollman - HundleyHte 手中购买了 Days Inr，包括 132 座特许经营饭店，在此基础上形成了酒店特许连锁系统股份有限公司（HFS）；1999 年 1 ~5 月，不动产发展商和饭店所有者哈克姆（Efrem Harkham）通过成立卢克斯公司（ Luxe Worldwide Hospitality），先后兼并了 Jarinen Worldwide Hotels（拥有 100 家饭店）、Boutique Hotels Of Australia（拥有 80 家饭店）、Robert F. Warner distinguished Hotel Group（拥有 120 家饭店），迅速成为在 5 个国家拥有超过 3 万间客房的能够提供预订、营销、管理和特许经营的公司。

资料来源：历新建，张辉．旅游经济学原理［M］．北京：旅游教育出版社，2019.

二、旅游企业的纵向一体化

（一）纵向一体化的含义

旅游产品和服务的生产与销售涉及众多的企业活动，从获取旅游目的地各种旅游要素暂时使用权开始，到旅游产品的组合以及产品的分配和销售整个过程，我们称之为纵向链条，也就是旅游产业链或者旅游产品链。

从旅游产业链或者产品供应链入手研究旅游产业内企业之间的各种关系时，我们会发现处于产业链上的各个旅游企业在市场上或在旅游产业的职能是不同的，有的企业在旅游产业链上居于“上游企业”，有的企业则居于“下游企业”。这样，在旅游产业内不同职能的企业之间便会形成一种上下链的经济关系。面对这种经济关系，旅游企业可以有两种不同的选择，一种是自己生产和销售，另一种是通过市场交易。前者形成企业组织关系，后者形成市场交易关系。无论是企业组织关系还是市场交易关系，我们把这两种关系都称为旅游产业的纵向结构，也即旅游企业纵向一体化。

就旅游产业的实际情况来说，纵向结构大多数是以各种复杂的契约安排形式建立起来的，这些契约安排称为纵向约束。由于每个组织在旅游产业链上的各个层次所处的市场地位不同，所以这种以旅游产业一体化所形成的纵向关系是比较复杂的。

（二）纵向一体化的原因

1. 节约制度引起的费用

实行纵向一体化经营的旅游企业可以节约由于制度安排所引起的费用。旅游服务从其特性分析，具有高度协调性和一体化服务的特征。旅游者投诉、旅游服务质量不符合契约要求及旅游收入拖欠等问题的大量出现，在一定程度上是旅游服务市场失效的表现，市场失效引起旅游企业相关费用的增加。通过旅游企业纵向一体化的制度安排，可以相对减少市场的外部性，并通过内部组织对市场替代使其内部化。一般说来，旅游企业经营纵向一体化是作为内部组织替代市场的一种形式，具有激励、控制和内在结构优势，内部组织创造了一个不同于外部市场的激励机制，消除了由市场制度安排所形成的交易双方对立的谈判关系，各种原有的利益主体通过组织形式达到了协调。同时，通过纵向一体化经营，旅游企业获得了一种对其经营过程带有强制性的控制手段，拥有一种比较有效的冲突解决机制，可以极大地发挥组织的效用，有效地控制旅游服务链条并对该链条上的经营活动全过程进行准确的绩效评价。

2. 避免外部不经济现象

在旅游企业经营活动中，由产权界定不清所引起的外部不经济现象层出不穷。假定市场上有组团社 A 和地接社 B，两者通过短期契约形成了一种交易关系，从而也形成了纵向关系。在旅游团接待过程中，B 社由于压缩了参观项目或降低了服务质量，引起了客人的投诉，形成了 A 社对客人的赔偿或影响了 A 社的市场形象，增加了 A 社的成本。B 社对 A 社产生了外部不经济现象。如果产权的界定是适当的或者契约安排是明确的，B 社便会对 A 社进行补偿；如果 A 社所处的环境（在旅游旺季、旅游目的地属于垄断性经营）对于产权界定与裁决是不健全的，或者不可能通过完全的契约建立交易关系时，A 社便会产生实施纵向一体化经营的冲动和愿望，通过一体化经营使以上制度安排的缺陷内部化。

3. 有效地实施价格歧视

旅游企业一体化经营相对于分散性经营，能更有效地对市场实施价格歧视。旅游企业要想实施价格歧视，必须能对不同的旅游者实施市场隔离。而这个条件只有在旅游企业实施一体化经营时才能满足。

假定有一个处于航线垄断地位的航空公司，为两个具有竞争性关系的旅游市场下游企业提供该航线的航空机票，这两个企业经营着两个不同的市场，一个是商务旅游市场 A，另一个是观光旅游市场 B；再假定商务旅游者对航空机票的需求是无弹性的，观光旅游者对航空机票的需求是具有弹性的。则航空公司可实施价格歧视的机票政策，对商务旅游者市场实行高机票价格，对观光旅游者实行低机票价格，使 $P_A > P_B$。

当下游这两个经营不同市场的旅游企业处于竞争的市场环境内时，旅游企业提供给旅游者的最终机票价格将等于航空公司提供给它们的机票价格。也就是说，这时的市场价格如同航空公司直接将机票销售给旅游者的最终价格。由于航空公司对两个旅游市场实施了价格歧视（$P_A > P_B$），市场会出现在这两个市场间的套利现象，处于商务旅游市场 A 的旅游企业也许会通过各种方式从观光旅游市场 B 的旅游企业购买航空机票，或者出现处于观光旅游市场 B 的旅游企业以 P_B 的价格购买航空机票转销给商务旅游市场 A 的旅游企业，这种机会主义现象的出现将会破坏航空公司的价格歧视政策。有效的方法是实施一体化经营，通过购买或兼并观光旅游市场 B 内的一个旅游企业，并以 P_B 的价格作为这个企业的最终价格，然后以 P_A 的价格向市场 A 和市场 B 的其他旅游企业出售航空机票，即通过内部化的形式来实现价格歧视政策。因此，只有在一体化经营的框架内，旅游企业才能区分旅游者群体，才能对这些群体进行市场隔离。

4. 增加市场进入壁垒

尽管旅游企业实施纵向一体化经营的主要目的是通过一体化的企业组织形式解决市场的失效问题，而非对市场进行垄断，但实施纵向一体化经营的旅游企业确实抬高了新企业进入市场的壁垒。因为纵向一体化扩大了旅游企业的规模，而规模越大进入市场所需资金也就越多，所需资产专用性就越强，进入市场的难度也就越大。旅游企业纵向一体化会使那些准备进入旅游产业的新企业无法与那些控制了资源供给的一体化企业进行竞争，实施了纵向一体化经营的旅游企业便形成既定的竞争优势，客观上形成了市场的进入壁垒。

5. 减少了道德风险的发生

旅游企业实施纵向一体化经营也在一定程度上减少了道德风险的发生。在纵向分散结构中，由于市场交易契约的不完备、信息的不对称和机会主义的存在，旅游市场的交易极有可能产生道德风险。目前，旅行社之间的拖欠款现象、不按预先合同进行接待的现象、倒卖出国配额现象都是道德风险的具体表现形式。理性地说，这些道德风险可以通过长期的契约以及严密的合同来规避，但不确定性的存在增加了道德风险防范的难度，特别是风险与决策之间的混淆使得我们难以划分道德风险与自然风险决策之间的界限。通过纵向一体化经营，旅游企业便有了防范道德风险的控制机制，通过激励组织手段来减少道德风险。

（三）纵向一体化与产业生命周期

旅游企业纵向一体化与旅游产业生命周期存在着密切关系。劳动分工受到市场范围的限制，在新兴产业的企业当中，纵向一体化广泛存在；随着产业的成长，将会观察到一体化的解体，而随着产业逐渐走向衰落，将出现重新采取一体化的现象。

旅游市场需求规模是与旅游产业的生命周期相联系的。在旅游产业发育初期，新兴的旅游产业对所有的经营者均是一个陌生的课题，由于不清楚旅游活动的内在规律，所以不可能通过市场分工，而必须通过边干边学的方式来认识掌握旅游经营过程中的各项技术问题，旅游企业也必然会形成一体化经营的现象。如在我国旅游发展的初期，旅行社产业之间没有形成分工，旅行社既是批发商同时也是零售商，既是组团社也是接团社，在旅行社之间没有形成一体化经营的格局；对于航空公司来说也是如此，也没有通过社会分工将其机票销售业务交付给专门的代理商或旅行社销售。出现这种产业内一体化现象是与我国旅游市场规模特别是国内旅游需求规模过小分不开的。只有当旅游产业发展进入成长期后，市场需求规模不断扩大并且具有广阔的发展前景，每项职能都具有一定规模的业务量时，旅游服务或产品的各项职能才会通过各种形式的分解转化为各个具有不同专业化职能的企业，只有到了这个时候，旅游产业的专门化才会形成。因此，可以进一步推断，旅游产业将有一个从纵向一体化到纵向分散化，再到纵向一体化的演变过程。

（四）纵向一体化的形式

旅游企业的纵向一体化可以有两种形式：一种是纵向集中，即通过资本扩张形成的纵向一体化；另一种是纵向联合，即通过各种形式的战略联合形成的纵向一体化。纵向集中和纵向联合是发生在旅游产业链上两个不同层次之间的组织的集中。这种集中可以是前向的，如旅游批发商兼并旅行代理商，航空公司兼并旅行社，形成前向一体化；也可以是后向的，如旅游经营商兼并航空公司或者旅游目的地的饭店企业，形成后向一体化。

旅游企业纵向一体化还有一种特殊形式，便是混合兼并。混合兼并是不同产业企业与旅游产业企业之间的兼并，这类兼并的主体多为与饭店关系密切的房地产企业银行财团等。

旅游企业纵向一体化存在高级纵向一体化和低级纵向一体化之分。我们可将我国现行的旅行社业水平分工体系下的“全能旅行社”和饭店业的“全能饭店”称为低级纵向一体化。以我国饭店业为例，在我国旅游经济发展初期饭店数量有限的情况下，每个饭店都需要有自己的洗衣房，但是随着饭店数量增多，这时就可以将洗衣房从饭店的生产服务工序中分离处理，形成独立的专业化的厂商，这被称为非核心资源外取或者外包。

【案例】

旅游企业的纵向一体化现象

华侨城集团：华侨城无疑是国内最知名的文旅品牌之一，旗下欢乐谷、锦绣中华、世界之窗享誉全国。同时，华侨城集团的彩电品牌也是国内知名品牌——康佳。康佳不仅制造彩电，还有手机、白色家电、厨卫电器，净水系列、日用生活电器、LED、机顶盒及相关产品的研发、制造和销售，兼及精密模具、注塑件、高频头、印制板、变压器及手机电池等配套业务，是中国领先的电子信息企业。“KONKA 康佳”商标被国家认定为“中国驰名商标”，并入选“中国最有价值品牌”。康佳集团发布财报，2018 年营业收入 461.27 亿元，约是华侨城旗下全部欢乐谷主题公园运营收入 10 倍多。

中青旅：中青旅是我国著名的旅行社企业品牌。中青旅的全资子公司风采科技，从事彩票销售网络技术支持，并营运云、贵、川三省福利彩票销售业务。在中青旅每年财报中将彩票收入和另一副业 IT 技术合并，称为“IT 产品销售和技术服务”业务。2017 年，中青旅“IT 产品销售和技术服务”业务营业收入 30 亿元，是中青旅 2017 年景区经营业务收入的 2 倍，景区经营业务指的是乌镇和古北水镇。

中国旅游集团：中国旅游集团是大型旅游央企，前身为港中旅集团。曾经在很长一段时间里，该集团钢铁板块贡献的营收远大于旅游。例如，2013 年、2014 年港中旅钢铁板块营业收入分别为 260 亿元、238 亿元，旅游板块仅 143 亿元、145 亿元。此外，港中旅还有陕西渭河发电公司，每年发电营业收入约 22 亿元。港中旅在 1993 年进入钢铁行业，彼时钢铁行业正处于快速发展期，旅游行业则相对发展缓慢。二十多年后，形势发生了大逆转，旅游行业规模越来越大，而钢铁、发电行业则陷入产能过剩、盈利前景惨淡等困境。2015 年 12 月，港中旅宣布无偿转让所持有旗下钢铁公司和焦炭公司给河北省国资委。后续，发电业务也剥离出去，并和中国国旅集团整体合并为中国旅游集团。

金陵饭店：1983 年开业的金陵饭店是国内最早的一批现代化酒店，曾经是中国第一高楼，多次成功地接待世界多国政要及名流巨商。截至 2017 年末，金陵饭店连锁经营的 136 家优质酒店遍布全国 74 个城市。但除了酒店业务，金陵饭店营业收入中还有一大块是糖酒批发，其子公司江苏苏糖糖酒食品拥有茅台、五粮液、张裕等 450 个品种酒水在江苏地区的总经销代理权，是江苏省内高中档酒类品牌的最大营运商。2017 年这部分营业收入达 2.9 亿元，仅次于酒店业务的 4.5 亿元。

宋城演艺：宋城演艺旗下拥有多个经营效益出众的旅游景区，如宋城千古情、丽江千古情、三亚千古情等。然而，本来是旅游景区连锁品牌标杆的它，在2015年令人猝不及防的以26亿元收购了一家互联网直播公司“六间房”。如今，六间房成为宋城演艺营收的重要支撑，2017年六间房贡献12亿元营业收入，占宋城演艺总营业收入的41%。六间房和宋城演艺的景区业务、受众群体、渠道、运营模式、核心卖点均不相同，基本没有协同的可能。不过，26亿元收购了六间房后，宋城演艺的市值从100多亿元飙升至500多亿元。

湖北文化旅游投资集团：湖北文化旅游投资集团的前身是鄂西生态文化旅游圈投资公司，定位为服务鄂西生态文化旅游圈建设的大型国有企业，以鄂西生态文化旅游圈总体规划和相关专业规划为依据，促进鄂西地区景区、旅行社、酒店等旅游产业加快发展。旗下有恩施大峡谷、长阳清江画廊景区、神农架滑雪场等景区。不过，其旗下还拥有湖北唯一的省属大型农产品外贸国有企业。2015年，鄂西生态文化旅游圈投资公司粮油贸易收入13.8亿元，是旅游营业收入的2.4倍。

锦江国际集团：锦江国际集团是我国酒店行业的本土品牌，但是锦江国际的纵向一体化与“汽车”相关，其不仅是上海第四大出租车运营商，还拥有规模庞大的汽车租赁、物流仓储、冷链配送等业务。汽车销售和维修也是锦江的一项业务，其拥有大众、丰田、日产等多家4S特约汽车经销店，以及一类资质的修理厂、品牌车辆特约维修站，形成汽车销售、汽车修理、售后服务、维修保养、二手车交易等一条龙服务系统。2016~2018年，锦江的汽车销量分别为5608辆、5266辆、6261辆；同期，销售收入分别为8.21亿元、8.43亿元、9.85亿元。

资料来源：笔者根据各企业网站资料整理。

第三节　旅游企业跨国经营

旅游企业形成跨国经营是所有权特定优势、旅游企业市场内部化和东道国旅游区位优势三者相互结合和作用的结果。一个特定的旅游企业所拥有的所有权特定优势越大，内部化动机越强，东道国旅游区位特定优势越大，则这个旅游企业在东道国进行旅游投资的动力就越强，旅游企业跨国经营实现的可能性就越大。为此，我们从旅游活动国际化和旅游企业国际化两个层次探讨旅游企业的跨国经营。

一、旅游活动国际化

对国际化问题的研究通常是企业层面的，但是在旅游经济学研究中旅游的国际化与旅游企业跨国经营是两个不同的问题。美国学者罗宾逊在《企业国际化导论》中指出，国际化过程就是生产要素流动性逐渐增大的过程中，企业对市场国际化而不是对某一特定国家市场做出的反应。从罗宾逊的观点推广开去，国际化是旅游企业根据全球国际旅游行为的产生并不断增加的市场环境，有意识地进行国际旅游市场经营活动的行为。因此，旅游的国际化应该包含两层意思，一是旅游活动的国际化，二是旅游企业跨国经营，前者是旅游企业为国际旅游者提供产品或服务的市场行为，后者是旅游企业跨国直接投资经营的行为。

在没有国界和人为约束的条件下，在工业化完成或向工业化运动中，人们具备了一定的旅游需求条件时，其旅游空间行为会是怎样的呢？若假设不存在国界和人为约束，虽然在全球范围内由于旅游吸引力的原因，有些地区不会成为旅游者的旅游目的地，但只要交通条件具备，旅游者必然会越过地区界限，在全球范围内去寻求自身的旅游满足，人们的旅游活动的交易行为不再是地区范围的行为，而是全球范围内的行为。如果是这样也就不存在旅游国际化问题。所以说，国际化问题是相对于国界约束的旅游活动而言的。如果我们将国界因素除去，这种行为实际上是一种跨地区旅游活动的行为，与旅游者在国内不同地区旅游的行为没有本质上的区别，引起国内旅游行为产生的各种因素都会作用于国际旅游行为。因此，旅游活动的国际化是旅游者的旅游空间范围冲破了国界的约束，国与国之间的旅游联系以及由此而形成的经济联系，导致一国旅游市场同国际旅游市场的融合，最终向旅游无国界转变的过程。

旅游活动国际化的过程是世界各国社会经济发展高级阶段中所出现的一种文化消费的现象，它既是一个自然发展的过程，同时也是工业化发展的过程，更是国民意识与人们的生活方式转变的过程。由于旅游者在世界各国间进行旅游选择，只要旅游资源所表现出来的旅游吸引力能充分满足不同旅游者的需要，只要交通条件符合旅游者的时间约束和支出的经济利益，只要各国在跨国旅游方面没有特殊的限制，世界上每一个国家都可能成为各国旅游者的旅游目的地，一国的旅游市场也必然与世界旅游市场相融合，地区旅游市场也必然是全球旅游市场的重要组成部分。

然而，旅游活动的国际化并不一定意味着旅游企业跨国经营的出现。也就是说，旅游活动的国际化仅仅是旅游企业跨国经营的必要条件而非充分条件。当旅游活动进入国际化时代时，旅游者国际旅游行为的实现可以通过本国旅游企业的跨国旅游经营行为来完成，也可以通过旅游者所在国的旅游企业与旅游目的国的旅游企业之间的市场交易行为来完成。如同国际贸易活动一样，旅游者的出国旅游，形成了旅游目的国的旅游服务贸易的出口，形成了旅游客源国的旅游服务贸易的进口，这种进口与出口的行为完全可以通过两国旅游企业之间的市场交易来完成。这时，旅游活动虽然国际化了，但并没有形成跨国经营，对旅游目的国的旅游企业而言，接待国际旅游者如同接待国内旅游者一样，在经营上和制度上没有重大变化，唯一不同的是国际旅游接待可以形成国际结算以及外汇收入。

因此，我们要看到，旅游企业的跨国经营是多重因素共同作用的结果，即使单就市场因素而言，中国旅游企业在对本国公民需求、消费特点以及行为趋势等方面也还缺乏深层把握，此外，还有许多因素值得我们认真思考。只有在思想上高度重视可能存在的问题，我们才能更好地发挥潜在的优势，使我国旅游企业的国际化进程顺利、有效地展开。

二、旅游企业跨国经营的形式

旅游企业的国际化是以旅游活动的国际化为前提的，没有旅游活动国际化的旅游企业是不可能形成国际化经营的。一般而言，旅游企业的国际化包含两层含义。其一是国内市场的国际化，即国内旅游市场成为世界旅游市场的重要组成部分，表现为本国旅游企业的国际化；其二是本国旅游企业对国际旅游市场的资本参与和扩张，表现为国际化了的本国旅游企业。因此，将旅游企业跨国经营的形式分为以下两种类型。

（一）“内向型”国际化方式（“请进来”）

旅游企业“内向型”跨国经营的方式是在一个国际旅游目的地，外国旅游企业通过合资、独资等直接投资的形式进入本国旅游市场，在本国旅游产业中建立旅游企业，这些旅游企业主要向投资国的旅游者提供到东道国旅游的各项服务，当然也向东道国的国内旅游者提供各项服务。这是一种开放吸引式的国际化，可称为“内向型”旅游企业国际化。包括中外合作合资经营、特许经营、管理合同和虚拟经营等内容。

这种形式的旅游企业国际化是建立在旅游客源国的基础之上的。也就是说，“内向型”国际化是在国内旅游发展已经成熟，旅游者的旅游地域不断延伸，出国旅游已成为这些国家旅游者的一个重要需求时才出现的现象。当然并不是说只要有了本国居民的跨国旅游，就会有这种形式的旅游企业国际化，较之旅游活动的国际化，旅游企业的国际化在时间上具有一定的滞后性，只有当本国居民的跨国旅游形成一定规模，并且旅游流向与流量相对于集中在一个或几个特定的旅游目的国时，才会出现旅游企业的国际化问题。

旅游企业“内向型”国际化形式，表面上形成了旅游客源国与旅游目的国的旅游经济联系，通过这种旅游联系或多或少能为旅游目的国带来一定的经济收益，形成一定的旅游服务贸易外汇收入，特别是对于那些发展中国家，其经济意义更是重大。然而，这种经济联系是建立在满足客源国的旅游者需要的基础之上的。

（二）“外向型”国际化方式（“走出去”）

“外向型”国际化方式是在一个旅游者客源地，本国企业向本国旅游者出游选择的旅游目的国直接投资，建立功能不同的旅游企业，为本国居民提供跨国界的旅游服务，也称为“外推型”旅游企业国际化。按照旅游企业的国际化过程，具体分为三种形式：

（1）初级形式。某国的旅游企业在本国境内接待另一国的旅游者；或某国旅游企业到客源国设立旅游代表处、从事跨国招徕业务。

（2）中级形式。某国旅游企业通过签约形式与另一客源国的一个或多个旅游企业进行合作，从事组团招徕业务；或通过合资的方式开展跨国旅游业务。

（3）高级形式。某国旅游企业在另一国直接投资建立旅游企业；或综合应用直接投资、合资、租赁、并购、管理合同、特许经营、联号扩张、集团化发展等多种商业运作工具来拓展自己在全球旅游市场的份额。

从旅游企业跨国经营的主体来看，旅游企业“外推型”国际化形式的经济意义更为重大。旅游企业“外推型”国际化形式也是建立在旅游活动国际化的基础之上的，特别是本国居民旅游活动的国际化以及这种国际化旅游的规模。从满足条件来说，旅游企业“外推型”国际化形式的国家不再是仅仅作为一个旅游目的地国家，而是作为一个旅游客源国出现。

综上所述，对大多数国家，旅游企业国际化应该包括“内引型”国际化形式和“外推型”国际化形式两个部分。旅游企业“内引型”国际化形式形成了明显的旅游客源国与旅游目的国之间的旅游关系，而且是以旅游客源国为市场主宰的关系。作为旅游客源国国民跨国界旅游的一个空间环节，旅游目的国成为客源国旅游企业的一个旅游经营的“飞地”就旅游的社会分工来说，旅游目的国成为向旅游客源国输出旅游资源或旅游吸引物的一个基地，更是客源国旅游企业扩展经营领域的一个空间。因此，从作为客源国的发展中国家来说，旅游企业“内引型”国际化形式是旅游企业国际化的最初形式。旅游企业“外推型”国际化形式则是一种双向国际化，发展中国家不仅是一个旅游目的地也是旅游客源地。这样，一个国家既有外国旅游企业资本的进入，又有本国企业资本的输出，以资本与市场建立起来的国与国之间的旅游市场关系也不再是以一个特定的国家为主宰的市场结构，而是更多地表现为一种市场平等的旅游关系，双方的旅游企业可以通过这样的旅游关系在更大的旅游市场上合作，其直接结果是扩大了旅游市场容量、促进了旅游活动国际化程度的进一步提高，因此，这种旅游企业国际化便成为一种高级形式。

第四节　旅游产业市场绩效

一、旅游市场绩效的含义

市场绩效是指在一定的市场结构下，由一定的市场行为所形成的价格、产量、成本、利润、产品质量和品种以及在技术进步等方面的最终经济成果。市场绩效受市场结构和市场行为的共同制约，是市场关系或资源配置是否合理的最终成果标志，它反映市场运行的效率。

旅游市场绩效是在一定的旅游市场结构下，由一定的旅游企业市场行为所形成的在价格、销售量、成本、利润、产品质量、技术进步、社会公平以及环境保护等方面得到的最终成果。

旅游市场绩效是一定的旅游市场结构和一定市场结构下的旅游企业市场行为共同运动的结果，反映旅游市场机制发挥作用好坏的标准。反过来，特定的市场绩效也会改变企业的行为方式，从而进一步导致市场结构的变迁。

二、旅游市场绩效的评价指标

对市场绩效的评价，即判断一个产业或整个经济的绩效是“好”还是“坏”，是“高”还是“低”，取决于所设立的评价准则，这种评价准则就是规范目标。

传统的分析框架中，市场绩效分析是从旅游者的角度来考察的，认为完全竞争最有利于提高市场绩效，垄断偏离完全竞争，从而造成效率损失。由于经济主体的多元化和追求目标的多元化，旅游市场绩效的评价不应仅停留在旅游者的唯一标准上，而应用包括旅游者满意度、旅游企业的效益和利润等在内的多个指标来反映。

（一）旅游者满意度

旅游者满意度是旅游者对其旅游需求被满足程度的内心感受。旅游者满意度是检验旅游城市和城市旅游核心竞争力的关键因素，也是稳定和扩大旅游者群体的根本动力。旅游者满意度高低的衡量可以通过旅游者满意度测评模型来进行。

（二）旅游企业经济效益

经济学理论认为，在完全竞争市场中，资源可以在不同行业自由流动，产品价格完全由供求关系决定，从而使得资源配置达到最优。此时，所有企业都只能获得正常利润，各行业利润率也趋于平均化。市场越偏离完全竞争状态，产业利率就越高，资源配置效率就越低。因此，利润率水平可以作为衡量资源配置效率的一个指标。从另外一个方面来看，对企业来讲，作为独立核算的营利性组织、其利润最大化的动机是十分明显的。因此，利润率是一个考察行业经营绩效的重要指标。

旅行社业由于行业门槛较低，存在着旅行社企业数量规模的扩张速度大于旅游市场的增长速度，竞争尤为激烈，行业整体盈利能力较低，行业利润出现了不同程度的负增长，与发达国家的差距较大。究其原因，在现有的市场结构下，旅行社除了面对国内竞争对手，还要面对国外旅行社、在线旅游新模式等各方面的竞争。此外旅游者日益增强的自主意识和个性要求也对旅行社形成了一股强大的压力。相关资料显示，近几年来全国总体的市场化率都在下降。市场化率是指旅行社组织和接待的客源总人次，反映了旅游者接受旅行社服务的比率。

酒店业方面，客房收入是其收入的主要来源，仍然延续着星级越高效益越好、外资酒店经营状况好于内资酒店的特点。从客房支出成本、餐饮支出成本及多元化经营方式等角度考虑，在餐饮上还有较大文章可做。

思考题

1. 旅游企业的价格策略是什么?

2. 旅游企业的横向和纵向一体化方式是什么？并举例说明。
3. 旅游企业跨国经营的主要形式及其意义是什么？
4. 旅游产业的市场绩效应如何评价？

拓展阅读

1. 郭强，尹寿兵，刘云霞，等. 初始资源、社会资本对旅游小企业成长的影响研究——以宏村为例 [J]. 旅游学刊，2019，34（12）：36 - 47.

2. 尹寿兵，郭强，刘云霞. 旅游小企业成长路径及其驱动机制——以世界文化遗产地宏村为例 [J]. 地理研究，2018，37（12）：2503 - 2516.

3. 王彩萍，别婉文，徐红罡. 中国企业跨国并购旅游业务的特征与绩效 [J]. 资源开发与市场，2018，34（5）：735 - 740.

第八章　旅游经济效应

［学习目的］

了解旅游收入概念、类型，掌握旅游收入的初次分配与再次分配的方式，掌握旅游乘数和旅游漏损效应。

［重点难点］

重点是旅游收入和旅游分配，以及旅游乘数效应；难点是旅游乘数效应。

第一节　旅游收入效应

旅游收入是旅游经济活动的重要内容。它一方面反映了旅游者的旅游需求通过旅游经营者的旅游供给而不断得到满足；另一方面又体现着旅游产业部门和企业在生产经营活动中的价值运行与价值实现过程中，自身不断得到发展。旅游收入与分配是旅游经济运行的前提，是旅游经济效益的直接体现。

一、旅游收入的含义

（一）概念

旅游收入是指旅游目的地国家或地区在一定时期内（以年、季度、月为计算单位）向旅游者销售旅游产品、旅游商品和其他劳务而获得的全部货币收入，即旅游目的地国家或地区向旅游者提供旅游资源、设施设备、交通工具、旅游劳务和旅游购物品所换取的货币。

旅游收入直接反映了某一旅游目的地国家或地区的旅游经济运行状况，是衡量旅游经济活动及其效果的一个不可缺少的综合性指标，也是某一国家或地区旅游业发达与否的重要标志。

（二）作用

1. 旅游收入体现了旅游业对国民经济的贡献

旅游收入的多少，一方面体现着旅游接待量的增减、旅游服务质量的高低、旅游产品的畅销程度和旅游者旅游需求的满足程度；另一方面也体现着旅游业对国家做出贡献的大小，以及对国民经济的促进和影响作用。

在旅游产品生产或经营成本不变的情况下，旅游收入的多少与旅游利润成正比例关系。旅游收入越多，旅游利润就越大；反之，旅游收入越少，旅游利润就越小。由此可见，旅游收入的增长对旅游企业的发展起着决定性的作用；同时对国民经济和旅游业的发展也起着举足轻重的作用。

2. 旅游收入体现了货币回笼和创汇的状况

旅游经营活动包括国内旅游业务和国际旅游业务两部分。通过开展国内旅游业务，可引导人们进行合理消费，同时通过销售旅游产品和提供服务，完成回笼货币的任务。通过开展国际旅游业务活动，努力销售本国各类旅游产品，取得旅游外汇收入，对减少国家外贸逆差、平衡外汇收支、增强外汇支付能力以及增加国家外汇储备做出贡献。

3. 旅游收入反映了旅游经济活动的成果

旅游收入体现了旅游经济活动的成果，旅游收入的增加标志着流动资金周转的速度。每一次旅游收入的取得，都标志着在一定时期内、一定量的流动资金所完成的一次周转。因此，在一定时期内，旅游收入取得的越快、越多，就意味着流动资金周转次数越多、速度越快，占用的流动资金越少，旅游企业的经济效益就会更好。

二、旅游收入的分类

（一）按经营业务不同划分

1. 国内旅游收入

国内旅游收入指旅游目的地国家或地区因经营国内旅游业务而取得的本国或本地区货币收入。国内旅游收入来源于本国居民在本国境内的旅游消费支出，它一般不增加目的地国家或地区的国民收入，而只是本国物质生产部门劳动者所创造的价值的转移和地区间收入的再分配的结果。所以，国内旅游收入体现了该国家或地区范围内经济发展的状况以及国家与企业、企业与企业、企业与居民之间的经济关系，属于国民收入再分配的范畴。

2. 国际旅游收入

国内旅游收入指旅游目的地国家或地区因经营境外旅游者来本国或本地区的旅游业务而取得的境外货币收入，通常被称为旅游外汇收入。

国际旅游收入来源于境外旅游者在旅游目的地国家或地区境内的旅游消费支出，是其他国家国民收入流入旅游目的地国家或地区，用于补偿旅游产品价值的部分。因此，对于旅游目的地国家或地区而言，国际旅游收入是外来经济对本国经济的“注入”，具体表现为旅游目的地国家或地区社会价值总量的增加。这也就等同于旅游目的地国家或地区对外输出旅游产品，是以一种特殊的形式而进行的对外贸易，体现着旅游客源地与旅游接待地之间的国际经济关系。国际旅游业从旅游者那里获取的外汇收入，扣除物化劳动和活劳动价值后的差额，就是国际旅游业的利润。

因此，国际旅游业同其他生产行业一样，为社会创造或增加了新价值，这部分价值就构成了一个国家或地区总收入的一部分，所以，它属于国民收入初次分配的范畴。

（二）按旅游需求的弹性不同划分

1. 基本旅游收入

基本旅游收入指在旅游过程中，旅游目的地国家或地区向旅游者提供旅游交通、食宿、景点游览等必需的基础设施和旅游服务所获得的货币收入的总和。

它来源于旅游者在旅游过程中必须支出的费用。与基本旅游收入相关联的旅游产品，通常其旅游需求的价格弹性和收入弹性都较低，即不论旅游者收入水平、支付能力高低以及产品价格变化如何，旅游者在旅游过程中都是必须购买的。换言之，从每一个旅游者身上获得的基本旅游收入是比较稳定的。正是由于这一点，对一个旅游目的地国家或地区而言，在其他条件不变的条件下，总的基本旅游收入与旅游者人次数、人均停留天数、人均每天基本旅游消费支出等成正比。即旅游者人次越多、旅游者的人均停留天数越长、人均每天基本旅游消费支出越多，基本旅游收入就越多。可用以下函数关系来表示：

$$R=f(N;S;T)=N\times S\times T$$

其中，R 表示总的基本旅游收入，N 表示旅游者总人次数，S 表示旅游者人均每天基本旅游消费支出，T 表示人均停留天数。

通过对基本旅游收入及其增减速度的分析，可大致了解一个国家或地区的旅游发展状况。

2. 非基本旅游收入

非基本旅游收入又称边缘旅游收入，是指旅游目的地国家或地区向旅游者提供的非必需的旅游产品和服务（如医疗保健、邮电通信、修理、咨询、购物等）所获得的货币收入。

旅游者对于这一类支出，可根据自身的收入水平、支付能力、需求层次、兴趣偏好等来自愿灵活的进行选择，所以说非基本旅游产品的需求弹性都较大，因此通过提供此类旅游产品而形成的非基本旅游收入就具有不确定性的特点，与旅游者人次、逗留时间等因素也没有必然的正比例关系。但是，它在旅游收入总量中所占比重的大小，却可以反映出一个国家或地区旅游业发展的深度。旅游业越发达，旅游经济运行机制越完善，非基本旅游收入比例就越高。

（三）按旅游收入的构成不同划分

1. 商品性收入

商品性收入指向旅游者提供实物形式的商品而得到的货币收入，包括商品销售收入（如销售各种生活用品、工艺美术品、旅游纪念品、土特产品、药品、书报杂志等）和饮食销售收入（指为旅游者提供膳食、酒水饮料等而得到的收入）。

2. 劳务性收入

劳务性收入指向旅游者提供各种劳务性服务而获得的收入。

劳务性收入有以下几种：

（1）旅行社旅游业务收入，指旅行社在包价旅游收入中扣除支付给有关部门的住宿费、餐费、交通费、文娱活动费等费用后，余下的翻译导游费、各项手续费及其他服务性收入。

（2）住宿费，指为旅游者提供饭店、宾馆客房等住宿服务而得到的收入。

（3）交通费，指为旅游者提供地区间的飞机、火车、轮船、汽车等长途运输和市内交通服务而获得的收入。

（4）文化娱乐费，指为旅游者提供游览观光、文艺表演等各种文化娱乐服务而得到的收入。

（5）邮电通信费，指为游客提供邮寄文件、包裹、长途电话、电报等服务而获得的收入。

（6）其他，指为旅游者提供上述各项服务以外的其他服务而得到的收入，如医疗、美容、洗染等。

三、旅游收入的分配

按照现代西方经济学的国民收入核算理论，整个国民经济体系由家庭、企业、政府和外国四个部门和产品、要素、金融三个市场组成。国民收入的分配是在这四个部门、三个市场之间的流量循环和分配过程。

旅游收入是旅游目的地国家或地区各旅游部门和企业经营收入的总和。旅游收入分配的理论基础是现代西方经济学的国民收入核算理论。因此，旅游收入的分配同国民收入的分配一样，通常都是经过初次分配和再分配两个过程来进行和完成。

（一）旅游收入的初次分配

1. 概念

旅游收入的初次分配是在直接经营旅游业务的旅游部门和企业内部进行的，分配的内容是旅游营业总收入中扣除了当年旅游产品中所消耗掉的生产资料价值后的旅游净收入。

2. 分配领域

在一定时期内，旅游企业付出了物化劳动和活劳动，向旅游者提供满足他们需要的旅游产品，从而获得营业收入。但所获得的营业收入并不是全部参与初次分配，应从中扣除当期为提供旅游产品而消耗的物质生产资料部分，如原材料消耗、设备设施折旧、固定资产折旧等。这部分价值属于转移价值，应从当期旅游企业出售旅游产品的收入中直接补偿，即通过营业成本核算转移到经营成本中去，从而使它们在价值上得到补偿，从实物形态上得到替换。

旅游收入初次分配的内容，通常是从旅游收入中扣除当年旅游产品生产中所消耗掉的生产资料价值后的旅游净收入。旅游净收入就是旅游从业人员所创造的新增价值，其在初次分配中可分解为职工工资、企业自留利润及政府税收三大部分，使国家、企业、旅游从业人员三方都得到了各自应得到的初始收入。

（1）职工工资。职工工资是旅游企业根据按劳分配的原则，向旅游从业人员购买劳动力要素而支付的报酬，它是满足职工劳动力恢复和家庭生活需要的支付，也是维持劳动力再生产的必要条件。

（2）企业利润。企业利润即企业净利润，是旅游企业支付职工工资、上缴税收及支付各种利息、租金之后的余额，它留归企业自行分配和使用。

（3）政府税收。政府税收是旅游企业按照国家税收政策的规定向政府缴纳的各种税收，它成为政府财政预算收入的一部分，由政府统筹安排和使用。

（二）旅游收入的再次分配

1. 概念

旅游收入的再分配，是指在旅游收入初次分配的基础上，按照价值规律和经济利益的原则，在旅游业外部即全社会范围内，进一步对旅游收入进行分配，以实现旅游收入的最终用途的过程。

2. 分配领域

旅游收入的再分配是在旅游业的外部，即在全社会经济范围中进行的。其分配的内容和渠道首先是旅游行业和企业为扩大再生产，向有关行业的企业购买各种物质产品和服务、从而使旅游部门和企业的盈利转换为相关行业部门的收入。其次，旅游部门和企业的职工，把所得工资的一部分用于购买他们所需要的物质文化生活产品和劳务，使相关部门企业获得收入。最后，旅游部门和企业把旅游收入中的一部分用于支付各种税金等，从而转化为政府的财政预算，进而用于国家或地区的经济建设、公共福利事业和旅游产业的发展等。

旅游收入再分配的内容，是指旅游企业、旅游行业职工及旅游目的地政府用初次分配得到的旅游收入进行消费或投资，从而形成旅游收入在整个旅游目的地社会中进行再分配。

（1）旅游企业收入的再分配。旅游企业收入的再分配，是为了满足旅游企业简单再生产和扩大再生产的需要，使消耗掉的原材料和物资设备等能得到补偿，并向有关行业的企业购买各种物质产品和服务，以满足自我发展、自我完善所必需的物质条件的需要，因此旅游企业的部分收入就转换为相关行业和企业的收入，从而形成旅游企业收入的再分配。

（2）职工工资收入的再分配。职工工资收入的再分配，是为了满足旅游企业职工的物质文化生活需求，以恢复和增强其体力和智力，持续不断地为旅游者提供优质服务；同时满足劳动者的家庭生活需要，促使劳动力不断地再生产。当旅游企业职工把所得工资的一部分用于购买他们所需要的文化物质产品和劳务时，职工工资就会转变为相关行业和企业的收入，从而形成职工工资收入的再分配。

（3）政府旅游税收收入的再分配。旅游收入中的一部分，通过支付各种税金而转化为政府的财政收入，政府又通过财政预算用于发展国民经济和社会公共福利事业，建立国家社会各项储备基金和社会保证基金，以及用于国防建设支出等；同时还支付国家机关、文教卫生等行政事业单位的经费和工作人员的工资，于是就形成了政府旅游税收收入的再分配。

第二节　旅游乘数效应

一、旅游乘数的概念

（一）乘数

“乘数”是经济学中的一个基本概念。乘数理论反映了现代经济的特点，由于国民经济各部门的相互联系，任何部门最终需求的变动都会自发的引起整个经济中产出、收入、就业等的变动。所以，乘数是指某一经济量和由其引起的其他经济量变化的最终量之间的关系。

（二）乘数效应

乘数的大小取决于边际消费倾向。边际消费倾向是指当可支配收入增加 1 个货币单位时消费增加的量。它是与边际储蓄倾向相对应的。边际储蓄倾向是指当可支配收入增加 1 个货币单位时储蓄增加的量。如果用 K 表示乘数，C 表示边际消费倾向，S 表示边际储蓄倾向，ΔY 表示收入增量，ΔI 表示投资或消费增量，那么，乘数公式可表示为：

$$K = 1/(1-C)$$
$$= 1/S$$
$$\Delta Y = K\Delta I$$

（三）旅游乘数

鉴于旅游业综合性强和涉及面广的特点，旅游学术界在一些旅游经济学的著作中往往对经济学的乘数理论加以修正和发展，形成旅游乘数理论。乘数原理应用于旅游研究时，不是考察投资增量和国民收入之间的倍数关系，而是考察旅游消费增量或旅游收入增量和由其引起的其他经济量变化的最终量之间的倍数关系。因此，旅游乘数的概念可以表述为：旅游乘数是用以测定单位旅游消费对旅游接待地区各种经济现象的影响程度的系数。

二、旅游乘数的类型

（一）收入乘数

收入乘数是指旅游消费所带来的总收入与旅游消费之比，可用来从收入方面说明单位旅游消费额增量所产生的经济效应，分为居民收入乘数和政府收入乘数。

在分析旅游业的经济影响时，收入乘数被认为是灵敏度最高的“显示器”。

收入乘数 = （直接收入 + 间接收入 + 诱导收入）/旅游消费总额

阿切尔称之为“标准”乘数，而“（直接收入 + 间接收入 + 诱导收入）/旅游消费总额”这种所谓的“比率”乘数只能用来描述相关经济部门之间及其同当地消费支出之间的内在关联现象，并不能说明带来单位收入增量所必需“注入”的旅游消费增量。因此，“比率”乘数不是真正的旅游乘数，旅游消费与之相乘对旅游政策和规划的制订指导意义不明显。

（二）销售乘数和产出乘数

销售乘数与产出乘数是旅游乘数的另一重要类型，二者既有联系又有区别。

销售乘数也称为交易乘数，是旅游消费增量和由其引起的销售额增加量之间的倍数关系。该乘数衡量的是单位旅游消费对旅游目的地国家或地区整个国民经济系统的销售额的影响和作用。

产出乘数，是指旅游消费增量和由其引起的产出水平增加量之间的倍数关系。它衡量的是单位旅游消费对旅游目的地国家或地区整个国民经济系统的产出水平的影响和作用。

（三）就业乘数

就业乘数用来说明单位旅游消费所引起的全日制就业机会的数量变化。这一乘数有两种用法：第一，表示单位旅游消费所带来的全部就业人数；第二，表示由单位旅游消费所带来的直接就业人数与间接就业人数之和同直接就业人数的比。这两类乘数均可用来分析旅游业经济影响。

在劳动力大量剩余的发展中国家，就业乘数显得和收入乘数同等重要。由于就业乘数往往要求做出以下与实际不完全相符的假设，因而应谨慎待之：一是不考虑规模经济效应和技术的运用，即产出水平提高后资本/劳动力比率不变；二是每一生产部门现有劳动力都得到充分利用，增加其产品需求必须增加劳动力；三是劳动力市场永远供大于求，从而保证剩余劳动力的供给。

（四）进口额乘数

进口额乘数指每增加 1 个单位旅游收入最终导致目的地总进口额增加的比率关系。该乘数表明一地区随着旅游经济活动的发展，旅游企事业单位以及向旅游企事业单位提供产品和服务的其他相关企事业单位向国外进口物资、设备等数额的增加量与旅游收入增量的关系。

三、旅游乘数的局限性

在旅游经济影响研究中，国外学者普遍认为旅游乘数理论是评价旅游对促进旅游目的地国家或地区经济发展最有效、最有说服力的工具。在 20 世纪 70 年代以后很长一段时期内，该理论成为旅游经济学研究的热点。

但这一工具也存在一定局限性，其不足之处主要表现为：

（1）旅游乘数是一个宏观的概念，用来计算的旅游边际消费倾向、边际储蓄倾向以及边际进口物资倾向等具体数据的可获得性较差。

（2）旅游乘数理论的前提假设，比如，随着旅游需求的增长，旅游目的地国家或地区的旅游供给无论从数量还是质量方面都能相应增长，生产和消费函数是线性的，并且各个产业部门之间的经济联系是固定不变的，相对价格维持不变等，都与现实旅游经济状况存在较大的差距。

（3）旅游乘数理论关注的是变化的最初原因和最终结果的关系，而变化的中间过程并不在它的研究范围内，运用旅游乘数理论来分析和衡量旅游经济影响相对来说还是比较粗略的，加之其必须与旅游漏损分析结合起来才能有效，所以它的应用受到很大的限制。

第三节　旅游漏损效应

一、旅游漏损的概念

旅游漏损是指旅游目的地国家或地区的旅游企业向其他国家或地区购入商品、劳务或由其他原因而发生的外汇支出和流失。

由旅游乘数的含义可知，旅游乘数的大小主要取决于边际消费倾向、边际储蓄倾向、边际进口物资倾向等，边际消费倾向越大，旅游乘数效应越显著，而边际储蓄倾向和边际进口物资倾向越大，则旅游乘数效应越衰弱。其实，就旅游漏损而言，它会使部分旅游收入增量离开本国或本地的经济运行系统，从而不会引发本国或本地产业部门之间的连锁反应，即旅游乘数效应。这相当于边际进口物资倾向增大而全部旅游收入增量的旅游乘数效应变小的情形。因此，旅游漏损是与旅游乘数直接相关的一个重要概念，它会大大削弱旅游乘数效应，应引起各国或各地旅游学者和政府部门的广泛关注。

二、旅游漏损的形式

（一）直接漏损

直接漏损包括以下几方面：

（1）购买旅游开发建设与经营运转所需要的各种进口物资的外汇支出。这些进口物资包括各种原材料、各种建筑和装饰材料、机械设备、食品饮料、高档消费品、燃料、各种办公设备、车辆及其他运输工具、陈设用品等。

（2）为发展旅游业而向国外筹措的外债和贷款的利息，以及合资或独资旅游企业中外国投资者所获得的利润。

（3）旅游业雇用外国雇员的薪金和其他外籍人员的劳务费用。

（4）政府旅游管理部门、各个旅游团体组织或旅游企业在国外进行旅游推销宣传所支付的各种费用成本。

（二）间接漏损

间接漏损包括：

（1）向旅游业供应各种物资和服务的各有关企业或其他机构，为满足旅游业需要从国外进口各种物品和劳动力所造成的外汇流失。

（2）使用进口物资或劳动力程度较高的各种基础设施，因旅游业发展而引起其耗用加大、进口增多而造成的外汇支出。

（三）无形漏损

旅游者增多会使旅游接待地的道路、桥梁、机场设施、排污系统等各种公共设施的磨损加剧，引起各种人为的和自然的旅游资源损坏和环境污染，旅游接待地为此而进行修复、弥补和清除时，有时可能也需要从外国进口某些物资或人力，从而造成外汇流失。除了旅游者增多会引起无形漏损增加之外，由于管理和技术的落后，经济欠发达国家在发展旅游业的过程中要承担更多的旅游无形漏损。

（四）黑市漏损

外国旅游者在旅游目的地购买旅游产品和服务，并非全部用其所携带的外币或通过正式渠道汇兑得到的当地货币来支付，一部分使用通过在当地外汇黑市非法套汇而得到的当地货币来支付。这样，从旅游目的地官方的角度来看，便会造成部分外汇流失。

（五）后续漏损

后续漏损亦称诱导性漏损，是指旅游从业人员个人生活消费中所涉及的外汇外流。直接和间接从旅游企业获得工资收入的各类从业人员，为了自己的生活需要，有时也要用工资收入购买各种进口物品，旅游目的地因为这些进口物品所支付的外汇便形成旅游外汇后续漏损。

（六）先期漏损

先期漏损指旅游经营商向旅游者销售某一国家的旅游产品所获得的全部收入中未进入这一旅游目的国的那部分收入。造成这种先期漏损的因素包括旅游预定方式、旅行距离、使用何国交通工具、交通工具的类别以及旅游者进入旅游目的国的路线等。

三、影响旅游漏损的因素

从长期宏观角度看，旅游漏损率的变化在曲线图上一般会出现“双峰”图形，并且与旅游目的国的社会经济和旅游业的发展程度有着密切关系。在旅游目的国的国际旅游业初创阶段，旅游漏损率一般较低，这是因为这一阶段旅游业的开发和经营规模都有限，旅游者的人数和消费水平也不高，因此旅游外汇收入和前述种种形式的漏损都处于低水平，有的漏损甚至还不曾出现。随着旅游目的国的国际旅游业规模不断扩大，旅游业所需外来贷款和进口数量也会大大增加，旅游漏损率也会随之上升，形成第一个波峰。

在旅游业发展过程中，无论是国际旅游还是国内旅游，都会由于本地区的经济、技术力量不足，在旅游再生产中将大量资金用于在其他地区购置原材料、商品、设备或聘请外地人才协助经营等。这些都会造成该地区旅游收入的外流，从而对本地区的经济发展起不到多大的乘数效应。但旅游业的发展，会刺激一些与旅游业关系密切的其他经济部门的发展，与旅游供给有关的资源开发上的投资额也会随之大大增加，所以在经过旅游业快速发展阶段之后，旅游目的国社会能够满足国际旅游业各种需求的能力也会大幅度提高，从而使旅游业进口需要减少，旅游漏损率也随之下降。

综上，旅游漏损的影响因素包括：

（1）旅游目的国的经济发展水平，包括国内生产总值和人均国内生产总值水平、农业产出和加工能力、制造业产出能力等。

（2）旅游目的国的各种资源的自给能力。

（3）旅游目的国的有关法规、政策，包括有关进口物资的规定、涉及外汇收入与管理的财政金融政策、对旅游业给予资助和贷款等方面的优惠政策、建筑方面的有关规定等。

（4）旅游目的国的人口规模。

（5）旅游目的国的旅游业发展规模。

（6）旅游目的国对外旅游促销所需开展的工作量的大小。

四、降低旅游漏损的对策

不断提高本国产品的质量，对引进的技术和先进设备，要组织人员攻关、研究、就地消化，在符合质量标准前提下尽快投入生产，尽量使用本国产品和设备。

积极培养旅游管理专门人才，学习现代管理方法，使用高效管理手段，树立现代市场营销观念，逐步减少外方管理人员数量。着力开发低漏损旅游产品，如生态旅游、自然旅游、探险旅游、旅游者主动参与式旅游等。加强旅游外汇收支的宏观控制，完善税利机制，以形成公平竞争环境，避免低税企业削价竞争。例如，对各种只用于满足外国旅游者的消费品，尤其是各种高级酒类、饮料之类的高档消费品，征收较高关税和其他税收，抑制这类进口物品的需求和消费；即使仍然发生这类物品的消费，也可使从中获得的旅游收入最大限度地留在旅游目的国之内。制定和完善经济法规和外汇管理办法，对违法经营、干扰市场环境的行为要给予必要的行政处罚与法律制裁，以建立良好的市场秩序。

【专栏】

旅游结构转型效应

随着宏观经济步入“速度换档期、结构调整期和动力更新期”，旅游产业发展方式正呈现三个趋于“新常态”的转变：一是目标导向从规模增长向质量效益转变，二是资源配置从以政府为主向市场决定转变，三是要素体系从旅游产业自身小循环向国民经济整体大循环转变。国内外发展实践显示，文化创意是产业转型升级关键期的加速器、创新源和驱动力。

一、以文化创意塑造品牌，促进旅游产业提质增效

在旅游产业的新常态中，拥有旅游品牌比拥有名山大川、古镇、古建筑文化遗产遗址等更重要，因此，推进提质增效的内涵式发展模式，品牌思维至关重要。以迪斯尼为例，迪斯尼是世界级的旅游品牌，它并非传统意义上的旅游风景名胜资源，而是依靠人的创造力和创意形成的旅游品牌，近百年不断地与时俱进，创新创意，创造历史，造就了迪斯尼品牌的核心竞争力。

二、以文化创意创造价值，推动旅游产业市场创新

旅游产业发展经历了从“跟着资源走”到“跟着市场走”的转型升级，未来“市场跟着创意走”将成为一种新常态，“资源有限，创意无限”，价值创造的过程就是引领市场、创造市场的过程，也是旅游产业升级的新选择。如北京故宫的文创产品风靡市场，激发了旅游者的文化创意消费需求，开辟了新的市场空间。

三、以文化创意促进融合，推动旅游产业跨界联动

以文化创意促进旅游业与各行各业的融合发展，打破行业界限，实现跨界联动，将有效推动区域资源的整合，以及存量资源的深度综合利用。如上海著名的热门旅游景观——外滩、东方明珠等都是在原有空间上叠加旅游功能。通过发展文化创意旅游，能够推动形成旅游消费的新市场、新业态、新模式，突破硬资源不足和环境污染的束缚，促进区域转型发展。

资料来源：王慧敏．以文化创意推动旅游产业转型升级［J］．旅游学刊，2015，30（1）：1－3.

思考题

1. 简述旅游收入的含义与类型。
2. 什么是旅游收入分配？如何进行初次分配和再次分配？
3. 什么是旅游乘数？如何评价该理论？
4. 什么是旅游漏损？影响因素有哪些以及如何降低漏损？

拓展阅读

1. 陈晓艳，徐冬，黄睿，等．浙江省县域旅游经济增长的空间溢出效应［J］．地理科

学进展，2020，39（9）：1512－1521.

2. 杨春宇，陈梅，徐兴花，等．旅游科技创新、产业升级与经济增长——基于面板数据联立方程模型的研究［J］．华侨大学学报（哲学社会科学版），2020（1）：45－57.

3. 程莉．城镇化、乡村旅游与农村经济增长［J］．农业经济与管理，2020（1）：78－89.

4. 王慧敏．以文化创意推动旅游产业转型升级［J］．旅游学刊，2015，30（1）：1－3.

第九章　旅游经济发展模式与战略

［学习目的］

正确认识我国旅游经济的发展模式及战略体系；理解旅游经济发展模式的含义，掌握旅游经济发展模式的类型，了解国外主要旅游经济发展模式，理解旅游经济发展战略的含义、原则，掌握我国旅游经济发展战略体系。

［重点难点］

难点是我国旅游经济发展模式的选择和旅游经济战略体系；重点是旅游经济发展模式的类型。

第一节　旅游经济发展模式

一、旅游经济发展模式的概述

（一）概念

旅游经济发展模式是指旅游经济发展的基本运行方式和管理体制。具体而言，旅游经济发展模式是指在一定的社会经济条件下所形成的旅游经济运行方式和管理体制。由于旅游经济发展是与社会经济的发达程度及发展水平密切联系的，因此世界各国地理位置、资源条件以及政治、经济、文化等方面的差异，必然使各国旅游经济发展的目的、条件、经营管理方式也不尽相同，从而导致不同国家和地区具有不同的旅游经济发展模式。

（二）主要影响因素

1. 社会经济发展水平

不同国家或地区的社会经济发展水平存在着较大差异。经济发达国家的社会经济发展水平高，科技发达，社会基础设施和公共设施比较完善，居民收入水平高，这些条件为旅游业的发展奠定了坚实的基础，从而使旅游业的发展成为社会经济发展的必然结果。

2. 社会经济制度

不同国家的经济制度和经济模式不同。从社会经济制度来说，当前世界上主要有两大类型：社会主义经济制度和资本主义经济制度。不同的经济制度，其经济发展的根本目的是不同的，对旅游业的发展模式也会产生重大影响。从经济模式来看，分为市场经济模式和计划经济模式。在市场经济模式中，又分为资本主义市场经济和社会主义市场经济，并分别对应于不同的所有制形式，这对旅游业的发展模式也会产生重大影响。其中资本主义市场经济模式又有不同的模式，比如，美国垄断主导型的市场经济、德国社会市场经济、日本政府主导型的市场经济、法国计划型市场经济及瑞典的福利市场经济等。这些不同的社会经济制度和经济发展模式对本国的旅游经济发展产生了重要影响。

3. 旅游业的发展阶段

如果旅游业形成时间长，其发展就具有较好的基础；如果形成时间短，则基础相对薄弱，这就决定了其不同的发展模式。在经济发达的国家，旅游业发展时间通常较长，加上旅游业发展的基础和社会经济条件较好，他们的旅游业发展模式会按照产业规律顺序发展。而经济欠发达的国家，旅游业一般起步较晚，所以会选择一条超越产业规律或经济水平的发展模式。

二、旅游经济发展模式的类型

（一）按旅游发展的调节机制分类

1. 市场型旅游经济发展模式

市场型旅游经济发展模式是指旅游产业的发展主要依靠市场调节机制来推动的一种发展模式。

其主要特点是：旅游产业的发展主要依靠市场机制来实现旅游产业内部的自行调节和自行均衡；政府的作用是间接的，主要是通过一定的市场参数来实现调节；国家产业政策对旅游产业的影响主要侧重于市场需求。国内旅游、入境旅游和出境旅游均是国家经济发展的自然结果。

2. 政府主导型旅游经济发展模式

政府主导型旅游经济发展模式是指通过制定各个时期旅游产业发展规划或旅游产业政策来实现其发展的一种发展模式。

它通过制定旅游规划或旅游产业政策来制定各个时期旅游产业发展的战略目标和实现战略目标的各种对策与措施，从而达到干预旅游产业发展的目标。这些对策和措施既有行政的、经济的和法律的，也不排除市场调节机制的作用，然而相对政府宏观来说，市场调节居于辅助地位。一般来说，这种旅游经济发展模式主要发生在如下两种情况：一是具有传统干预和控制经济的国家或地区；二是需要在短期内推进旅游经济迅速发展的国家或地区。

（二）按旅游产业发展类别的先后顺序分类

1. 延伸型旅游经济发展模式

延伸型旅游经济发展模式是指旅游产业的发展首先以国内旅游的发展为基础，在国内旅游发展所形成的基础上再发展入境旅游，并随着国民出游能力的发展来发展本国国民出境旅游，最终形成国内旅游、入境旅游和出境旅游三种旅游类型全方位发展的模式。

延伸型发展模式的主要特点有：一是入境旅游和出境旅游是国内旅游发展的延伸，即旅游产业的发展由境内延伸到境外；二是国内旅游、入境旅游和出境旅游的发展都是在国家经济发展的基础上自然形成的。延伸型发展模式可以充分利用成熟的基础设施，专门为发展旅游经济而进行的投资少，旅游产业投入产出率较好。延伸型旅游产业发展模式使得本国企业在国际化经营中更具有产业扩张的比较优势，能够在国际竞争中获得较好的竞争优势，获得更多的市场份额，并且能够减少国内财富的纯外流。

2. 推进型旅游经济发展模式

推进型旅游经济发展模式是指先以发展入境旅游为主，在入境旅游发展形成产业基础的条件下，伴随着国民经济的发展逐步发展国内旅游，最终实现入境旅游、国内旅游和出境旅游的全面发展模式。

该模式的特点有：一是国内旅游和出境旅游的发展是在入境旅游发展的基础上逐步推进的；二是整个旅游产业的发展虽然主要以社会经济的发展为基础，但政府在其中也起着不可替代的作用。推进型旅游产业发展模式可以为国家的经济建设获取外汇，使它成为经济腾飞的突破口，但由于发展旅游的基础条件较差，因此需要为此进行专门投资，而且由于本国经济发展程度较低，往往需要从外国进口相应的设施和人力资源，从而降低了旅游产业的投入产出率。

（三）按旅游产业与国民经济水平的关系分类

1. 超前型旅游经济发展模式

超前型旅游经济发展模式是指旅游产业的形成和发展超越了国民经济总体发展水平，通过发展旅游业来带动和促进国民经济中与其相关联的其他产业和地区发展的一种发展模式。

这种发展模式一般发生在经济不够发达的发展中国家，它们利用拥有的旅游资源，在政府的支持下首先发展入境旅游，以获取经济发展所需的外汇和推动相关产业与地区的发展。采取这种发展模式必须具备如下条件：第一，拥有足以吸引旅游者的旅游资源。它是采取这种发展模式的内部条件。第二，在境外存在着对其旅游资源的需求，并有必要的外部资金的注入。它们是采取这种发展模式的外部条件。第三，政府的政策支持，它是采取这种发展模式的前提条件。对于大多数发展中国家来说，具备这些条件的一般是经济基础相对较好的城市和沿海地区。

2. 滞后型旅游经济发展模式

滞后型旅游经济发展模式又称为自然发展型模式，是指国民经济发展到一定的阶段后，旅游业便自然而然地形成和发展起来的一种发展模式。

由于这种发展模式建立在国民经济发展的基础上，即随着经济的发展，人们收入水平的提高，一方面在居民中产生了对旅游的需求，另一方面社会也具备了适应这种需要的条件，因此它是一种常规的旅游产业发展模式，是旅游经济活动发展的必然产物和客观规律。

三、国外旅游经济发展模式

不同国家的旅游经济发展条件不同，旅游经济发展模式也就不同。以国家为代表的旅游经济发展模式主要有以下类型。

（一）美国模式

美国模式是以美国为代表的经济发达、旅游业也发达的国家的旅游经济发展模式。属于美国模式的国家主要有美国、英国、法国、加拿大、德国、比利时、荷兰、挪威、日本等。这些国家经济比较发达，人均国民生产总值一般在5000美元以上，服务业在国民经济中的比重一般占到50%以上，旅游收入占商品出口总收入的比重在10%左右，国际旅游收入小于旅游支出，旅游国际收支平衡呈逆差。美国模式的主要特点如下：

（1）旅游产业开展比较早，国内与国际旅游都比较发达。在这些国家中，旅游业是随本国经济发展而发展起来的，一般都经历了由国内旅游到邻国旅游、国际旅游的常规发展过程，它们的国内旅游与国际旅游都发展到成熟阶段，国内旅游是整个旅游业的基础。

（2）发展旅游业是以扩大就业、稳定经济为主要目标。虽然旅游业在这些国家中是重要的经济活动，但追求外汇收入、平衡国际收支并非是它们发展旅游的主要目标，而是把发展旅游业作为促进经济稳定、改善国家形象、扩大就业机会、促进友谊与了解的手段。

（3）旅游管理体制市场化特征明显，行政管理部门的管理职能主要是推销与协调。由于旅游开展的历史比较长，旅游业比较成熟，旅游业相关法规比较健全，因此相比之下旅游行政管理比较松散，不直接从事或干预旅游企业的经营。

（4）旅游经营体制以公司为主导，小企业为基础，行业组织发挥着重要作用。在这些国家中，由于多年的竞争形成了一些大的旅游公司、跨国公司，在旅游业经营中起主导作用，由于旅游业的发展比较均衡，旅游业又是由为数众多的小企业组成，有着灵活的经营方式。

（二）西班牙模式

西班牙模式是以西班牙为代表的经济中等发达而旅游业特别发达的国家旅游经济发展模式。属于这一模式的国家有西班牙、希腊、意大利、埃及、墨西哥、新加坡等。这些国家的地理位置比较优越，与主要旅游客源国相毗邻，旅游资源丰富而独特，人均国民生产总值一般在1000美元以上，服务业在国民经济中的比重在50%以上。西班牙模式的主要特点如下：

（1）把旅游业作为国民经济的支柱产业。这些国家依托其地理位置与旅游资源的优势，旅游业已成为国民经济的支柱产业，一般国际旅游收入占其商品出口收入的10%以上，旅游业的收入相当于国内生产总值的5%～10%。

（2）旅游发展速度快。在这些国家中，虽然有的国家早就是驰名世界的旅游目的地国家，但大多数国家都是20世纪60年代以后才发展起来，20世纪70年代以来旅游业持续高速发展，无论在国际旅游者接待人次上还是国际旅游收入上，其发展速度都高于世界旅游平均增长速度，也高于美国模式国家的平均速度。

（3）以大众市场为目标。由于这些国家的旅游资源集中，特点突出，而且又多靠近主要客源国，有便利的交通条件，因此这些国家的旅游业务多以邻国的大众旅游市场为主要目标，特别是邻国与本区域内的驾车旅游、周末旅游或短期度假旅游等。

（三）印度模式

印度模式是以印度为代表的发展中国家（其中包括一些经济欠发达国家）的旅游发展模式。这些发展中国家的经济相对落后，人均国民生产总值在500美元以下，有些经济欠发达国家则不足350美元，农业仍是国民经济的主体，工业与服务业均处于较低水平。这些国家包括巴基斯坦、斯里兰卡、尼泊尔、孟加拉国、肯尼亚、不丹等。印度模式的主要特点如下：

（1）有独特的旅游资源，但由于国家经济落后，资金短缺，设施设备不足和人才缺乏等因素制约，旅游资源的潜力难以充分发挥出来。这些国家一般采取国际旅游超前发展的政策，即经历了“先国际旅游，后国内旅游、出境旅游”的非常规发展过程。他们开始只是致力于接待外国游客，而对国内旅游和本国居民出境旅游不予重视和鼓励。发展旅游业的主要目的是利用本国旅游资源吸引外国游客，赚取外汇，弥补贸易逆差，带动本国经济的发展。

（2）旅游管理体制不完善。这些国家设定了不同的旅游管理机构，但由于对旅游业的认识不一致，旅游业的发展往往得不到有关部门的重视与支持。

（3）国有企业发挥着主要作用。这些国家为了发展旅游业，国家专门成立旅游开发公司，从事旅游资源开发和旅游服务设施的投资、建设与经营，由于旅游业规模小、范围窄，又涉及外汇收入与外国人的活动，这些国有公司在一定程度上占据着垄断的地位。

（四）巴哈马模式

巴哈马模式的国家一般面积小、人口少、经济资源有限，而旅游资源得天独厚，如具有独特的岛国风情、海洋风光、野生动植物和宗教活动等优势。有些国家在历史上曾是西方某个国家的殖民地，或处于国际交通的要道，或靠近主要客源国。属于这一模式的国家有加勒比海诸国、南太平洋若干岛国、巴哈马、马尔代夫、塞浦路斯、利比亚等。巴哈马模式的主要特点如下：

（1）有着发展旅游业的优越条件。岛国大多风光秀丽，气候宜人，是比较典型的阳光、沙滩和海水型的目的地。由于它靠近旅游客源国或地处交通要冲，又与西方发达国家政治、经济、文化与种族等方面存在着长期、紧密的联系，有着比较充裕的客源市场。

（2）旅游业逐渐成为国民经济的支柱产业。虽然有些岛国早在被殖民统治时期就已是旅游胜地，但大部分国家的旅游业是在20世纪70年代大规模发展起来的。现在旅游业在这些岛国中已经成为外汇收入的主要来源、国民经济最重要的产业部门。旅游收入一般占国家外汇收入的20%以上，旅游业是国家经济的支柱和最大的产业。

（3）旅游行政管理机构地位高。由于旅游业对国家经济起着至关重要的作用，这些国家的旅游行政管理机构在政府中的地位一般都比较高，权限比较大，而且多由国家首脑和政府要员直接管辖。

（4）在旅游业的经营中，外国公司发挥着重要的作用。由于这些岛国地域狭小、人才缺乏，他们在发展旅游业中利用大批外资引进了外国的管理，有的国家的旅游业主要靠外国企业来经营。特别是旅馆业，外国的旅馆联号、旅馆管理公司或外籍人员起支配作用。

四、我国旅游经济发展模式选择

通过分析国内外旅游经济发展模式，结合我国旅游业发展现状和基本国情，我国旅游经济发展模式应选择在政府主导下的适度超前、推进型发展模式。其原因如下：

（1）我国旅游经济发展模式应实施政府主导型发展模式。由于我国属于发展中国家，虽然建立了社会主义市场经济体制，但市场机制还不健全。因此，政府宏观调控的程度比较高，以此来弥补市场缺陷，从而加速市场的发育和成熟。

（2）我国旅游经济发展模式应采取适度超前型发展模式。适度超前型旅游经济发展模式的基本含义包括两个方面：首先是发展速度、发展水平和人才培养超前。其次是适度，在发展速度上要略快于国民经济的发展，但必须与旅游业密切相关的产业，如要与民航、铁路等产业的发展相协调，不能盲目超前。我国经济发展和我国旅游业发展的实际情况决定了我国必须采取适度超前型发展模式。

（3）我国旅游经济发展模式应采用推进型发展模式。我国的社会条件、经济条件和消费条件决定旅游业发展只能采用推进发展战略模式，即由国际旅游向国内旅游推进的发展模式。改革开放之初，由于我国经济发展水平同发达国家比较相对滞后，居民生活水平相对较低，国内旅游还未形成大量的需求。为了获取经济建设所需要的外汇和促进与旅游相关产业的发展，我国在改革开放初期，政府主要发展入境旅游，不提倡、不鼓励发展国内旅游。进入21世纪之后，在国际入境旅游的影响和带动下，一部分收入水平较高的居民率先产生了国内旅游的需求，随着经济发展水平的提高，国内旅游得到进一步发展。党的十八大以来，我国人民生活水平不断提高，对美好生活的向往持续增加，出境旅游逐步与入境旅游、国内旅游形成我国三大市场，旅游经济收入和旅游者接待人数位居全球第一。旅游经济发展模式也将随之发生改变。

同时，我国旅游业发展的实践也证明了选择在政府主导下的适度超前的、推进型发展模式的正确性。改革开放以前，我国国内旅游需求很弱，而境外旅游需求却十分旺盛，这就促成我国旅游经济的发展自然以国际旅游业的发展为基础。随着改革开放的深入，国民经济的快速发展，人们生活水平的不断提高，国内旅游需求也开始兴旺起来。目前，国内旅游的经济贡献率已达我国旅游经济产值的70%，成为我国旅游经济发展的主要推动力。

第二节　旅游经济发展战略

一、旅游经济发展战略的含义

旅游经济是一个国家或地区国民经济体系中的一个重要分支。旅游经济发展战略是指在国家或地区整体发展战略的指导下，对其旅游产业的发展所做的总体性长期规划，即对一定时期内旅游产业发展的方向、规模、阶段、原则、任务等总量进行的总体性谋划和同期内旅游产业与其他产业关系的全局性协调谋划。

旅游经济发展战略的主要内容有以下两个方面：

（1）旅游产业发展的战略目标。它是制定旅游经济发展战略的首要问题，主要包括旅游产业发展所要达到的数量指标、增长速度、产业结构的变化、技术进步，以及提高旅游经济效益、社会效益和环境效益的要求等。

（2）实现旅游产业发展战略目标的对策、途径和手段，即战略重点、战略步骤，战略措施等。实现旅游产业发展战略目标的对策、途径和手段主要为旅游产品的发展、旅游资源的开发，旅游设施的建设、旅游市场的开拓、旅游产业结构的调整、旅游人才培养以及资金的筹措等。

旅游经济发展战略可分为三个层次，即全国旅游经济发展战略、地方旅游经济发展战略和旅游企业（景区）经济发展战略。三个层次的旅游经济发展战略既相互区别又相互联系，较低层次的发展战略总是较高层次战略的组成部分。所以，全国性旅游经济发展战略是最重要的，它对较低层次的旅游经济发展战略具有指导意义，较低层次的旅游经济发展战略必须根据全国旅游经济发展战略来制定。

二、制定旅游经济发展战略的原则

（一）因地制宜的原则

发展旅游业需要一定的资源作基础，同时旅游地所处的地理位置也是一个重要因素，不能强求千篇一律。在一些经济欠发达的地区，在经济发展的有效途径受限时，往往把旅游业确定为支柱产业或主导产业，但最终可能事与愿违。这种不顾客观条件的做法，既浪费了时间、资金和人力，也浪费了发展机遇。因此，要因地制宜，让旅游资源丰富、区位条件又好的地方优先发展旅游业，条件不具备的地方应发展其他优势产业，或创造条件后再发展旅游业。

（二）与国民经济发展相适应的原则

旅游业是一个综合性的产业，它的发展依赖于国民经济的总体发展状况。整个国民经济的发展规模、发展速度和发展水平从根本上制约着旅游业的发展规模、发展速度和发展水平。因此，我们应当从中国的国情出发，充分考虑国民经济和相关产业的发展状况，考虑旅游业的生产力水平和社会化程度，以此来制定符合我国特色的旅游经济发展战略。

（三）旅游系统结构相协调的原则

按照系统论的观点来分析，旅游业犹如一个大系统，旅行社业、旅游饭店业、交通运输业、文物和园林业、商业和服务业等就是这个大系统中的各个子系统。根据系统论的有关原理，大系统中的各个子系统必须确定自己的位置，明确自己的职能，系统的整体利益才能得到维护。从这个原理出发，只有各个子系统（即各地区、各行业、各部门）通力合作，旅游业这个大系统才能正常运行。因此，在制定旅游经济发展战略时，一定要注意局部与全局的关系，坚持旅游系统结构相协调的原则。

（四）全面可持续发展的原则

旅游经济的发展目标不仅是以经济效益为先，还应该围绕旅游经济发展的多功能性，更全面地把握旅游经济发展方向。随着旅游经济发展的不断深入，旅游经济发展的民生性功能、就业功能、环境改善等功能要放在更为突出的位置；在全面协调发展的基础上，实现可持续旅游经济发展应该是任何旅游经济发展战略都不可回避的重要原则。

三、我国旅游经济发展战略体系

我国经过多年的旅游发展实践，旅游经济发展战略已经形成相对应战略体系，这一战略体系的实施，需要由政府主导型的旅游发展模式来保证。该发展战略体系主要是由旅游生态文明战略、经济新增长点和强国战略、可持续发展战略、全域旅游战略和文旅融合战略五个方面构成。这五个战略集中为一体，构成一个战略体系，形成全力，以推动我国旅游业的发展。

（一）旅游生态文明战略

1. 生态文明是人与自然和谐共生的必然要求

党的十九大报告指出，加快生态文明体制改革，建设美丽中国，要建设的现代化是人与自然和谐共生的现代化，既要创造更多物质财富和精神财富以满足人民日益增长的美好生活需要，也要提供更多优质生态产品以满足人民日益增长的优美生态环境需要。这预示着今后美丽中国的实现，人与自然和谐共生现代化的实现，必然要求建设好生态文明。

我国生态文明建设经历了一个从“战胜自然”“人定胜天”到“尊重自然”“人与自然和谐相处”，再到大力推进生态文明建设的不断深化的过程。党的十八大报告提出大力推进生态文明建设，以独立篇章系统阐述了推进生态文明建设的总体要求，并把生态文明建设放在事关全面建成小康社会的战略地位，纳入建设中国特色社会主义总体布局。

2012 年 11 月召开的党的十八大，把生态文明建设纳入中国特色社会主义事业“五位一体”总体布局，首次把“美丽中国”作为生态文明建设的宏伟目标。十八大审议通过《中国共产党章程（修正案）》，将“中国共产党领导人民建设社会主义生态文明”写入党章。

2015 年 5 月，中共中央、国务院发布《关于加快推进生态文明建设的意见》，这是继党的十八大和十八届三中、四中全会对生态文明建设做出顶层设计后，中央对生态文明建设的一次全面部署。该意见首次提出“绿色化”概念，并将其与新型工业化、城镇化、信息化、农业现代化并列，赋予了生态文明建设新的内涵，明确了建设美丽中国的实践路径。

2015 年 9 月，《生态文明体制改革总体方案》印发，明确提出到 2020 年，构建起由自然资源资产产权制度等八项制度构成的生态文明制度体系，推进生态文明领域国家治理体系和治理能力现代化，努力走向社会主义生态文明新时代。

2015 年 10 月召开的十八届五中全会，提出“创新、协调、绿色、开放、共享”“五大发展理念”，将绿色发展作为“十三五”时期乃至更长时期经济社会发展的一个重要理念，成为党关于生态文明建设、社会主义现代化建设规律性认识的新成果，预示着“十三五”时期将成为生态文明理念指导下的产业转型关键期。

综上，从“美丽中国”的提出到“十三五”规划将生态文明首度列为任务目标，再到党的十九大提出的人与自然和谐共生，贯彻“五位一体”总体战略布局，落实创新、协调、绿色、开放、共享的发展理念，持之以恒、久久为功推进生态文明建设，已成为新时代建设美丽中国、增进人民福祉，指引我国生态、经济和社会协调发展的必然要求。

2. 生态文明建设是旅游业发展的高级形态

旅游业是非资源消耗型产业，符合生态文明建设的基本要求。生态文明是人类社会发展到一定程度之后形成的高级伦理形态，也是旅游发展的高级形态。

旅游业有助于推动生态文明理念的落实。旅游业在推进社会参与、促进产业融合转化、统筹城乡发展等很多方面都起到重要作用，其系统性、综合性的特点能够带动生态文明建设和建设美丽中国在社会、经济、政治、文化、生态等各个领域的融合与落实。

旅游业符合生态文明建设的基本要求。生态文明倡导绿色经济、循环经济，要求经济社会的发展以尊重自然法则和传承历史文明为前提，节约资源、保护环境。旅游业是当前调整产业结构、转变经济增长方式进程中重点培育的新兴产业，能够充分体现生态文明建设的基本要求。

旅游业有助于提高生态文明建设重要性的认识。我国自古就有“道法自然”“天人合一”的哲学思想，注重人与自然的和谐，然而，人们在发展工业文明的同时过度追求经济效益，造成了对生态环境的极大破坏。建设生态文明首先就是要转变观念，提高人们的生态文明意识，旅游可以使人们在亲近大自然、陶冶情操和愉悦身心的同时从自然和人文景观中获取知识，提高环境保护的意识和建设生态文明的自觉性。

所以，旅游业作为国家战略性支柱产业之一，是建设美丽中国与生态文明社会的重要支撑，它的快速发展既会带来区域经济的增长，又会对区域环境造成一定的影响。如何在生态文明理念下，建设旅游生态文明，实现科学规划设计、有序开发旅游资源，倡导和鼓励健康、文明、低碳、绿色的旅游消费方式，实现与政治、经济、文化和社会的融入发展，推动全域旅游、高质量旅游发展模式科学演进，是建设美丽中国必须解决的核心问题。

（二）经济新增长点和强国战略

社会经济发展，就其产品而言，是一个不断推陈出新的过程；就其产业结构而言，是一个不断调整的过程，产业结构的变化受消费结构制约。由于社会不断发展，人们的消费观念不断更新，消费方式不断转变，消费结构处于不断的变动过程中，因此在经济发展过程中，经济增量的调整是解决经济结构优化的途径。大力开辟新的消费领域，寻求和培育新的经济增长点，不断增加新的产品，满足人们不断增长和变化的消费需求就成为宏观决策的重大问题。

随着我国经济体制改革不断向纵深发展，传统经济体制下的深层次矛盾逐步显现出来，各地区、各部门都在选择新的经济增长点，以求推动社会经济向前发展。这些新经济增长点一般要符合以下基本特征：一是符合经济增长方式转变的要求，有利于经济增长由传统的粗放型向集约型转变；二是市场需求的潜力大，有利于增加有效供给；三是产业的关联度高，有利于带动相关产业的发展和经济结构的升级；四是国际竞争力强，有利于增加出口创汇；五是投入产出比大，投资效益好，有利于形成经济的良性循环。旅游业的发展，完全符合新经济增长点的这五个基本特征，因此，很多地区都把旅游业的发展作为本地区新的经济增长点。从全局来看，新的经济增长点战略自然成为旅游业发展战略体系的一个重要组成部分。

由于各国的经济历史状况不同以及旅游资源存在差异，世界各地旅游业的发展是很不平衡的。我国是一个具有悠久文化传统的文明古国，几千年的传统文化的积淀，使我们拥有得天独厚的旅游人文景观资源。960 万平方千米的广袤土地，孕育了秀丽的山川原野，留下了丰富的旅游自然景观资源。但是由于我国的旅游业起步较晚，相当多的旅游资源还未被开发利用。改革开放，使我国逐渐由一个旅游弱国发展成为一个旅游大国。2019 年，国内旅游人数为 60.06 亿人次，国内旅游收入 5.73 万亿元，分别比上年增长 8.4% 和 11.6%；入境旅游人数 1.45 亿人次，入境旅游收入 1313 亿美元，分别比上年增长 2.9% 和 3.3%；国内居民出境旅游人数约 1.55 亿人次，比上年增长 3.3%；全年实现旅游总收入 6.63 万亿元，同比增长 11.1%[①]。市场需求从浅层次消费到深层次参与，国内旅游市场向散客主导和多样化体验转变，旅游经济总体保持良好的运行状态。这说明我国已经是世界上的旅游大国，但还远远不是一个旅游强国。因此，旅游强国战略，必然要成为我国旅游经济发展战略体系中的一个组成部分。要增强我国在国际旅游市场上的竞争力，必须提高我国旅游发展的质量。质量是提高国际竞争力的核心，没有质量就没有竞争力。

旅游发展质量是一个综合性的概念，它所包含的内容相当广泛，概括起来主要有旅游产业结构完善化、宏观管理法律化、行业管理规范化、经济运行有序化、旅游消费普遍化、

---

① 资料来源：中华人民共和国文化和旅游部 2019 年文化和旅游发展统计公报。

旅游产品系列化、旅游促销多样化、服务质量标准化、技术配备高度化、产业组织集团化等。我们只有把上述各个方面逐一加以解决，才能提高我国旅游发展的质量，才能最终提高我国旅游总体竞争力，使我国真正由一个旅游大国成为一个旅游强国。

（三）可持续旅游发展战略

关于可持续发展的概念研究十分活跃，但目前尚未形成统一的概念。在世界环境和发展委员会于1987年发表的《我们共同的未来》研究报告中，对可持续发展的定义为："既满足当代人的需求，又不危及后代人满足其需求的发展。"这个定义鲜明地表达了几个基本观点：一是要满足当代人的需求，即无论富国、穷国、富人、穷人，都有生存权和发展权；二是要考虑后人的满足，即达到代际之间的公平；三是要考虑环境和资源的承受限度。

1993年世界旅游组织出版了《旅游与环境》丛书，其中《旅游业可持续发展——地方旅游指南》对旅游可持续发展给出的定义是："在维持文化完整、保持生态环境的同时，满足人们对经济、社会和审美的要求。它能为今天的主人和客人们提供生计，又能保护和增进后代人的利益并为其提供同样的机会。"这一定义指出了旅游业本身的特质，而且提出了"主人"和"客人"区际公平发展的思想，对旅游可持续发展的国际认定具有重要的指导意义。

1995年在西班牙举行的"可持续旅游发展世界会议"中，通过了《可持续旅游发展宪章》，并指出"可持续旅游发展的实质，就是要求旅游与自然、文化和人类生存环境成为一个整体"，即旅游、资源、人类生存环境三者的统一，以形成一种旅游业与社会经济、资源、环境良性协调的发展模式。

旅游业可持续发展追求旅游开发的长期价值，以旅游开发的组合效应评价为出发点，强调旅游经济发展和自然生态以及社会承受力的综合统一，使旅游经济的发展建立在长期支撑体系上。旅游经济可持续发展涉及自然生态、人类社会、经济发展、社会制度和技术革新等多个方面，并影响人类今天与明天行为选择的发展目标。

旅游经济可持续发展的重点，是在尊重自然生态环境及旅游资源形成基础上，把合理利用旅游资源和保护环境相结合，把近期利益与长期利益相衔接，努力谋取旅游经济利益、社会利益和生态效益的协调发展。具体要做到以下几点：

1. 有效开发和合理利用旅游资源

根据不同的旅游资源采取不同的利用原则。一般来讲，从旅游资源的形成可分为恒定性资源、再生性资源和非再生性资源三种类型。

（1）恒定性旅游资源。恒定性旅游资源是在地球的形成和运动中产生的，其数量丰富而稳定，不会因为利用而枯竭，如空气、阳光、海水、河流、高山等。因此，对这些恒定性的旅游资源要持久开发和充分利用，使其更好地服务于旅游业。

（2）再生性旅游资源。再生性旅游资源主要指森林、草原、动物、植物等生物资源，其在合适条件下是可以再生的，但若超过其再生的承载能力就会面临资源的衰退和枯竭。因而对再生性旅游资源应合理开发，永续利用，使其永远为旅游业及人类社会的发展服务。

（3）非再生性旅游资源。非再生性旅游资源是指一旦耗损就不可能再度产生的旅游资源，如文物古迹、历史文化、珍稀动植物等。考虑到这些旅游资源的特殊性及不可再生性，其在开发利用中，必须被妥善保护，节约利用，以保持其长期有效的价值。

2. 加大对旅游经济可持续发展的资金投入

旅游业是一个高投入、高产出、高创汇的产业，特别是旅游业发展之初，在基础设施建设和旅游资源开发等方面往往需要一定的先行资本投入，旅游投资主体多元化是旅游业快速发展的基础。因此，坚持旅游经济的可持续发展，应继续贯彻执行利用内资和引进外资相结合的方针，加大对旅游经济可持续发展的资金投入。

（1）积极争取国家各种专项建设资金的扶持。通过结合各地社会经济发展的要求，广泛争取交通、通信、水电设施、城乡建设、环境保护与治理、扶贫救济等各项资金的投入，形成多渠道筹集资金、全社会大办旅游的态势。

（2）建立各级政府的旅游发展专项基金。各级政府的旅游发展专项基金主要用于旅游资源开发建设、环境保护和旅游业的发展，从而解决旅游经济可持续发展中的资金短缺问题，加强政府对旅游产业发展的宏观调控能力。

（3）积极引进国外资金。利用外资是经济发展中解决资金短缺的一条途径，包括：积极创造条件，改善投资环境；利用外资进行各项基础设施的配套建设；利用外资进行各个旅游资源项目的开发；利用外资参加各个旅游开发区、旅游度假区及旅游重点目的地的建设；利用外资对一些宾馆饭店、旅游公司、旅游景点等进行改善和再开发；利用外资来加强对旅游资源的有效利用和环境保护等方面。

（4）多形式、多渠道筹集社会资金。采取多种形式和优惠政策，通过股份制集资、发行公司债券、发展非公有制经济等，动员各种社会力量，多渠道地筹集资金，加快旅游经济的可持续发展。

3. 制定促进旅游经济可持续发展的政策

坚持旅游经济可持续发展，不仅要统一思想、提高认识、加强组织、落实资金投入和加快人才培养，更需要从宏观上提供必要的政策保障。因此，必须紧紧围绕旅游经济可持续发展的战略和目标，由宏观主管部门协调各相关部门制定各种相互配合、协调一致的扶持政策。

（1）遵循各种经济关系相互作用的规律性。运用各种财政、金融、税收、价格政策及手段调节旅游经济活动，促进旅游资源的开发和环境保护，保证旅游经济的可持续发展。

（2）积极采取行政政策和行政手段进行调控。行政性政策和手段是指依靠政府行政组织，运用计划、命令、指示、规定等政策性手段，对旅游经济活动进行调节和管理的方法。特别是目前，我国尚处于经济体制转型期，行政政策和手段仍然是重要的宏观调控手段之一。

（3）加强旅游法制建设和法律政策研究。努力运用旅游法规和法律政策来调控和管理各种旅游经济活动，才能使整个旅游业做到有法可依、有法必依、执法必严、违法必究，从而把旅游经济的发展纳入法制化的轨道，使旅游经济能在法制化的轨道上健康发展。

（四）全域旅游战略

发展全域旅游，不仅是旅游产业升级转型的必然选择，也是推动我国经济结构调整的必然选择。

1. 全域旅游的内涵

全域旅游是指在一定区域内，以旅游业为优势产业，通过对区域内经济社会资源尤其是旅游资源、相关产业、生态环境、公共服务、体制机制、政策法规、文明素质等进行全方位、系统化的优化提升，实现区域资源有机整合、产业融合发展、社会共建共享，以旅游业带动和促进经济社会协调发展的一种新的区域协调发展理念和模式（李金早，2016）。

2. 全域旅游的外延

全域旅游模式的提出，既适应了微观产业空间层面的问题导向，又对接了宏观社会经济层面的目标导向，是政策和市场双重驱动下的混合物（郭毓洁，2016）。

（1）微观产业空间层面。从这个层面解释全域旅游多以学者和规划企业为代表，观点集中为三方面：一是界定了全域旅游的空间外延，全域旅游重在“域”而不是“全”，不是所有区域都发展全域旅游（张辉，2016）；二是界定了全域旅游的产业外延，更适合与旅游产业相关性大的行业融合发展区域旅游（马波，2016）；三是界定全域旅游的规划思路，应是规划、经营、管理、投资四位一体式发展（巅峰智业，2016）。总之，从“旅游+”的产业层面递进至空间层面，从抽象的产业关联具体到现实的空间发展依托，形成了微观层面全域旅游的旅游产业空间系统观。

（2）宏观社会经济层面。从这个层面解释全域旅游多以国家发展规划、政策为代表。国务院办公厅于2018年3月22日下发了《关于促进全域旅游发展的指导意见》，该意见指出，发展全域旅游将一定区域作为完整旅游目的地，以旅游业为优势产业，统一规划布局、优化公共服务、推进产业融合、加强综合管理、实施系统营销，有利于不断提升旅游业现代化、集约化、品质化、国际化水平，更好满足旅游消费需求。该政策指出了旅游在区域经济发展中的重要作用，表明全域旅游已经成为我国经济社会发展的一种必然选择，一种发展战略。

（五）文旅融合战略

为适应文旅融合的发展趋势，2009年原国家旅游局和文化部联合下发了《关于促进文化与旅游结合发展的指导意见》，要求积极采取措施加强旅游与文化的结合，促进文化和旅游产业融合发展。2018年3月，全国人大审议通过了国务院机构改革方案，国家旅游局与文化部合并，共同组建国家文化与旅游部。这一重大举措，使文化与旅游融合发展具有了更坚实的政策基础，开创了文旅融合发展的新局面。

1. 文化与旅游产业发展具有内在逻辑的统一性

文化是一定区域人类精神活动与行为方式的总和，包括：精神活动形成的语言文字、认知思想和审美标准等；物质生产活动方式和产品，如衣、食、住、行；规范自身行为和调节相互关系的准则，如礼俗、民俗、风俗和习惯等。而旅游的六大要素——吃、住、行、游、购、娱，大多与旅游目的地的文化有关。文化与旅游具有共同的目标，即带给旅游者良好的精神体验，它们还有着很强的相互依附性，文化往往依附于地方的各种实体旅游资源，旅游资源也因为融入了当地的文化元素而更加具有吸引力。

2. 文化与旅游融合发展是高质量发展的必然要求

文化产业和旅游业需要实现更高质量的发展，提供更好的文化产品和旅游产品，进一步丰富人们的精神文化生活，推动我国经济发展。文化和旅游相互依托、深度融合、共同发展则是实现这一目标的基本路径。

【案例】

浙江丽水文旅融合模式

浙江省丽水市将文化与生态旅游融合发展，成为旅游促进产业结构转型升级的成功案例。丽水市位于长三角都市群和环海峡都市群之间，属于浙西南的中山、丘陵地区，土地类型素有“九山半水半分田”之称；气候四季分明、温暖湿润、雨量充沛、无霜期长，具有明显的山地气候特征，生态环境优良。近十年来丽水市积极调整经济结构，大力推进文旅融合模式，发展生态休闲旅游产业。

丽水市历史悠久，文化资源丰富。千百年来以及近代以来生活在瓯江流域的丽水人民在长期生产生活实践中创造出了当地的地域文化——“瓯江文化”。丽水着力推进文化与生态旅游融合发展，建设了一批体现瓯江文化的旅游景区，如青田石雕博物馆和侨乡世界养生度假村、龙泉青瓷博物馆、畲族文化主题景区——畲乡之窗和畲医畲药基地、松阳“银猴问茶”茶文化养生园、遂昌金矿主题景区和神龙谷森林疗养保健休闲山庄、黄帝文化与自然景观融合的缙云仙都景区、“古堰画乡”绘画创意园、融刘基文化与自然山水为一体的石门洞景区等。

丽水还培育了一批旅游文化节庆活动，如丽水国际摄影文化节、丽水葵白节、三月三畲族歌会等。丽水将文化元素融入城乡旅游环境建设中，如云和将木玩文化元素融入仙宫湖景区及云和高速出口入城路段建设，凸显了“童话世界”的云和个性；龙泉在城市入口的主干道路剑川大道的规划设计中融入了剑瓷文化元素，强化了“剑瓷龙泉”的旅游城市形象。经过十年来坚持不懈努力，丽水市经济初步实现了转型升级和高质量绿色发展。2018 年丽水市经济增速位列浙江省第一，人均地区生产总值由 10 年前的仅及全省平均水平 1/2，提高到 2018 年占全省平均水平的 2/3，达到 6.4 万元，已高于全国平均水平。

资料来源：刘治彦．文旅融合发展：理论、实践与未来方向［J］．人民论坛·学术前沿，2019（16）：92－97.

思考题

1. 简述旅游经济主要的发展模式。

2. 什么是旅游发展战略？我国旅游经济发展战略应如何选择？

3. 可持续发展战略对我国旅游经济发展的作用和意义是什么？

拓展阅读

1. 杰里米·里夫金. 第三次工业革命［M］. 北京：中信出版社，2012.

2. 中国国际交流中心. 可持续发展蓝皮书：中国可持续发展评价报告（2020）［M］. 北京：社会科学文献出版社，2020.

3. 郑元同. 旅游与区域发展［M］. 成都：西南财经大学出版社，2018.

参考文献

［1］程瑞芳．旅游经济学［M］．重庆：重庆大学出版社，2018.

［2］郭峦，刘燕．旅游经济学［M］．2 版．北京：经济管理出版社，2017.

［3］李晓标，解程姬．文化资本对旅游经济增长的结构性影响［J］．管理世界，2018，34（11）：184－185.

［4］李肇荣，琳娜．旅游经济学［M］．3 版．北京：高等教育出版社，2015.

［5］厉新建，张辉，厉新权．旅游经济学［M］．3 版．北京：中国人民大学出版社，2016.

［6］刘玉琴，张亚枝，董霞．旅游经济学［M］．北京：清华大学出版社，2016.

［7］吕宛青，李聪媛．旅游经济学［M］．2 版．大连：东北财经大学出版社，2018.

［8］吕雁琴，赵斌．旅游经济增长新旧动能转换评价研究——基于对西北五省区旅游业数据的分析［J］．价格理论与实践，2019（5）：130－133.

［9］麦克·J. 斯特布勒，安德烈亚斯·帕帕西奥多勒，M. 西娅·辛克莱．旅游经济学［M］．2 版．林虹译．北京：商务印书馆，2017.

［10］田里．旅游经济学［M］．北京：科学出版社，2019.

［11］魏鹏，杜婷．旅游经济学［M］．北京：北京大学出版社，2016.

［12］吴媛媛，宋玉祥．中国旅游经济空间格局演变特征及其影响因素分析［J］．地理科学，2018，38（9）：1491－1498.

［13］杨懿，时蓓蓓，刘小迪．旅游经济依赖背景下区域经济脆弱性评价研究——以张家界市、阿坝州、丽江市为例［J］．财经理论与实践，2019（5）：128－135.

［14］于秋阳，颜鑫．区域旅游经济的时空分异及收敛性研究——以江苏省为例［J］．华东经济管理，2019，33（1）：11－18.

［15］张曼．我国农村地区民俗旅游经济开发研究［J］．农业经济，2019（5）：37－38.

［16］周振东．旅游经济学［M］．6 版．大连：东北财经大学出版社，2017.

［17］朱学强．可持续发展视角下我国旅游经济发展模式［J］．社会科学家，2018（10）：70－78.